흉노(匈奴)
연(燕)
대(代)
계(薊)
중산(中山)
영수(靈壽)
제(齊)
이석(離石)
형(刑)
임치(臨淄)
기(紀)
진(晉)
한단(邯鄲)
곡부(曲阜)
위(衛)
비(費)
거(莒)
평양(平陽)
노(魯)
조가(朝歌)
조(曹)
황해
곡옥(曲沃)
성복(城濮)
등(滕)
안읍(安邑)
담(郯)
송(宋)
낙양(洛陽)
팽성(彭城)
정(鄭)
상구(商丘)
함곡관
주(周)
서(徐)
진(陳)
오(吳)
상(商)
종리(鐘離)
채(蔡)
수춘(壽春)
신(申)
광릉(廣陵)
성양(城陽)
연릉(延陵)
황(黃)
고소(姑蘇)
등(鄧)
당(唐)
육(六)
수(隨)
초(楚)
서(舒)
회계(會稽)
영(郢)
악(鄂)
양쯔 강
월(越)
구(甌)

손자병법

손자 지음 · 김원중 옮김

Humanist

일러두기

1. 이 책은 손자의《손자병법》을 완역한 것으로, 저본은 송宋대의 무경칠서武經七書본《손자병법孫子兵法》과《십가주손자병법十家注孫子兵法》에 의거하면서 더러는 송宋본《위무제주손자魏武帝注孫子》와 궈화뤄郭化若의《손자역주孫子譯註》본을 참조하였고, 자일스L.Giles의《*Sun Tzu's The Art of War*》(2008) 같은 영문 번역 판본도 활용하였다. 원전에 대한 별도의 교감작업은 하지 않는 것을 원칙으로 하였는데, 제한적인 경우에 한해 판본 문제를 거론하였다.
2. 이 책은 전체 해제와 각 편 해제, 각 편 본문 순으로 구성되었다. 본문은 원문 번역, 원문, 해설, 전례 등 네 부분으로 나뉘어 있다.
3. 이 책은 원문에 충실한 직역 위주로 작업하면서 제한적인 범위에서 의역을 곁들였다. 그리고 필요에 따라 문맥을 연결하는 적절한 단어를 삽입해 문의文意를 명백히 하고자 하였다.
4. 역주는 원전의 의미에 대한 정확한 이해를 돕고자 달았는데, 춘추전국시대 제자백가 문장들과 대조하여 문맥적 의미를 파악하는 데 치중하였다.
5. 각 편의 첫 부분에 붙인 해설은 각 편을 이해하는 데 도움을 주기 위한 것이나 역자의 독단과 감상을 경계하고자 하였으며, 본문과의 중복을 피하고자 간소화하였다.
6. 편마다 붙어 있는 소제목은 역자가 원문을 적절히 끊어 문단을 나누는 과정에서 붙인 것이며, 소제목만 보아도 내용을 유추할 수 있도록 하였다.
7. 해설과 전례에서 원전에 의거, 역자가 축약하여 사례를 드는 부분은 별도의 인용 표시를 하지 않았다.
8. 찾아보기는 개념어, 인명과 지명 등의 핵심어 위주로 작성하였다. 다만, 지나치게 상식적인 용어는 제외하였다.

개정판 서문

정정당당正正堂堂, 즉 깃발이 가지런하고 정연한 진지를 구축한 군대와는 맞서 싸우지 말라는 말이 《손자병법孫子兵法》에 나와 있다. 불과 6,000여 자의 분량 중 '지피지기知彼知己'라는 말로 대변되는 '지知'라는 글자가 무려 79번이나 나올 정도로 상황 파악과 객관적 판단을 강조하기도 한다. 이렇듯 이 책은 전쟁의 기획, 작전, 모공, 형, 세, 허실, 행군, 지형, 화공, 용간 등 전쟁에 관한 모든 것을 다루는 병법서이다. 매우 구체적이고 실질적인 전쟁론을 제시함으로써 시대를 초월한 '생존의 지혜'를 담아낸 보석 같은 고전이다.

전쟁은 사람이 하는 것이기에 하늘의 때와 땅의 이로움 못지않게 도덕성, 법도, 장수의 자질 등이 중요하다는 손무孫武의 논지는 '싸우지 않고 적을 굴복시키는 것이 잘된 용병이고, 백전백승은 잘된 용병이 아니다'라는 말에서 드러난다. 그는 전쟁이 왕이나 장수의 헛된 자만심 충족이 아닌 백성의 생사와 국가의 존망이 걸려 있는 큰일임을 늘 명심해야 한다고 하였다. 허황된 명분을 경계하고, 냉철하게 현실을 직시하며, 전쟁을 신중히 하고, 일단 전쟁을 하면 반드시 승리하라는 《손자병법》의 논법은 전쟁을 극복하는 방법과 진정한 승리의 기술을 잘 보여준다. 그러기에 마오쩌둥도 이 책을 늘 애독하며 16자 전법을 짜낸 것이 아니겠는가.

이번 개정 작업은 4년여 만에 이루어졌다. 그동안 역자의《손자병법》이 15쇄를 넘겼고, 기존 판본을 더하면 40쇄를 훌쩍 넘겼을 정도로 수많은 독자의 사랑을 받아왔다. 감사한 마음과 무거운 책임감에 미처 설명하지 못한 내용을 보충하고 번역을 손본 전면개정판을 선보인다. 구체적으로 좀 더 원전에 충실하게 번역을 다듬었고, 각 편 해제와 해설도 적지 않게 보완했다. 각주에서는 가장 뛰어나다고 평가되는 조조曹操의 주석서를 되짚어 보았으며, 조선시대 무인 조희순趙羲純의 주석서인《손자수孫子髓》같은 책도 다시 훑어보며 보충하였다. JTBC〈차이나는 클라스〉를 비롯하여 대기업 사장단 강연 등 각종 강의에서 받은 현장성도 가미하여 개정 작업에 임했다. 역자의 번역 원칙을 일관되게 지키면서 오늘의 시점에서 시대적 맥락과 원전의 의미를 되새기자는 의도이다.

2019년 여름 중국 쑤저우蘇州의 유적지를 답사하며 본 손무의 무덤과 동상, 그 앞에서 천진난만하게 병정놀이를 즐기던 아이들의 모습이 생각난다. 또 '지피지기知彼知己 백전불태百戰不殆'를 변용한 손무기념원의 '지기지피知己知彼 백전백승百戰百勝' 글귀에 담긴 마오쩌둥 특유의 글씨체가 눈에 선하다. 시공을 초월하여 2,500여 년이 흐른 지금까지도 여전한 관심과 사랑을 생생하게 느낄 수 있었다. 손무와 그의 책《손자병법》이 부러운 이유다.

《손자병법》을 통해 독자들 스스로 어떤 삶을 살아가고 있는지, 자신이 처한 현실을 직시하고 어떤 전략을 세울 수 있을지 생각해 보길 바란다. 역자는 이 책이 꽤 유용한 해결의 실마리를 제공할 수 있으리라고 확신하기 때문이다.

2020년 11월

죽전竹田의 연구실에서

김원중

초판 서문

춘추시대부터 본격적으로 시작된 겸병兼倂전쟁이 계속 확대되면서 각 제후국이 전쟁에 동원하는 병력이 수십만 명에 이르렀다. 이와 같은 새로운 상황이 펼쳐짐에 따라 효율적인 전쟁을 위한 전략과 전술의 필요성이 날로 높아지게 되었음은 두말할 필요도 없다. 이 시대를 관통한 하나의 표어는 '생존'이었다. 열국은 서로에게 포식자인 상황에서 동맹과 배신을 반복하였다. 어떻게 살아남을 것인가의 문제는 공론의 화두였다. 노자老子의 무위無爲, 공자孔子와 맹자孟子의 덕치德治는 패권주의가 난무하는 시대 상황 속에서 군주의 선택을 받지 못하였다. 공자는 백성들을 동원하는 전쟁에 반대하였고, 묵자墨子는 겸애설兼愛說을 주장하며 공격하지 말 것을 주문하였다. 관자(管子, 관중管仲)는 전쟁보다는 백성의 민생에 주목하였다. 이런 시대적 상황이 법가法家와 병가兵家를 불러모았고, 당대의 주류 사상으로 자리 잡게 하였다.

병법이란 속이는 이치〔詭道〕라고 하였고, 전쟁이란 모략으로 공격하는 모공謀攻이 중요하며, 성벽을 공격하는 공성攻城은 병법 가운데 최하책이라고 한 최고의 병법 이론가는 바로 사마천司馬遷에 의해 손자孫子라는 존칭을 얻게 된 손무孫武이다. 손자는 무엇보다도 신중한 전쟁을 주문하면서 전쟁은 일종의 필요악이라는 점을 늘 주지시켰으며, 만약 전쟁을 하더라도 제대로 하라는 입장이었다. 손자가 활동할 당시 제후국의 왕들은 자신의 나라를 지키기 위해 군대를 양성했고 병사들은 싸워야 했으며, 다양한 전략과 전술이 유행하였다. 이는 전쟁에서 이겨 세를 과시하기 위해서라기보다는 살아남기 위해서였고, 전쟁 준비는 나라의 존망이 걸린 중요한 문제였기 때문이다. 전쟁 준비에 철두철미할 것을 주문한 손자는 확실히 전쟁을 즐긴 사람은 아니었다. 그는 목적을 위해 수단을 가리지 않는 술수가도 아니었으며, 단지 어쩔 수 없이 전쟁을 하여야 한다면 반드시 승리해야 한다는 현실론자였을 뿐이다.

《손자병법孫子兵法》 연구의 권위자 리링李零 교수는 《손자병법주역孫子兵法注譯》에서 《손자병법》의 위상에 대해 "중국 고대의 가장 걸출한 병서"라고 하였다. 한비자韓非子도 이미 이 책을 알고 있었으며 사마천에 의해 주목을 받았고, 후한 말기 위魏나라를 창업한 난세의 영웅 조조曹操는 "내가 본 병서와 책략이 많지만 손무가 지은 것이 깊이가 있다"고 하였다. 명나라의 모원茅元 역시 《손자병법》 이외의 병서들을 단지 《손자병법》에 '주소註疏'를 단 수준에 불과하다고 평가하였다.

흔히 중국 고대 병서는 《한서漢書》 〈예문지藝文志 병서략兵書略〉의 분류법에 따라 권모·형세·음양·기교 등으로 분류하는데, 《손자병법》은 권모류에 속한다. 즉 이 책은 권모의 고전이자 백과사전이다. 그렇다고 하여 형세·음양·기교 등을 소홀히 하지 않았으며, 13편 6,000여 자에 이 모든 것을 함축적으로 담아냈다. 또한 '지피지기知彼知己, 백전불태百戰不殆'라는 말을 비롯한 《손자병법》의 지혜는 단순히 병법을 넘어 인간사회의 모든 문제에 적용해도 될 만큼 보편적인 내용이기도 하다.

오늘날 우리가 살아가는 세상은 여전히 곳곳에서 전쟁이 벌어지고 있다. 테러와 국지전, 곳곳에 잠복해 있는 다양한 문화·인종·종교·경제 갈등은 가볍게 보아넘길 수 없는 수준이다. 이런 위기 상황에서 《손자병법》은 우리에게 항상 자신을 지킬 수 있는 지혜의 원천으로 작용하며, 나아가 삶의 철학과 조직의 운영 원리를 제시해준다.

전쟁론의 고전 《손자병법》 개정판을 독자들 앞에 다시금 내놓게 되었다. 어찌 보면 가장 익숙한 것이 가장 다루기 어려울 때가 있는 법이다. 역자가 《손자병법》을 접한 지도 30년 가까운 시간이 흘렀으며, 본격적으로 번역에 착수해 완성하기까지 꼬박 2년의 시간이 걸렸다. 그동안 사마천의 《사기》를 비롯해 《한비자》·《정관정요》·《삼국지》 등을 우리말로 옮기면서 항상 참고도서처럼 활용해왔던 터라 번역하는 일이 그리 어렵지는 않았다. 하지만 위진남북조시대 이후 명청시대를 거쳐 오늘날 통용되고 있는 《손자병법》과 죽간본 《손자》의 차이, 조조를 비롯해 대표적인 손자 주석 및 자일스L. Giles

등 서구의 익히 알려진 영문판 자료를 검토하고, 제한된 범위이지만 현대에 이루어진 연구 성과를 두루 참조해 이해하기 쉽게 다듬는 일은 만만찮았다. 그 과정에서 원전에 충실하면서도 최신의 손자 연구를 반영한 번역본을 만들기 위해 노력하였다.

무엇보다 이 번역본은 원전의 느낌을 최대한 살리면서도 무리 없이 읽히고, 《손자병법》이 나오게 된 시대적 배경 속에서 이해할 수 있게 번역하였다. 역자는 손자의 전쟁이론이 적용된 실제 전투 사례를 《사기》와 《삼국지》, 《한비자》 등 당대의 텍스트들에서 선별해 제시함으로써 독자들이 함축적인 손자의 전언을 구체적으로 느낄 수 있도록 하였다. 아마 이 점이 다른 번역서들과 차별화되는 이 번역본의 특징일 것이다.

역자는 손자의 탁월한 전략적 논의에 감탄하면서 그의 책이 춘추 전국시대의 패권경쟁에서 절대적으로 유리한 국면을 조성할 수 있었다는 확신이 들었다. 그래서 그가 다룬 내용의 구체적 사례나 실례가 어떤 전쟁 상황과 접맥될 수 있는지 고민하면서 개정작업에 임하였다.

이 새로운 《손자병법》이 그동안 널리 알려진 보편적인 독법讀法을 지향하면서도 나름의 창견創見을 더러 보여준다면 이보다 더 큰 보람은 없을 것이다. 그동안 역자의 《손자병법》이 출간된 지 불과 5년밖에 되지 않았으나 20여 쇄를 넘겼을 정도로 애독되어온 데에 힘입어 번역문을 대폭 손질하고 각주를 세밀하게 바꾸고, 해설 또한 적지 않은 수정과 보완을 거쳐 전면 개정증보판을 세상에 내놓게 되었다. 고전에 대한 독서 열기가 남다른 지금, 손자가 남긴 이 보석 같은 지혜를 2,000여 년의 시간이 지나 복원하는 대열에 함께하여 기쁘다.

마지막 교정지를 앞에 놓고 색인 목록을 점검하는 지금, 연구실에서 홀로 수행하는 이 작업이 지금까지 해왔고, 앞으로도 정진해 나가야 할 행복한 고행임을 새삼 느낀다.

역자가 고전 번역에 정진할 수 있도록 성원해준 이 땅의 고전 애독자들께 감사드린다. 독서 리뷰를 비롯해 오자를 지적해주는 이메일과 격려 편지, 마음이 담긴 전화 등을 통해 끊임없이 격려해주고 조언해주는 이 시대의 고전 애독자들이야말로 이 책의 진정한 조력자이다.

2016년 9월

죽전竹田의 연구실에서

김원중

차 례

해제

싸움에 신중하되 싸우지 않고 이겨라

시대적 배경

손자孫子가 태어나 활동하던 때는 공자孔子와 거의 동시대[1]로 예악禮樂이 붕괴되고 격변하는 시대였다. 주周나라 평왕平王이 도읍을 동쪽으로 옮기고 명목상의 천자 자리를 보존할 뿐 실제로는 제후국의 위치로 전락해 더는 뭇 제후를 통제할 수 없는 유명무실한 상황에서 춘추시대였다.[2] 이 시대는 패자霸者를 구심점으로 하는 회맹적會盟的 질서가 자리를 잡으면서 힘을 추구하는 제후들의 나라는

1) 손자는 중국 춘추전국시대 오나라에서 활약한 전략가로, 본명은 손무(孫武, 기원전 544?~기원전 496?), 자는 장경長卿이다. 유가의 비조인 공자가 기원전 551년에 태어나 기원전 479년에 죽었으므로 거의 동시대인 셈이다.

2) 좀더 구체적으로 보면 주周나라는 유왕幽王 때 견융犬戎의 침입을 받아 위태로웠다. 이때 유왕의 아들 평왕平王이 위기에 처한 당시의 수도 호경鎬京을 버리고 낙읍洛邑으로 수도를 옮겨 이때부터 동주東周가 시작되었다. 천자의 권위 쇠락과 제후국의 강성은 바로 패권이라는 논리로 발전해 봉건정치를 지배하는 요소로 작동하였다.

강성해졌고, 강력한 나라가 힘없는 나라를 처부수고, 또 제후는 제후들끼리 대부는 대부들끼리 서로 싸워 겸병兼倂을 일삼던 혼란기였다. 춘추시대 초기 진晉·초楚·제齊·진秦과 뒤늦게 일어난 오吳·월越은 약소국을 가장 많이 겸병해 1등국의 위치에 있었고, 노魯·송宋·정鄭·위衛 등이 2등국의 자리에 있었으며, 진陳·채蔡·조曹는 3등국이었다. 이 3등국까지가 패주가 소집하는 대회맹大會盟에 참석할 수 있는 이른바 열국列國이었다.[3] 이 밖의 작은 나라들은 큰 나라에 공부貢賦와 뇌물을 바치고, 패자와 굴욕적인 맹약을 맺어 자국의 생존만은 유지할 수 있었다.

춘추시대는 중국 역사에서 전환기이자 격변기였다. 이러한 점은 정치, 경제, 사회, 의식 등 여러 방면에 공통적으로 나타났다. 폐쇄적이던 각 지역은 왕 중심의 권력 집중화와 강력한 지배력이 자리를 잡으면서 전쟁이 난무하는 상황으로 재편되었다. 더러는 생산력이 발전해 오랜 씨족공동체 질서가 해체되고 소농민 경영이 정착, 보편화됨으로써 개인간의 자유로운 계약관계가 형성되기도 하였다. 그리고 당시 사람들의 주술적·신정적神政的 세계관은 제자백가의 등장으로 인간 중심의 이성적 세계관으로 바뀌어갔다. 물론 전쟁은 지속되었다.

3) 김학주, 《묵자墨子》, 민음사, 1988, 48쪽.

《춘추春秋》 기록에 의하면 기원전 242년 제후국과 각국 내부에서 전쟁이 483차례나 일어났고, 전쟁과 직접적인 관계가 있는 정치·군사 활동과 회맹 등이 450차례였다. 당시 140여 개의 크고 작은 제후국 대부분이 전쟁의 소용돌이 속에 있었다. "나라는 영원히 강성할 수도 영원히 약할 수도 없다(國無常强, 常無弱)"는 《한비자韓非子》 〈유도有度〉에서의 말처럼 자고 일어나면 나라가 망하거나 흥하였다. 당시에는 대국 사이의 겸병 및 패권 전쟁이 주된 것이었지만, 화하제국과 융적, 즉 이민족과의 전쟁 및 제후국 내부의 정권 쟁탈이나 군신 간의 시해사건 등도 있었다. 사마천司馬遷도 《사기史記》 〈태사공자서太史公自序〉에서 춘추시대에 시해된 군주가 36명, 망한 나라가 57개국, 제후들 중에 달아나서 사직을 보존하지 못한 자는 이루 헤아릴 수 없다고 밝혔다. 당시 잔혹한 전쟁으로 백성들이 겪은 고충 또한 어렵지 않게 짐작할 수 있다.[4)]

어찌 보면 같은 뿌리인 주나라에서 나왔지만 시간이 흐르면서 지리적 이질성 같은 문화적 차이가 그들 사이에 존재했던 것도 주

4) 춘추시대 중엽에 이르러 오나라와 초나라의 계속되는 전쟁으로 백성들은 피폐해지고, 국력은 쇠퇴하였다. 《손자병법》에 백성들을 쉬게 하고 힘을 비축하라고 한 것은 이런 맥락에서 나온 말이다. 손자는 어진 정치를 펼칠 것을 강변하였다. 특히 경제를 강조해 농업기술을 장려하고 유통과 상업 등에도 힘을 기울였다. 전쟁으로부터 나라를 지키는 것도 중요하였다. 손자는 외교적으로 초나라에 대응하기 위한 정치적 공작도 마다하지 않았는데, 합려闔閭의 딸을 채나라 소후昭侯에게 시집보낸 것이 대표적인 사례이다.

된 이유일 것이다. 정치적 분열과 도덕적 위기가 생기고, 가뭄이나 홍수 등으로 자연스럽게 의식주 문제가 대두되어 이를 피하기 위해 이웃 나라와 다툼을 벌였던 것은 어찌 보면 당연한 삶의 투쟁 과정이다. 그나마 주나라의 권위가 실낱처럼 남아 있던 춘추시대에는 제후국 사이에 도덕률이 존재하였다. 물론 영토 문제 등 안팎의 요인으로 충돌은 불가피했지만 말이다. 그 충돌은 '싸움만 하는 나라들'이라는 뜻의 전국戰國시대가 되면서 폭력과 살상, 종족의 멸망으로 귀결되는 경우도 드물지 않았다. 내일이 되면 이 나라의 주인이 바뀌고 다시 시간이 흐르면 다른 나라로 편입되기도 하는 등 한 치 앞을 내다보지 못하는 혼돈이었다. 결국 50여 제후국은 전국시대에 이르러 막강한 힘을 가진 7웅으로 정리되었다.

《손자병법》의 저자와 판본 문제

춘추전국시대에는 두 명의 손자孫子가 있었는데 그중 한 사람이 춘추시대 말기 제齊나라의 손무孫武이고, 또 한 사람이 전국시대의 손빈孫臏이다. 손빈은 일찍이 동문수학한 방연龐涓의 모략으로 위魏나라에서 양쪽 무릎뼈가 제거되는 형벌을 받았지만 뒤에 제나라 장군 전기田忌의 도움으로 그의 막료가 되었다.

손무의 《손자孫子》는 《손무병법孫武兵法》으로, 손빈의 병법서는

《손빈병법孫臏兵法》으로 불렸는데, 《손자》는 다시 《손자병법》으로 통용되었다. 또한 손무의 《손자병법》은 《오吳손자병법》으로, 손빈의 《손빈병법》은 《제齊손자병법》으로도 불렸다. 손무는 제나라에서 태어났지만 오나라에서 활약했기 때문에 오손자吳孫子라고 할 수 있는데 사실상 그의 학술적 배경은 제나라임이 분명하다.

사마천의 《사기》〈손자오기열전孫子吳起列傳〉을 통해 익히 알려진 손자는 춘추시대 말기 제나라의 장수 집안 출신으로, 강국에서 출세하는 것을 포기하고 오자서의 추천으로 신흥 소국인 오나라의 합려에게 병서를 바치고 장수가 되어 오나라를 반석에 올려놓았다. 그의 활동 시기는 공자와 상당 부분 겹치는데, 전쟁을 없애야 한다고 주장한 공자와 실질적인 교류는 없었을 것으로 보인다. 손자는 오왕 합려를 만났을 때 이미 이 책 13편을 완성한 터였으며, 합려가 죽은 기원전 496년경에는 널리 유통되고 있었다. 이렇게 보면 《손자병법》은 춘추시대 말기에 손자가 10여 년 동안 은둔하며 자기 경험과 기존 병서들을 종합하고 춘추시대의 전쟁 사례를 분석해 집필한 것으로 볼 수 있다.

손빈은 손자가 죽고 100년쯤 뒤인 전국시대 중기 제나라 위왕威王 때 활약했는데, 위왕은 강력한 군사력에 힘입어 국력을 키우면서 병법을 정리하는 분위기를 조성하였다. 이때 정리된 것이 바로 사마양저司馬穰苴의 《사마병법》(《사마법司馬法》)이며, 태공망太公望의 《태공병법》과 함께 《손자병법》도 이 시기에 다시 정리한 것이다.

《한서漢書》〈예문지藝文志〉에는《손자병법》이 총 82편이라고 기록되어 있는데, 지금 남아 있는 송宋본에는 〈계計〉·〈작전作戰〉·〈모공謀攻〉·〈형形〉·〈세勢〉·〈허실虛實〉·〈군쟁軍爭〉·〈구변九變〉·〈행군行軍〉·〈지형地形〉·〈구지九地〉·〈화공火攻〉·〈용간用間〉 등 13편만이 전하며, 《사기》〈손자오기열전〉에서도 13편이라고 밝히고 있다. 1972년 산둥성 린이臨沂 인췌산銀雀山에 있는 전한시대 묘에서 죽간竹簡으로 된《손자병법》 13편이 출토되었고 당시 통용되던 송대의 판본과 같다.[5)]

대체로 손자 연구자들은 죽간본《손자》 역시 한漢나라 건원 원년(기원전 140)부터 원수 5년(기원전 118) 사이에 배장陪葬된 것으로 추정하고 있는데, 그 글자의 형태로 보아《손자》를 처음 기록한 사마천의《사기》보다 몇십 년 혹은 몇백 년 앞선 문헌으로 추정할 수 있다.

현재 우리나라를 비롯해 중국에서 가장 널리 통용되는《손자병법》은 송대 판본으로, 위魏나라 무제武帝 조조曹操의 주석본이다. 그 다음이 무경칠서武經七書본이며, 또 다른 하나는《십일가주손자十一家註孫子》로 1961년 중화서국에서 영인본으로 출간하였다.

7세기경 일본에 전해진《손자병법》은 18세기 이후에는 프랑스어·영어·독일어·체코어 등으로 번역되었을 정도로 영향력이 컸다. 정

5) 〈오문吳問〉, 〈황제벌적제黃帝伐赤帝〉 등의 글이 유실된 채로 남아 있다.

교한 문체와 치밀한 구성으로 유명한《손자병법》은 군사학에서 세계적으로 중요한 위상을 차지하고 있어 오늘날에도 이 책에 대한 번역과 연구가 활발히 진행 중이다.

전쟁은 경제력을 우선적으로 고려하라

《손빈병법》〈전기문루田忌問壘〉에서 "손씨(손자)의 도를 아는 사람은 반드시 천지에 합치되리라〔曰智知孫氏之道者, 必合於天地〕"라고 한 것에서 알 수 있듯이《손자병법》은 단순한 병법의 기교나 기술만을 다룬 것이 아니다.

손자는 전쟁과 경제의 상관성을 밝히는 데 심혈을 기울였다. 그는 제2편 〈작전〉 첫머리에서 10만 명의 군사를 동원하려면 가장 먼저 충분한 물질적 조건이 갖추어져야 한다고 하였다. 치중(輜重, 군수물품)과 양식, 병력 등이 선행되어야 하며, 이는 제4편 〈형〉에서 말한 도度·량量·수數·칭稱·승勝의 요소를 갖추고 난 뒤에야 비로소 용병할 수 있다는 말로 표현되기도 하였다. 승리한 군대와 패배한 군대의 배경에는 국가의 경제력과 군사력 같은 객관적 요소의 차이가 있고, 이를 비교·분석한 뒤에 비로소 전쟁에 나설 수 있다는 것이 손자의 기본 입장이었다.

이런 관점이 형성된 것은 손자가 춘추시대의 전쟁을 직접 겪었기 때문이다. 춘추시대 말기 진晉나라·노나라·제나라 등 황하유역의 중원 국가들은 겸병전쟁을 도모했고, 군주를 시해하려는 내부 반란도 적지 않았다. 진나라는 육경六卿이 정권을 좌우하다가 삼가(三家, 조씨·한씨·위씨)에 의해 분열되었고, 노나라는 환공의 둘째와 셋째, 막내 손자가 나라를 절단냈다. 그리고 손자의 고향 제나라는 신구 간의 권력 쟁탈이 극에 달했는데 결국 신흥 세력 전씨田氏가 권좌를 차지하였다.[6] 손자는 권력 투쟁과 동란 그리고 변화무쌍한 정국 등 수많은 정쟁을 겪었다. 게다가 당시 제나라는 무거운 세금과 형벌로 백성들을 압박하였다. 예를 들면 제나라 경공景公은 발목을 자르는 형벌을 좋아해 신발값이 떨어질 정도였다. 그래서 그는 제나라를 떠나 오나라로 가려고 하였던 것인지도 모른다.

농업경제가 발전하고 개인 소유의 땅이 증가하면서 임의로 토지를 교환하거나 저당 잡히거나 혹은 상으로 주는 일도 늘어났다. 누가 토지의 소유권을 가지고 있는가 하는 것은 바로 권세權勢와도 결부되는 중요한 문제였다.

이런 맥락에서 《손자병법》 13편을 관통하는 '이利'라는 글자는 실

6) 제나라 경공景公 3년에서 도공悼公 원년까지 이른바 신구 간의 세력 다툼이 있었는데, 그 과정에서 권력을 장악한 자들이 바로 전씨田氏와 포씨鮑氏였다. 경공 3년에 손무가 태어났고, 그의 나이 13세에 전씨와 포씨가 연합해 구귀족 세력인 난씨欒氏와 고씨高氏를 제거하였다.

제로는 경제적 이익이며, 구체적으로는 토지와 인구 등의 재산과 관련된 이익이다.[7] "나라의 창고는 비어 있는데 대신들의 창고는 가득 차 있고, 나라 안의 백성은 가난한데 나라 밖에서 들어온 이주자들은 부유하고, 농민과 병사는 곤궁한데 상공업에 종사하는 사람들이 이득을 얻는 나라는 망할 것이다"(《한비자》〈망징亡徵〉)라는 한비자의 말처럼 손자가 살던 당시는 경제질서를 바로잡는 일이 무엇보다 중요하였다.

따라서 손자의 전쟁관은 전쟁 이후의 경제적 이득을 얻는 데 있었다. 전쟁을 하면 할수록 경제가 손실되는 모순을 해결하기 위해 손자가 제시한 것은 적으로부터 빼앗은 식량으로 자국의 식량을 보충해가며 전쟁을 한다는 원칙이었다. 그리고 적의 전차를 획득하면 아군의 전차와 함께 사용한다는 장비 보급의 원칙 및 포로로 잡은 병사들을 아군으로 양성한다는 정책 등은 아군보다 적군이 더 유리한 경제적 조건을 가지고 있을 때 취할 수 있는 용병술로 적극 추진되었다.[8]

또한 손자는 적에게 심각한 타격을 입히기 위해서는 화공火攻을 적극 활용해 적군의 식량과 비축 물자를 모두 태워버려야 한다고

7) 이런 관점은 순자荀子도 예외가 아니다. 《순자》〈부국富國〉에서 "다른 사람을 공격한 자는 명예 때문이 아니라, 생각건대 이익 때문이 아니면 분노 때문이다"라고 하였다. 말하자면 명예·이익·분노 이 세 가지로 전쟁의 성격을 규정했고 전쟁의 목적 또한 구별하였다.

주장하였다. 빼앗을 수 있으면 빼앗는 것이 좋지만, 빼앗을 수 없을 때는 그것을 없애야만 적의 강점이 약점이 되고, 아군의 약점이 강점이 된다고 강조하였다. 이렇게 보면 손자는 전쟁과 경제가 대단히 깊은 관계가 있다는 것을 명확하게 인식했던 것이다.

손자는 전쟁을 피할 수 없는 사회현상으로 보았다. 우리는 그가 호전주의자의 입장에서 이 책을 쓴 것으로 생각할 수도 있지만 실제로는 그 반대이다. 손자 자신이 직접 전투에 참여하면서 많은 공을 세우고 제왕들을 도와 패업을 이루는 데 적지 않은 기여를 했지만 전쟁에서 백성의 고충을 몸소 체험하면서 전쟁에 신중을 기하는 신전愼戰의 면모를 보였다. 전쟁을 거부하는 것은 현실적으로 불가능하고, 그렇다고 전쟁에 미쳐서 나라를 운영하면 반드시 백성의 고통이 따른다는 것이 그를 신전주의자로 만든 이유였다. 손자가 아군의 피해가 큰 데다가 승리하더라도 적국의 도시를 초토화하는 공성攻城을 최하위의 계책으로 폄하한 것은 바로 이런 이유다.

---

8) 《삼국지三國志》〈위서魏書 모개전毛玠傳〉에도 포괄적이기는 하지만 평소 군수물자 등의 비축 문제 등을 승리의 조건으로 보는 장면이 나온다. 조조가 연주에서 모개를 불러 치중종사治中從事로 삼을 때 모개는 다음과 같이 건의하였다. "무릇 전쟁이란 정의를 가지고 있는 자가 승리하는 법이며, 재력이 있어야 자리를 지킬 수 있습니다. 응당 천자를 받들고, 신하답지 못한 신하들을 호령하여 농경에 힘쓰며 군수물자를 축적하십시오. 이와 같이 한다면 천하를 제패하는 사업이 완성될 수 있습니다." 이 말을 들은 조조는 그의 의견을 존중해 모개를 막부幕府의 공조로 임명하고 그가 추천한 인물들을 두루 등용하였다.

전쟁은 정치력이다

손자는 전쟁이야말로 국가와 군대, 그리고 백성이 생존하기 위한 하나의 수단이므로, 군의 통수권자는 전쟁을 유희로 보면 안 되고 반드시 엄숙하고 진지한 태도로 임해야 한다고 하였다. 제2편 〈작전〉과 제13편 〈용간〉에서 논한 바와 같이 망한 나라는 다시 존재할 수 없고, 죽은 자는 소생할 수 없다는 이치를 살펴 노여움으로 군대를 일으키는 일이 없어야 하며, 반드시 나라를 편안히 하고 군대를 온전하게 하는 이치에 입각해 삼가고 경계해야 한다고 하였다. 손자는 전쟁에서 승패를 예측할 때 가장 먼저 정치적 상황을 고려해야 한다고 보았다. 정치가 공정하고 법규와 제도가 잘 지켜진다면 전쟁을 유리하게 이끌어나갈 수 있다.

손자가 보기에 전쟁의 승패를 결정하는 요소는 도道·천天·지地·장將·법法의 오사五事인데, '도'란 시대의 흐름을 읽고 백성들을 위한 좋은 정책을 실시하는 군주의 통치술이다. 군주와 백성이 한마음이 되어 나라를 부흥시킨다면 전쟁이 일어나더라도 백성은 희생을 두려워하지 않고 참여할 것이다.

손자가 활동하던 당시 오吳나라는 초나라와 싸워 이기는 등 어느 때보다 강성하였다. 오왕 합려闔閭는 점점 오만해지기 시작하였다. 그는 부차夫差를 태자로 봉하고 초나라 땅 일부를 지키게 한 뒤 자신은 궁실을 다스리며 화지華池와 장락궁長樂宮을 짓고 고소대姑蘇臺

에서 유희를 즐겼다. 심지어 그는 태호太湖를 제대로 보기 위해 구곡로九曲路라는 길을 내고, 정궁正宮의 별관을 지어 미인들과 갖은 음식을 차려놓고 방탕한 생활을 일삼았다. 과거 초나라와의 전쟁에서 보여주었던 근면 검소한 모습은 찾아볼 수 없었다. 이로 보았을 때 오나라의 패망은 예견되었던 것이다.

춘추시대 후기에 들어서면서 생산력이 증가하고 군대가 확대되어 많은 나라에서 토지 규모에 따라 병사를 징집하고 부역을 매기는 '병부제兵賦制'와 '병갑제兵甲制' 같은 제도를 시행했다. 평민과 농노는 갑병甲兵에 충당될 수 있는 중요한 군대 성원이었다. 손자는 이 점을 중시해 '군주에게 도가 있는가'라는 중요한 질문을 '수도이보법修道而保法'이라는 말로 정리했고, 백성들과 더불어 상생하는 것을 정치의 핵심으로 삼았다. 이렇게 본다면 어떤 전쟁이든 정책과 관계가 있다는 것이 손자의 핵심 주장이기도 하다. 이는 서양의 군사전략가인 클라우제비츠Karl Clausewitz가 "전쟁은 정치의 연속이다"라고 한 말과 같은 맥락이다.

손자는 전쟁을 중시하면서도 병사들의 고통 여부를 전쟁보다 항상 우위에 두었다. 따라서 그는 전쟁을 결정하는 데 신중에 신중을 거듭할 것을 주문했다. 그래서 〈화공〉 편에서도 군주가 개인 감정에 의해 군대를 일으켜서는 안 된다고 강조했던 것이다. 사마양저의 병법서인 《사마법司馬法》에서 "나라가 아무리 크더라도 전쟁을 좋아하면 망한다"라는 말과 그 맥을 같이한다.

손자는 "전쟁을 어떻게 보느냐 하는 문제는 군대와 백성들의 생사 및 나라의 존망과 관계된다"라며《손자병법》의 첫머리에서 전쟁을 정확하게 바라볼 것을 주문하였다. 전쟁을 '흉악한 도구'라고 보거나 '분쟁의 해결사' 혹은 '필요악'이라고 보았던 당시에 '전쟁은 나라의 중대한 일'이라고 보는 관점은 매우 신선하고 이례적이었다. 전쟁을 중시하되, 신중히 하고, 전쟁 준비를 중시하는 관점,[9] 그리고 일단 전쟁을 하면 속전속결로 아군뿐만 아니라 적군의 손실도 최소화하는 것이 손자 병법론의 핵심 중의 핵심이다. 그렇기 때문에 전쟁을 하기 전에 승산勝算을 세워야 하고 이 과정에서 다섯 가지 조건을 파악하는 것이 나라의 안전을 위해 반드시 필요하다고 보았다. 그의 전쟁론은 나라의 이익을 단단히 다지고 인력의 손실과 재물의 손해를 피하는 것이어야 하기에 묘당廟堂에서 군신들이 세우는 작전 계획은 전쟁의 발발 가능성과 승부를 좌우하는 중대한 것이었다.

9) 손자가 중시하는 것은 전쟁을 미리 대비하는 것으로, 〈모공〉에서 "준비하고 있으면서 준비하지 못한 적을 기다리는 자는 승리한다〔以虞待不虞者勝〕"고 하였다. 손자는 늘 '자신이 적에게 대처할 능력을 갖추고 있으면 결코 적이 쳐들어와도 두렵지 않다'는 유비무환有備無患의 정신을 강조하였다. 《손자병법》 이후의 고대 병서 중에서 철저한 준비를 중시한 병법가로 오기吳起가 있다. 그는 《오자吳子》에서 "나라를 안정시키는 원칙은 먼저 경계하는 것을 귀하게 여겨야 한다〔夫安國家之道, 先戒爲寶〕"고 하였다. 손빈 역시 "일이 준비된 이후에 행동하라〔事備而後動〕"고 주문하였다. 《사마법司馬法》·《관자》·《묵자》·《한비자》 등에서도 전쟁을 제대로 하려면 준비가 철저해야 한다고 강조하였다.

이상에서 볼 때 손자는 내정을 공고히 하고 나라의 경제력을 갖추며 군령과 덕으로 나라를 다스려 정치를 안정시키면서 민심의 향방을 바로잡는 것, 그러고 나서 전쟁을 하기 전에 모든 요소를 점검해 승산을 세우는 것이 바로 전쟁을 승리로 이끌 수 있는 기초 역량이라고 파악하였다.

《손자병법》을 어떻게 읽어야 하는가

시대를 초월한 '생존의 지혜'를 담고 있는 이 책을 우리는 어떻게 읽어야 할까. 《손자병법》은 오나라의 대장이 된 지 7년 만에 오나라를 중원의 강대국 반열에 올려놓은 손자의 탁월한 군사전략을 담고 있다. 그것은 6,200자에 불과하지만 간결한 단어에 승패와 운명의 변화 원리를 놀랍도록 정확하게 압축함으로써 전쟁론의 고전이 되었다.

2,500년 전에 쓰인 이 병서가 서양 병서의 고전인 클라우제비츠의 《전쟁론》을 능가한다는 평을 받는다. 이것은 《손자병법》이 단순히 전쟁의 방법론을 담고 있는 것을 넘어 인간의 심리에 대한 깊은 통찰을 전해주기 때문일 것이다. 《손자병법》의 전략 전술은 전쟁뿐 아니라 인간관계에도 두루 응용하는 데 손색이 없다. 적어도 손자가 가르치고자 하는 것은 다수의 라이벌을 상대로 살아남는 법이

다. 싸워서 이기는 방법뿐만 아니라 싸우지 않고 이길 수 있는 방법도 가르쳐준다. 공격보다 방어가 우선이며, '필승'도 중요하지만 지지 않는 '불패'도 못지않게 중요하다고 강조한다. 손자가 강조한 지도자의 자질인 지智·인仁·용勇·신信·엄嚴은 오늘날 리더에게도 필요한 덕목들이다.

이처럼《손자병법》을 단순히 군사 교과서로 보는 시각에서 벗어나면 그것이 가지고 있는 고전으로서의 가치가 되살아난다. 조직을 관리하고, 사람을 다루고, 세상을 읽어내는 처세의 경전으로 말이다.

1949년 오늘날의 중국을 탄생시킨 혁명가 마오쩌둥毛澤東은《손자병법》을 늘 침대 곁에 두었다. 이러한 사실은 이 책이 단순히 병서가 아니라 정치학의 고전이라는 것을 다시 한 번 증명해준다.《손자병법》은 마이크로소프트사의 빌 게이츠나 소프트뱅크의 창업자 손정의에게는 기업 경영의 지침서 역할을 한다고 널리 알려져 있다. 나폴레옹도 이 책을 늘 곁에 두고 읽었으며, 제1차 세계대전에서 패한 독일의 황제 빌헬름 2세는 만년에 "내가 만일 20년 전에 이 책을 읽었더라면 그렇게 무참하게 패하지는 않았을 텐데"라는 회한에 찬 말을 남기기도 하였다.

《손자병법》은 짧은 문장에 수많은 변화의 원리를 담고 있어서 상당히 난해하다. 예를 들어 상황을 헤아려 적절하게 판단하고 전략과 전술을 신축적으로 운용하는 것을 뜻하는 '솔연率然'은 단 두 글자에 불과하다.

손자는 보이는 것을 그대로 믿어서는 안 되고, 상대방을 속여야 하며, 정규전과 비정규전, 기습과 정공이 끊임없이 맞물려 돌아가는 '기정상생奇正相生'을 전쟁론의 근본으로 삼았다. 오죽하면 '병이사립兵以詐立', 즉 전쟁은 곧 속이는 것이라는 말이 나왔겠는가. 전쟁을 할 때 우회 전략을 응용하라는 '우직迂直'의 계책으로 대변되는 기만적인 용병술 등등 손자가 이야기하는 전쟁의 방식은 우리의 상식을 뛰어넘는다. 따라서《손자병법》은 속고 속이는 것들의 연쇄 속에 들어 있는 패턴과 그 안에서도 변하지 않는 진리가 무엇인지를 파악하는 것이 중요하다.

《손자병법》 13편은 전반부와 후반부로 나뉜다. 책의 전반부는 〈계〉·〈작전〉·〈모공〉이 한 조를 이루고, 〈형〉과 〈세〉 두 편이 또 한 조를 이루며, 〈허실〉은 독립된 조를 이룬다. 이 세 개의 조는 비교적 군사학의 기초이론과 전략 문제에 치중하고 있다. 전쟁의 계획 단계부터 공성에까지 전쟁의 모든 과정을 다루면서 전략의 기본 원칙을 매우 날카롭게 언급하고 있다. 이 책의 후반부는 〈군쟁〉부터 〈구지〉까지 5편이 한 조가 되는데 주로 전술 운용과 지형학에 대한 탐구이고, 마지막 두 편 〈화공〉과 〈용간〉은 특수전에 관한 이론이라고 볼 수 있다.

《손자병법》은 혼란과 질서, 비겁함과 용감함, 약함과 강함 등 상반되고 모순되는 용어를 자유자재로 운용해 마치 노자식의 사유

구조를 보여준다. 일례로 제6편 〈허실〉에서의 전략은 마치 노자가 말하는 허정虛靜의 '허虛'를 떠올리게 한다. 아무 일도 하지 않고 아무 생각도 하지 않는 텅 비고 고요한 상태의 '허' 말이다. 물론 《손자병법》의 텅 빔은 적을 유인하기 위한 술책이며, 실實로 전환하기 위한 일시적인 허이다. 또한 허를 알아야 실을 지킬 수 있다는 말이기도 하다.

이처럼 《손자병법》에는 노자의 무위사상도 담겨 있으며, 한비자가 말하는 절대 권력자인 군주의 처세에 관한 내용도 담겨 있다. 그리고 통수권자를 보좌하는 지휘관, 즉 장수의 자질을 논하면서 오덕五德에 대해 이야기한 부분은 유가의 논점과도 접맥해 있다. 물론 전쟁이란 철저히 승리를 위한 것으로, 어떤 수단과 방법도 가리지 말라는 식의 승부사적 기질을 담은 책으로도 볼 수 있다.

고전은 고전답게 읽어야 한다. 이 책을 현대 경영의 시각에서 권모술수라는 측면에 과도하게 결부해 읽지 말라는 말이다. 구절 하나로 전체의 뜻을 재단하는 식의 단장취의斷章取義는 고전의 큰 세계를 이해하는 데 걸림돌이 될 뿐이다.

제1편

계計

전쟁하기 전에 계획하라

〈계計〉 편은《손자병법孫子兵法》 전체를 총괄하는 편이다. 이 편에서 손자孫子는 전쟁하기 전에 치밀하게 계획할 것*을 강조하고 있다. 나라의 운명을 결정짓는 전쟁을 일으키려면 먼저 제반 사안을 치밀하게 계획하고, 승패를 결정짓는 가장 기본적인 것이 무엇인지를 파악해야 한다는 것이다.

원래 이 편은 '계計' 한 글자로 편명을 삼았다. 죽간본竹簡本《손자》에도 '계' 한 글자로 되어 있는데, 상당수의 통행본에는 '시始' 자가 앞에 붙어 '시계始計'라는 편명으로 되어 있다. 이 글자는 후인들이 덧붙인 것이다.** '계'란 이 편의 마지막에 등장하는 '묘산廟算'과 같은 의미이다. 전쟁에 앞서 군주가 의사결정을 하는 곳인 묘당廟堂에서 주책籌策 등을 써서 적군과 아군의 우열관계를 계산하는 것에서 비롯된 것으로, 야전이나 공성攻城 등 본격적인 전투의 전 단계이다. 여기서 손자는 적이 아직 준비되지 않았을 때 무찌르는 것, 예기치 않은 공격을 강조하고 있다.

'도道·천天·지地·장將·법法'의 오사五事는 전쟁의 다섯 가지 핵심 요소이다. 올바른 정치, 기후와 기상, 지리적 이점, 지도자의 능력, 제도와 질서 등 국가의 모든 시스템을 점검해 문제점이 없는지 살펴보고 전쟁에 임해야 한다. 이와 더불어 군대의 질적인 문제까지 고려한 것이 칠계七計이다. 무기 정비와 훈련 상태, 상벌 시행의 규모 등 전쟁 전 국가는 언제

---

* 영어 번역본인 그리피스Samuel B. Griffith의《손자, 전쟁의 기교*Sun Tzu The Art Of War*》에서는 이 제목을 'estimates'로 옮기고 의미를 'reckoning(생각)', 'plans(계획)', 'calculations(계산)'로 풀었다. 더 구체적으로는 'Preliminary Calculations(예비적 계산)'라고 하였다. 쑨샤오링孫曉玲은 미리 계획하고 계산하는 의미로 해석하면서 적과 아군 쌍방의 객관적 조건을 분석하고 전쟁의 승패에 대한 예측과 모책을 가하는 것으로 해석하였다.(《손자병법孫子兵法》, 원방출판사遠方出版社, 2009, 10쪽)

** 리링李零은 그의 책《손자십삼편종합연구孫子十三篇綜合硏究》(중화서국, 2008)에서 미리 '시始' 자를 덧붙이고 괄호를 넣어 '(시)계(始)計'라고 처리했으며, 제4편 〈형形〉과 제5편 〈세勢〉에도 각각 '군軍' 자와 '병兵' 자를 앞에 넣어 같은 방식으로 처리하였다. 역자는 원전에 의거하여 표기하였다.

나 최상의 준비를 완료해야 한다는 것이다. 적이 처한 지형과 상황을 이용해 속이고 이간하거나 불안하게 만드는 등의 방법으로 적을 와해시키는 것이 바로 '권權'이며, 정신적인 것은 물론 물리적 힘의 차이로 적을 굴복시키는 것이 바로 '세勢'이다.

〈계〉 편은 간첩을 활용하는 법을 다룬 제13편인 〈용간用間〉과 수미首尾를 이루는 것으로도 볼 수 있는데, 먼저 계책을 수립해 대비하되 간첩 활용이라는 방법을 이용해서라도 적을 무너뜨리는 것이 매우 중요한 전략이기 때문이다. 전쟁을 하기 전 반드시 계산을 하라는 것은 미리 전쟁의 승패를 치밀하게 분석한다는 의미인데, 〈용간〉에 나오는 '향간鄕間', '내간內間', '반간反間', '사간死間', '생간生間' 등 다섯 종류의 간첩 또한 결국 적의 정황을 미리 알기 위한 방책이기 때문이다.

전쟁은 존망을 결정한다

손자는 말한다.[1)]

전쟁[2)]이란 나라의 중대한 일이다.[3)] 죽음과 삶의 문제이며, 존립과 패망의 길이니 살피지 않을 수 없다.

孫子曰: 兵者, 國之大事. 死生之地, 存亡之道, 不可不察也.

---

1) 원문의 '손자왈孫子曰'에 대한 번역으로, 이 책의 13편 모두 이렇듯 손자의 말로 시작된다. 손자의 제자가 스승의 말을 인용해 한 말로《논어論語》에 나오는 '자왈子曰'과 같은 방식이다. 그런데 문제는 과연《논어》에서의 '자왈子曰'의 개념과 같은 맥락인지는 따져 보아야 한다. 공자의 제자 77명(사마천의 기록에 의거함)이 구체화되어 있는 것과 달리 손자의 제자는 전혀 알려져 있지 않기 때문이다. 따라서 역자는《논어》에서 "공자께서 말씀하셨다"라고 번역한 것과 달리 이 책에서는 "손자는 말한다"라고 번역하였다. 이는 단지 그 어떤 제자에 의해 기록되었을 가능성을 내포하고 있다는 점을 염두에 둔 것이다. 제자백가의 글에 보이는 '자왈子曰'도 모두 그의 제자들 혹은 제자의 제자들이 기록한 것으로 보아야 한다는 일반론에 동의한다.

2) 원문의 '병兵'이란 병기, 병사, 병법, 군대, 전쟁 등의 여러 가지 함축된 의미가 있으나, 여기서는 전쟁이란 의미이다. 리링은 '병' 자를 병기兵器의 확장된 표현으로 보고 군대와 군사 등 제반의 일을 두루 가리키는 것으로 해석했는데, 여기서는 특히 '군사'를 가리킨다고 결론지었다.(리링, 앞의 책, 8쪽) 더 나아가 리링은 '군사' 혹은 '군사학'이라는 식의 확장 개념을 적용해야 한다고 부연 설명하였다. 물론 일리가 없는 것은 아니지만 역자는 전쟁으로 풀이하는 것이 더 나을 것으로 본다. 궈화뤄郭化若도《손자역주孫子譯注》(상해고적출판사, 2003, 37쪽)에서 '전쟁'이라고 해석하였다. 한편,《손자병법》에는 71번이나 이 '兵'이란 글자가 나온다.

3) 《춘추좌씨전春秋左氏傳》(이하《좌전》으로 약칭) 성공成公 13년에 따르면 당시 나라의 대사는 '제사[祭]'와 '전쟁[戎]' 두 가지였다. 물론 제사는 길한 것이고, 전쟁은 흉한 것이다. 《논어》〈위령공衛靈公〉에 보면 위나라 영공이 공자에게 [군대의] 진법陳法에 대해 묻자 공자가 "제사에 관한 일은 일찍이 들어본 적이 있으나, 군대에 관한 일은 아직 배운 적이 없습니다[俎豆之事, 則嘗聞之矣. 軍旅之事, 未之學也]"라고 답하였으니 앞의 '조두지사'는 제사이고, 뒤의 '군려지사'는 전쟁이다.

【해설】

전쟁은 국가의 중대사이고, 회피할 수 없다는 명제로 논의를 시작한 손자孫子는 전쟁이란 참혹한 대가를 치러야 하기 때문에 무엇보다도 신중해야 한다고 강조한다. 춘추전국시대의 손자는 전쟁을 단순히 국가만의 문제가 아닌 민생의 문제로 바라보았다. 전쟁에서 지면 민생이 무너지고 그 기반까지 철저히 허물어진다. 그러므로 바로 다음 단락에서 반드시 점검해야 할 다섯 가지를 강조하였다. 이 기본 요소가 완벽히 갖추어지지 않고서는 전쟁에서 승리할 수 없다.

노자老子도 전쟁의 무서운 결과를 말하였다. "군대가 주둔한 곳에는 가시덤불이 자라나고, 대군이 지나간 뒤에는 반드시 흉년이 든다. [전쟁을] 잘하는 자는 구제해줄 뿐이지, 감히 [군대로] 강함을 취하려고 하지 않는다(師之所處, 荊棘生焉, 大軍之後, 必有凶年, 善者果而已, 不敢以取强)."(《노자》 30장)

전쟁이란 잔혹한 것으로 군대가 어디에 있든 반드시 재앙이 따르게 되며 모든 것이 황폐해질 수밖에 없다. 용병은 매우 빠르게 보복을 낳는다. 전쟁을 좋아하고 승리를 취하려는 자 중에서 승리하더라도 뒤끝이 좋은 사람은 별로 없다. 전쟁이란 그 자체가 도道에 들어맞지 않기 때문이다. 노자의 전쟁관이 드러나 있는 위 문장을 읽어보면 춘추시대에 얼마나 많은 전쟁이 일어났는지 짐작할 수 있다.

원문에서 눈길을 끄는 것은 '찰察'이라는 단어이다. 이 단어는 전쟁에 앞서 적군과 아군의 형세를 비교하고, 승산이 있는지 없는지 철저히 검증하라는 경고의 메시지를 담고 있다. "망한 나라는 다시 존재할 수 없고, 죽은 자는 다시 소생할 수 없다(亡國不可以復存, 死者不可以復生)"는 제12편 〈화공〉에서의 말처럼, 현명한 군주는 항상 국가 이익을 최우선으로 삼아 전운이 감도는 현장을 꿰뚫어보고 통찰해야 한다. 결코 명분이나 허세에 기대어서는 안 된다.

《한비자韓非子》〈초견진初見秦〉에서도 전쟁을 '존망의 문제'로 보고 있다.

신은 감히 다음과 같이 말씀드리겠습니다. 지난번[4] 제齊나라는 남쪽으로는 초楚나라를 쳐부수었고 동쪽으로는 송宋나라를 쳐부수었으며, 서쪽으로는 진秦나라를 복속시켰고 북쪽으로는 연燕나라를 무너뜨렸으며, 중앙으로는 한韓나라와 위魏나라를 통제했으며, 영토는 넓고 병력은 강력하여 싸우면 이기고 공격하면 취해버려 천하를 호령하였습니다. 제나라의 맑은 제수濟水와 흐린 황하黃河는 [사방의] 경계境界가 되기에 충분하며, 기나긴 성벽과 거대한 제방은 요새로 삼기에도 충분합니다. 이렇듯 제나라는 다섯 번 싸워 이긴 나라이지만,[5] 한 번

4) 원문의 '왕자往者'를 번역한 것으로, 여기서는 기원전 3세기 초 무렵의 제齊나라 민왕湣王 23년(기원전 301)에 제나라가 진나라와 연합군을 형성해 중구重丘에서 초楚나라를 패배시키고 민왕 38년에 제나라가 송나라를 공격해 송나라 왕이 도망해 온성溫城에서 죽었으며, 26년에는 제나라가 한韓나라·위魏나라 두 나라와 연합해 함께 진秦나라를 공격하는 등 일련의 중대한 사안으로 인해 국력을 천하에 떨치던 때를 포괄적으로 말한 것이다. 《사기史記》〈전경중완세가田敬仲完世家〉에 자세한 내용이 실려 있다.

5) 바로 앞 문장의 "남쪽으로는 초楚나라를 쳐부수었고 동쪽으로는 송宋나라를 쳐부수었으며, 서쪽으로는 진秦나라를 복속시켰고 북쪽으로는 연燕나라를 무너뜨렸으며, 중앙으로는 한韓나라와 위魏나라를 통제했으며"라는 구절에서 알 수 있듯이 다섯 차례의 승리를 의미한다.

의 전투에서 이기지 못하여 멸망하고 말았습니다. 이로 미루어본다면 전쟁이란 만 대의 수레를 낼 수 있는 나라를 존재하거나 망하게 하는 것입니다.

또 다른 예를 들어보자. 진秦나라 말기 농민들이 반란을 일으키던 혼란기에 항우項羽는 담력과 재능으로 매우 빠르게 두각을 나타냈다. 귀족 출신으로 리더십을 발휘한 그는 군권을 쉽게 장악하고 진나라 군대와 목숨을 건 싸움을 벌여 일거에 진나라의 주력부대를 섬멸하고 폭정을 종식시켰다. 그러나 이후 천하를 놓고 벌인 유방劉邦과의 싸움에서 항우는 힘만을 추종했고 제후들에게 봉토를 공평하게 나눠주지 않았으며, 친척만을 등용하는데다가 강퍅한 기질이 있어 날이 갈수록 고립을 자초하였다. 결국 한 여인에게 빠져 유방과의 건곤일척乾坤一擲의 운명을 건 전투에서 참패해 사면초가의 신세로 짧은 생을 마감하였다.

《삼국지三國志》〈오서吳書 장굉전張紘傳〉에 보면 건안 4년(199)에 손권孫權은 장굉張紘을 장사長史로 임명하고 합비合肥 정벌에 참가하도록 하였다. 손권이 가볍게 무장한 기병을 이끌고 적을 무찌르려고 하자 장굉은 다음과 같이 간언하였다.

병기는 상서롭지 못한 기구이고, 전쟁은 위험한 일입니다. 오늘 당신이 왕성하고 웅장한 기백에 의지해 강대하고 포악한 적을 홀시한다면 삼군의 군사들 중 마음이 섬뜩하지 않은 자가 없을 것입니다. 비록 적군 장수의 목을 베고 깃발을 빼앗아 취하고 적군의 전쟁터에서 위세를 떨친다고 할지라도 이것은 오로지 편장군의 임무이지 주장主將이 꼭 해야만 하는 일은 아닙니다. 맹분孟賁과 하육夏育의 용기를 억누르고 패왕으로서의 계획을 마음속에 품으시기 바랍니다.

손권은 장굉의 간언을 받아들여 행동을 멈추었다. 장굉은 전쟁에 앞서 늘 수성守成을 건의한 행정의 달인이었다.

또한《삼국지》〈위서魏書 포훈전鮑勛傳〉에 보면 직언을 그치지 않아 조비曹丕의 미움을 받고 죽은 포훈鮑勛이라는 인물이 있다. 황초 6년(225) 가을, 조비가 오吳나라를 정벌하기 위해 신하들을 모두 모아놓고 논의하도록 하였는데 이때 포훈이 면전에서 간언하였다.

왕의 군대가 자주 정벌하러 나갔지만 승리하지 못한 것은 대체로 오吳와 촉蜀[6] 두 나라가 입술과 이처럼 서로 의지하고, 산과 물의 험난함에 기대어 공격함으로써 얻기 어려운 지형을 갖고 있기 때문입니다. 지난해 오나라를 정벌할 때 용주龍舟가 표류해 오나라 군사가 있는 남쪽 해안에 떨어져 폐하의 옥체는 위험에 처했고, 신하들은 간담이 부서질 지경이었습니다. 이때 종묘는 거의 기울어 엎어지려고 하였으니, 이 일은 백대百代의 교훈이 될 것입니다. 지금 또다시 병사를 수고롭게 하여 먼 곳에 있는 적을 습격한다면 하루에 천금을 소비하

6) 오吳와 촉蜀, 두 글자에 대한 허신許愼의 견해에 의하면 '오'라는 글자에는 입 '구口' 자가 있듯이 큰 소리로 떠들면서 이야기하는 야만족이라는 의미이고, '촉'이란 글자에는 벌레 '충虫' 자가 있듯이 벌레가 많은 나라라는 의미가 동시에 숨어 있다.

게 되어 나라 안의 재물은 고갈될 것이고, 교활한 도적으로 하여금 우리 군대를 농락하게 할 것이므로 신이 은밀히 이 일을 생각해보건대 불가하다고 봅니다.

전쟁을 하기에 앞서 승리할 가능성이 있는지 충분히 고려하라는 직언이었다. 그러나 자신만만했던 조비는 이 말에 크게 화가 나서 포훈을 즉시 치서집법(治書執法, 관리의 탄핵을 책임진 직책)으로 좌천시킨 뒤 끝내 사형하였다.

그러므로 [전쟁이란] 다섯 가지(五事)에 따라 경영되어야 하고, [일곱 가지] 계책을 비교해[7] 그 정황[8]을 탐색해야 한다.[9] 첫째를 도(道, 도덕)라 하고, 둘째를 천(天, 천시天時)이라고 하며, 셋째를 지(地, 지리地利)라 하고, 넷째를 장(將, 장수)이라고 하며, 다섯째를 법(法, 법도)이라고 한다.

도란 백성이 윗사람(군주)과 뜻을 함께하는 것이므로,[10] 군주를 따라 죽을 수도 있고 살 수도 있는 것이다. 그래서 백성은 위험을 두려워하지(畏)[11] 않는다. 천이란 음양陰陽[12], 추위와 더위, 사계절의 변화다. 지란 [땅의] 멀고 가까움, 험준함과 평탄함, 넓음과 좁음, 살

---

7) 원문의 '교校'를 번역한 것으로, 비교할 교較와 같은 자이다.

8) 아군과 적군이 교전해 얻거나 잃을 수 있는 결과를 말하는 것으로 보아야 한다.

9) 무릇 이 다섯 가지는 장수가 반드시 들어야 하는 것으로 이것을 아는 자는 승리하고 알지 못하는 자는 승리할 수 없으므로 계략으로써 비교하여 그 실정을 찾는 것이다(凡此五者, 將莫不聞, 知之者勝, 不知者不勝, 故校之以計, 而索其情).(조희순 설)

10) "어진 사람의 군대는 위아래 모든 장수가 한마음이 되고 전군이 힘을 합쳐 신하와 군주, 아랫사람과 윗사람의 관계가 마치 자식이 부모를 섬기고 아우가 형을 섬기는 것과 같고, 마치 손과 팔이 머리와 눈을 막아내고 가슴과 배를 감싸 보호하는 것과 같다(仁人上下, 百將一心, 三軍同力, 臣之於君也, 下之於上也, 若子之事父弟之事兄, 若手臂之扞頭目而覆胸腹也)"(《순자》〈의병議兵〉)라는 발언을 참고해보아도 좋다.

11) 리링은 《병이사립兵以詐立》(중화서국, 2006)에서 '외畏' 자가 후세에 추가된 것이라고 하였다. 금본今本 《손자》보다 더 오래된 죽간본竹簡本 《손자》에는 '불위不危'가 '불궤不詭'로 되어 있다는 것이 주장의 근거이다. '불궤'로 읽을 경우 "도란 백성이 군주와 함께 죽을 수도 있고 살 수도 있으며 결코 배신하지 않는 것을 말한다"로 옮길 수 있다. 큰 뜻은 통하나 미세한 차이가 있음을 알 수 있다.

곳과 죽을 곳[13]이다.[14] 장이란 [장수의] 지혜(智), 믿음(信), 어짊(仁), 용기(勇), 엄격함(嚴)이다. 법이란 군대 편제(曲制), 조정의 벼슬체계와 식량의 수송로(官道), 주력부대의 보급 물자 운용(主用)[15]이다. 이 다섯 가지는 장수 된 자가 반드시 들어야 하는 것으로, 이것을 아는 자는 승리하지만 알지 못하는 자는 승리할 수 없다.

故經之以五事, 校之以計, 而索其情: 一曰道, 二曰天, 三曰地, 四曰將, 五曰法. 道者, 令民與上同意也, 故可與之死, 可與之生, 而民不畏危. 天者, 陰陽寒暑時制也. 地者, 遠近險易廣狹死生也. 將者, 智信仁勇嚴也. 法者, 曲制官道主用也. 凡此五者, 將莫不聞, 知之者勝, 不知者不勝.

【해설】

승부를 결정하는 이 다섯 가지 요소는 전쟁하기 전에 반드시 검토해야 할 사안으로 적군과 아군 사이에 놓인 상황을 비교하는 것이다. '도道'란 전쟁의 정당성이요, 군주와 백성과의 관계이기도 한

12) 음양은 본래 햇볕이 비추는 곳과 등진 곳을 가리키는 말이지만 만물 생성의 원리를 의미하게 되었다. 특히 《주역》에서 음양 원리는 남녀, 군신, 동정動靜 등을 상징하는 범주가 되었고, 음양의 기가 서로 대립하고 의존하면서 조화와 모순, 순환과 변화의 원리로 작용했다. 그러나 손자가 말하는 음양은 음양가가 말하는 운명론적 하늘의 징조를 의미하는 것은 아니다.

13) 원문의 '사생死生'을 번역한 것으로, 여기서는 살 곳인 생지生地와 죽을 곳인 사지死地를 가리킨다. 이와 관련하여 제9편 〈행군行軍〉에 "살 수 있는 땅(탁 트인 곳)을 보고 높은 곳에 주둔해야 하며"라는 구절이 나온다.

14) 초나라 굴원이 제나라 환공에게 "임금님께서 만약 덕으로써 제후들을 회유한다면 누가 감히 복종하지 않겠습니까? 임금님께서 만약 무력으로써 하신다면 초나라는 방성산方城山을 성으로 삼고 한수를 해자로 삼을 것이니, 비록 군대가 많아도 사용할 곳이 없을 것입니다"(《좌전》 희공僖公 4년)라고 하였다. 방성산은 남양南陽 섭현葉縣 남쪽에 있는 광원한 지역이고, 한수는 무도武都에서 발원하여 강하江夏에 이르러 장강長江으로 들어가는 데 험하고 견고한 지세를 갖추고 있어 전쟁에 매우 유리한 요소로 작용하는 예다.

15) 원문의 '주용主用'을 번역한 것으로, '재무관리'라고 풀이하기도 한다.

데 바로 백성의 신뢰를 전제로 전쟁을 치를 준비를 해야 한다는 의미가 숨어 있다. 두 번째 항목인 '천天'은 하늘이고, 세 번째인 '지地'는 땅을 가리킨다.

'천天·지地·법法'은 비교적 눈에 잘 띄는 것들이지만, '도道·장將'은 사람과 관계된 것으로 특별히 세심하게 주의해야 한다. 맹자孟子 역시 "천시天時는 지리地利보다 못하고, 지리는 인화人和보다 못하다〔天時不如地利, 地利不如人和〕"(《맹자孟子》〈공손추公孫丑 하下〉)라고 하며 전쟁에서 사람의 역할을 강조하였다.

그런데 또 중시되는 것은 '법法'이라는 단어이다. 한비자韓非子도 《한비자》〈유도有度〉 첫머리에서 '법'의 문제가 나라의 존립과 관계된다고 하면서 "나라는 영원히 강성할 수 없고 영원히 허약할 수도 없습니다. 법을 받드는 사람이 강하면 나라가 강성해질 것이고 법을 받드는 자가 약하면 그 나라도 약해질 것입니다"[16]라고 단언하였다.

이 다섯 글자 속에 전쟁의 모든 것이 들어 있다고 하여도 과언이 아니다. 이것을 잘 점검하면 전투를 하는 병사들의 역량은 극대화되고 참모들의 책략도 빛을 발하게 되니, 바로 다음의 '칠계七計'라는 말과 함께 보아야 한다.

흔히 역사는 승자의 편이라고 한다. 소설 《초한지楚漢志》로 유명한 항우와 유방의 쟁패 과정에서 결국 유방이 승리하자 항우는 힘만 천하장사이지 지략도 없고 타락한 장수라는 이미지로 굳어졌다. 8년 동안 패하지 않았던 낭만적 패왕霸王인 항우는 단 한 번의 방

16) 한비자의 이 같은 발언은 바로 같은 편의 "법은 [신분이] 귀한 자에게 아부하지 않고, 먹줄은 굽은 모양에 따라 구부려 사용하지 않습니다. 법이 제재를 가하면 지혜로운 사람도 변명할 수 없으며, 용맹스런 사람도 감히 다투지 못합니다"라는 말과 함께 읽으면 그 의미를 쉽게 알 수 있다.

심으로 천하를 잃었다. 승패를 떠나 《사기》 10대 명편으로 꼽히는 〈항우본기項羽本紀〉를 잠시 감상해보자.

항우는 하상下相 사람이다. 처음 군대를 일으켰을 때가 스물네 살이었다. 힘이 장사였던 항우는 어려서 글을 배웠으나 소질이 없어 중도에 그만두었고, 검술을 배웠으나 이내 흥미를 잃고 병법을 배웠다.

유방은 명망 있는 가문 출신으로 이렇다 할 기반이 없었다. 그런 그가 혜성처럼 나타날 수 있었던 것은 진秦나라 폭정에 항거한 진섭陳涉의 모반과 등돌린 민심이라는 천시天時가 있었기 때문이다. 진나라 수도 함양에 먼저 입성한 유방은 패상霸上으로 군대를 이끌고 물러난 지 한 달 뒤 제후들의 맹주가 된 기민함과 진나라의 여러 공자와 왕족들을 살해하고 함양의 궁실을 불태우며 진귀한 보물과 재물을 몰수해 제후들과 나누어가지는 배짱도 있었다. 그러나 항우는 서초패왕西楚霸王이 되어 천하를 호령하면서 결국 유방의 도전을 받아 장장 8년여라는 지루한 쟁패 과정을 거치면서 단 한 번의 패배를 용인하지 않는 강인함을 보여주었다.

그러나 이런 승리가 화근이었을까? 그가 방심한 사이 유방은 건곤일척의 승부를 위한 최후의 결전을 준비하고 있었다. 우미인虞美人이라는 여인과 술독에 빠진 항우는 와신상담臥薪嘗膽하며 때를 기다린 유방에게 해하垓下라는 곳에서 포위되었다. 결국 사면초가에 몰린 항우는 자신의 최후를 〈해하가垓下歌〉라는 시로 읊었다.

힘은 산을 뽑을 수 있고 기개는 세상을 덮을 만한데,
때가 불리해 추가 나아가지 않는구나.
추가 나아가지 않으니 어찌해야 하는가,
우여, 우여, 그대를 어찌해야 하는가!

〔力拔山兮氣蓋世, 時不利兮騅不逝. 騅不逝兮可奈何, 虞兮虞兮奈若何!〕

항우의 뺨에 눈물 줄기가 떨어지자 좌우에 있던 모든 사람이 함께 울었다. 마음을 정리한 항우는 애마에 올라타고 자신을 따르는 부하 800명과 함께 한밤의 포위망을 뚫고 탈출을 시도하였다. 포위망을 뚫기 어렵다는 것을 예감한 항우는 출발 전 기병들에게 말하였다.

여덟 해 동안 직접 70여 차례나 싸우면서 맞선 자는 쳐부수고 공격한 자는 굴복시켜 이제껏 패배한 적이 없었다. 그러나 지금 결국 이곳에서 곤경에 처했으니 이는 하늘이 나를 망하게 하려는 것이지 내가 싸움을 잘하지 못한 탓이 아니다.(《사기》〈항우본기〉)

항우는 죽기를 각오하고 싸우자며 기병들을 네 방향으로 나누어 포위망을 뚫고 빠져나간 뒤 다시 만나자고 하였다. 천신만고 끝에 항우는 오강烏江에 이르렀다. 강을 건너면 살아남아 천하를 다시 도모할 수 있었지만, 그는 배를 대고 기다리는 오강의 정장亭長

에게 뜻밖의 말을 던졌다. "하늘이 나를 망하게 하는데 내가 무엇 때문에 강을 건너겠는가!" 항우는 옛 부하에게 자신의 목을 가지고 유방에게 가면 1만 호의 식읍을 받을 것이라며 스스로 목숨을 끊어 버렸다.

백성들이 군주와 똑같은 의지와 시각을 갖추고 함께 고통을 나눌 수 있도록 여건을 조성하는 것(道)은 군주가 평소 나라를 다스리는 바에 따르게 되고, 전쟁 중에 화합하고 망설임 없이 진격하는 것은 병사들에 대한 장수의 믿음과 신의, 장수가 솔선수범해 보여주는 용기와 기개에 달려 있다. 대의명분이 명확해지고 나면 전쟁은 절반쯤 승리하는 것이라고 보아도 과언이 아니다. 패왕의 군대는 이런 조건을 잘 알고 있었다.

그러므로 [일곱 가지] 계책을 비교해보아야만 그 정황을 탐색할 수 있으니, 다음과 같이 말할 수 있다.

[첫째], 군주 중에 누가 도를 갖추었는가?

[둘째], 장수 중에 누가 [더] 유능한가?

[셋째], 천시와 지리[17]는 누가 얻었는가?

[넷째], 법령은 누가 잘 시행하는가?

[다섯째], 병력은 누가 [더] 강한가?

[여섯째], 병사들은 어느 쪽이 [더] 훈련되어 있는가?

[일곱째], 상벌은 누가 분명한가?

나는 이런 것에 의거해 이기고 지는 것을 알 수 있다.

만일[18] 나의 계책을 듣고 군대를 부리면 반드시 승리하게 될 것이니 그(합려)에게 남을 것이고, 만일 나의 계책을 듣지 않고 군대를 부리면 반드시 패하게 될 것이니 그(합려)를 떠날 것이다.[19]

17) 원문의 '천지天地'를 번역한 것으로 간단히 '천'은 '양陽'이고, '지'는 '음陰'이다.

18) 원문의 '장將'을 번역한 것으로, '장'을 장수將帥로 번역하기도 한다. 자일스L. Giles는 장을 'the general'로 옮겼다. 이하 두 구절의 주어가 누구이냐에 따라 토론할 거리가 생긴다. 대부분 이 두 구절이 손자를 등용한 오왕 합려闔閭의 말이라고 생각했으니 주어는 오왕이므로, '오왕이 손자의 계책을 따르면 그를 남겨둘 것이고, 그의 계책을 따르지 않으면 그를 떠나게 할 것이다'라는 의미로 해석해왔는데 이는 잘못된 것이다. 여기서 주어는 분명 화자話者, 즉 손자이고 '장'은 '만일'의 의미이다. 한편, 리링은 이 '장'을 '장차'라는 의미의 허사로 보았으나 역자는 그의 견해를 취하지 않는다.

19) 기원전 547년 손자는 제齊나라에 내란이 일어나자 오吳나라로 망명해 명장인 오자서伍子胥의 추천으로 오왕 합려에게 이 《손자병법》을 바치고 문답을 나눈 뒤 등용되었다.

故校之以[七]計, 而索其情, 曰: 主孰有道? 將孰有能? 天地孰得? 法令孰行? 兵衆孰强? 士卒孰練? 賞罰孰明? 吾以此知勝負矣. 將聽吾計, 用之必勝, 留之; 將不聽吾計, 用之必敗, 去之.

【해설】

앞 단락에 이어 '칠계七計'를 설명하고 있는데, 치르고자 하는 전쟁이 원칙에 위배되지 않았는가 하는 도덕성이 첫 번째 요소로 등장한다. 물론 백성들의 지지를 얻은 전쟁이어야 한다는 점을 강조하고 있다. 이 '칠계'는 '오사'와 중복되는 것으로서 보충 및 부연 설명이다.

수많은 전쟁이 일어났던 춘추시대에 그야말로 전쟁의 양상은 날이 갈수록 장기전으로 치달았다. 전쟁이 몇 년 동안 계속되면서 늘 적진 깊숙이 침투해 벌이는 전투가 많아 군주들은 많은 부문을 장수들에게 맡기고 자신은 궁정을 지켜야 했다. 그러다보니 밖의 일은 장수의 몫이었고, 안의 일은 군주의 몫으로 장수의 역량이 중요하였다. 손자는 장수를 '상장上將'·'양장良將'·'현장賢將' 등 세 가지로 분류해 그들의 지혜에 많은 의미를 부여하였다. 물론 세간에서 흔히 말하는 용장勇將은 없었다.

손자가 말한 일곱 가지 요소는 자연적 요인과 인위적 요인을 모두 포함하고 있는데, 전쟁을 하기 위해서는 거시적인 측면과 미시적인 사항 모두를 고려할 수 있는 눈이 필요하다는 것이다. 군주의 자질과 도덕성[20]을 첫 번째로 꼽은 것은 군대의 성립에 영향을 끼치는 문제이기 때문이다. 즉 군대는 군주를 위해서 싸울 수 있어야 한다. 군주에 대한 장수의 충성이 부족하면 군대는 성을 버리고 나와 적에게 투항할 수도 있다. 반대로 장수에 대한 군주의 믿음이 부족하면 장수가 병사들을 이끌고 성을 나오자마자 성문을 닫고 퇴로를 막을 수 있다. 그렇다면 모든 계책은 허망할 뿐이다.

손자가 오왕吳王 합려闔閭를 찾아와 '칠계'에 대해 간단히 정의를 내렸는데, 그 당시 합려는 손자의 명성을 익히 들어 알고 있었다. 합려는 일종의 면접시험을 본 뒤 손자를 장군으로 초빙하자 손자는 자신을 필요로 한다면 머물겠다[21]고 하였다. 여기서의 핵심어 '계計'는 계책으로, 물질적·정신적 요소들을 예측해 그에 따른 전쟁의 승패를 가늠하는 것이다.

《손빈병법孫臏兵法》〈찬졸篡卒〉에 보면 "좋은 군주를 만나지 못했다면 장수가 되지 말라(不得主弗將也)"는 말이 있다. 한 나라를 볼 때

---

20) 공자는 은殷나라의 3대 현신으로 일컬은 기자箕子·미자微子·비간比干 같은 충신들도 극악무도한 수왕紂王의 손에 죽임을 당하거나 내침을 당했다고 보았다. 《사기》〈송미자세가宋微子世家〉에 보면 주왕이 처음 상아로 만든 젓가락을 사용하기 시작하자 기자가 한탄하며 다음과 같이 말하였다. "상아젓가락을 사용하면 반드시 옥으로 된 잔을 쓸 것이고, 옥잔을 쓰면 반드시 먼 곳의 진귀하고 기이한 물건들을 그에게 몰고 올 궁리를 할 것이다. 그러니 수레와 말, 궁실의 사치스러움이 이것으로부터 점점 시작될 것이니 [나라는] 흥성할 수 없을 것이다."

21) 손자와 합려의 관계를 가리키는 설은 세 가지 정도이다. 하나는 손자가 합려와 부차夫差 두 군왕의 패업을 도운 뒤 88세에 월越나라가 오나라를 공격하자 은거에 들어갔다는 설이 있다. 또 하나는 손자가 초나라와의 전쟁에 참가했고, 그 후에는 기원전 484년(노나라 애공 11) 오나라가 제나라를 물리친 애릉艾陵전투에 참가해 공을 세우고, 63세에는 황지 회맹에 동행해 부차의 패업을 도운 뒤 은거하며 생을 마쳤다고 하는 설이 있다. 마지막으로 손자가 초나라를 정벌한 뒤 오왕 합려가 월왕 구천과의 전쟁에서 패해 전사하자 49세에 은둔했다고도 한다.

에는 먼저 그 나라의 군주를 보고, 한 가족을 볼 때에는 먼저 그 집의 가장을 본다. 훌륭한 나라는 도리를 아는 군주가 통치하고 있으며, 잘되는 집에는 현명한 가장이 있는 법이다.

자신이 장수가 되어 많은 전쟁을 치른 실전적 경험을 바탕으로 편찬한 《손자병법》은 당시 이미 알려져 있던 책이었다. 하지만 오왕 합려는 손자의 명성이 실제로도 그러한지 의심하였다. 손자가 합려를 만나 면접을 보는 장면이 《사기》〈손자오기열전孫子吳起列傳〉에 자세히 묘사되어 있다.

합려는 궁녀 180명을 손자에게 내주면서 그들을 지휘해보라고 하였다. 군사가 아닌 궁녀를 지휘하게 한 것은 이론과 현실 사이에 존재하는 간극은 대개 임기응변으로 드러나기 때문이다.

손자는 그들을 두 편으로 나누고 오나라 왕이 총애하는 후궁 두 명을 각 편의 대장으로 삼았다. 그러고는 그들 모두에게 창을 들게 하였다.

손자는 줄을 맞춰 늘어선 180명의 궁녀들에게 물었다.

"여러분은 자신들의 가슴, 왼손, 오른손, 등을 알고 있는가?"

"알고 있습니다."

"앞으로! 하면 가슴 쪽을 바라보고, 좌로! 하면 왼손을 바라보며, 우로! 하면 오른손을 바라보고, 뒤로! 하면 등 뒤를 보도록 하라."

"알겠습니다."

그런데 실제로 훈련에 들어가자 궁녀들은 구령에 맞춰 움직이지 않았다. 서로 키득거리거나 딴전을 피우는 등 장난으로 여겼다. 합려의 예상대로 상황은 난장판 그 자체였다. 궁녀들 역시 이런 연출에 익숙한 모습이었다. 밖에서 홀연히 나타난 객장客將을 골려주기 위한 자리라고 생각하고 있었다. 그러자 손자는 부월(斧鉞, 군법으로 사람을 죽일 때 쓰는 도끼)을 움켜쥐고 말하였다.

"군령이 분명하지 않고 또 명령에 숙달되지 않은 것은 장수의 죄이다."

그러고는 다시 여러 차례 군령을 되풀이해 외우도록 하였다. 궁녀들이 완전히 숙지한 것을 확인한 뒤 왼쪽으로 행진하게 하였는데 궁녀들은 여전히 깔깔대었다. 그러자 손자는 "군령이 이미 정확해졌는데도 규정에 따르지 않는 것은 사졸들의 죄이다"라고 하면서 좌우 대장의 목을 베려고 하였다. 좌우 대장은 오왕이 가장 아끼고 사랑하는 여인들이었다. 깜짝 놀란 오왕이 급히 사람을 보내 만류하였다.

"과인은 이미 장군이 용병에 뛰어나다는 것을 알았소. 과인은 이 두 후궁이 없으면 밥을 먹어도 단맛을 모르니 부디 목숨만은 살려주시오."

손자가 말하였다.

"저는 이미 왕명을 받아 장수가 되었습니다. 장수가 군에 있을 때에는 왕명이라도 받들지 않는 경우가 있습니다."

손자는 두 여인의 목을 잘라버렸다. 그러자 궁녀들은 살아남기 위해 손자가 명령하는 대로 일사불란하게 움직이기 시작하였다. 손자는 한 치의 흔들림 없이 오왕이 내린 과제를 수행한 뒤 전령을 보내 이제 왕이 명령만 내리면 이 궁녀들은 물불을 가리지 않고 적진에 뛰어들 것이라고 호언하였다. 하지만 애첩을 둘이나 잃어버린 왕은 슬픔에 젖어 "장군은 관사로 돌아가 쉬도록 하시오. 과인은 내려가 보고 싶지 않소"라며 물리쳤다.

결국 합려는 손자를 장군에 임명했고, 손자는 보란 듯이 합려를 도와 오나라를 강국으로 만드는 데 결정적인 공을 세웠다.

손자가 합려의 장수가 되어 공을 세우는 과정이 《사기》 〈오자서열전伍子胥列傳〉에 나온다. 오나라가 서쪽의 강대국인 초楚나라를 무찔러 수도 영郢을 차지하고, 북쪽으로 제齊나라와 진晉나라를 위협해 제후들 사이에서 이름을 떨친 데에는 손자의 역할이 컸다.

합려는 왕이 된 지 3년째 되던 해에 군사를 일으켜 오자서伍子胥·백비伯嚭[22]와 함께 초나라를 친 뒤 서舒 땅을 빼앗고 예전에 초나라에 투항한 두 장군을 사로잡았다.

합려 4년에 오나라는 초나라를 공격해 육六과 잠灊 땅을 차지했고, 5년에는 월越나라를 공격해 승리하였다. 6년에는 초나라 소왕昭王이 공자 낭와囊瓦에게 병사를 이끌고 가서 오나라를 공격하게 하였다. 오나라는 오자서에게 이들을 맞아 싸우도록 하여 초나라 군사를 예장豫章

22) 백비伯嚭는 재물 욕심이 많아 구천이 부차와 강화를 맺으려고 할 때 미인 8명과 보물을 월나라 대부 문종文種을 통해 바치자 모두 받아서 챙긴 자이다. 오자서와의 경쟁관계에서도 결국 오자서를 음해해 오자서가 저주를 품고 자결하게 만들었고, 훗날 부차를 패망하게 만들었다.

에서 크게 무찌르고 초나라의 거소居巢까지 빼앗았다.

합려 9년에 왕은 오자서와 손자에게 물었다.

"앞서 그대들은 초나라의 수도 영을 칠 때가 아니라고 하였는데 지금은 어떻소?"

두 사람이 대답하였다.

"초나라 장군 낭와는 탐욕스러워 속국인 당唐나라와 채蔡나라가 원한을 품고 있습니다.[23] 왕께서 대거 초나라를 치고자 한다면 반드시 당나라와 채나라를 우리 편으로 끌어들이십시오."

합려는 이 말을 듣고 모든 군사를 동원해 당나라·채나라 두 나라와 힘을 합쳐 초나라를 공격하였다. 오나라는 한수漢水를 사이에 두고 초나라와 대치하였다. 이때 합려의 동생 부개夫槪가 병사를 이끌고 따라가기를 원했으나 왕이 허락하지 않자 자신이 거느리고 있던 병사 5,000명을 이끌고 초나라 장군 낭와를 공격하였다. 낭와는 싸움에서 패해 정鄭나라로 달아났다.

오나라는 승기를 잡고 다섯 번 접전한 끝에 모두 이겨 마침내 영에 이르렀다. 초나라 소왕은 영을 빠져나와 운현鄖縣으로 달아났으나, 운공鄖公의 동생이 그를 죽이려고 하여 소왕은 운공과 함께 수隨나라로 달아났다. 그러고 나서 오나라 군대는 마침내 영도로 들어왔다.

법령을 잘 시행했던 자로 사마양저를 꼽을 수 있다. 《사기》 〈사마양저열전〉에 다음과 같은 일화가 전해진다.

23) 당唐나라와 채蔡나라 군주가 초나라를 방문했을 때 낭와는 이들을 붙잡아두고 재물을 요구해 3년 뒤에야 풀어주었다. 이 일로 두 나라는 낭와에게 원한을 품었다. 낭와는 초나라 장왕莊王의 아들로 재물을 탐해 오나라에 크게 패하였다.

사마양저四馬穰苴는 전완田完의 후예다. 제齊나라 경공景公 때 진晉나라와 연燕나라가 침략했는데, 제나라 군대가 완패하자 경공이 걱정하므로 안영은 전양저田穰苴를 추천하였다. 경공은 양저를 불러 장군으로 삼아 군사를 이끌고 가서 연나라와 진나라 군사를 막도록 하였다. 양저가 말하였다.

"신은 본래 미천한 신분으로, 권세가 미미하고 보잘것없는 존재에 지나지 않습니다. 바라건대 군왕께서 총애하고 온 백성이 존경하는 신하를 감군監軍으로 삼으면 될 것입니다."

그리하여 경공은 양저의 부탁을 받아들여 장가莊賈를 보내 가도록 하였다. 양저는 장가와 다음날 정오에 군문軍門에서 만나기로 약속했는데, 장가는 송별연 자리에서 술을 마시느라 약속 시간을 어기고 저녁때가 되어서야 군문에 도착했다. 양저는 군대의 법무관인 군정軍正을 불러 물었다.

"군법에는 약속 시간이 되었는데 늦게 도착한 자에게는 어떻게 하도록 되어 있소?"

군정이 대답했다.

"마땅히 베어야 합니다."

장가는 두려워서 사람을 보내 급히 경공에게 이 일을 알리고 구해달라고 요청했지만 양저는 경공에게 갔던 사람이 돌아오기도 전에 장가의 목을 베어 전군에 돌려 본보기로 삼았다. 전군의 병사는 모두 두려워 벌벌 떨었고, 진나라 군사들은 이 소문을 듣고 물러가고, 연나라 군사들도 이 소문을 듣고 하수를 건너 흩어졌다. 그리하여 양저는 그들을 뒤쫓아 가 마침내 예전에 잃었던 봉국의 땅을 되찾고 병사들을 이끌고 돌아왔다.

또 손자는 전쟁 전 가늠해야 하는 일곱 가지 계책 중에서 일곱째로 상벌을 분명히 살펴야 한다고 말하고 있다.

초한쟁패 과정의 항우는 기질이 강퍅하고 무력만을 신봉하였으며 공을 세운 제후들에게 봉토를 분배하는 데도 공평하지 못하고 자신의 일가친척만 가까이하여 날이 갈수록 고립되었다. 이 때문에 한나라 유방에게 홍구鴻溝의 전투에서 참패해 사면초가 신세가 되어 짧은 삶을 마감한다. 《사기》 〈회음후열전〉에 다음과 같은 일화가 있다.

한왕漢王(유방劉邦)이 한중 땅에서 동쪽으로 나아가 천하를 다투고자 하였다. 소하蕭何가 한왕에게 한신韓信을 추천하여 왕은 그를 대장大將으로 삼았다. 한신이 임명식을 마치고 자리에 오르자, 한왕은 한신에게 가르침을 청했다. 한신이 "대왕께서는 스스로 생각하시기에 용감하고 사납고 어질고 군센 점에서 항왕과 비교할 때 누가 낫다고 보십니까?"라고 물었다. 한왕은 한참을 말없이 있다가 "내가 항왕만 못하오"라고 답했다. 한신은 두 번 절하며 하례하고는 말했다. "신도 대왕께서 항왕만 못하다고 생각합니다. 그러나 신이 일찍이 그를 섬긴 적이 있으므로 항왕의 사람됨을 말씀드리겠습니다. 항왕이 소리를 큰 소리로 화를 내고 꾸짖으면 1,000명이 모두 엎드리지만 어진 장수를 믿고 일을 맡기지 못하니 그저 보통 남자의 용기에 지나지 않습니다. 항왕이 사람을 대하는 태도는 공손하고 자애로우며 말씨가 부드럽습니다. 누가 병에 걸리면 눈물을 흘리며 음식을 나누어 주기도 합니다. 그러나 부리는 사람이 공을 세워 벼슬을 주어야 할 경우가 되면 인장印章이 닳아 깨질 때까지 만지작거리며 내주지 못합니다. 이것은 이른바 아녀자의 인자함일 뿐입니다. 항왕은 우두머리로 불리고 있지만 실제로는 천하 사람들에게 마음을 잃었습니다. 그러므로 그 위세는 약해지기 쉽습니다. 지금 대왕께서 항왕의 정책과는 달리 천하의 용맹한 사람들을 믿고 쓰신다면 멸망시키지 못할 적이 어디 있겠습니까? 대왕께서 항왕 때문에 직책을 잃고 한중으로 들어가자 진나라 백성 가운데 원망하지 않는 이가 없었습니다. 이제 대왕께서 병사를 이끌고 동쪽으로 가시면 저 삼진 땅은 격문을 돌리는 것만으로도 평정할 수 있을 것입니다"라고 말하였다.

[나의] 계책의 이익을 헤아려 듣게 되면 [그것이] 곧 [유리한] 형세[24]가 되고, 그 바깥으로 출병한 군대를 도와주는 것이다.[25] 세勢란 유리함에 따라 권변權變을 만드는 것이다.[26]

전쟁이란 속이는 도道이다. 따라서 능력이 있는데 적에게는 능력이 없는 것처럼 보이게 하고,[27] [군대를] 쓰되 적에게는 [군대를] 쓰지 않는 것처럼 보이게 하며, 가까운 곳을 노리면서 적에게는 먼 곳을 노리는 것처럼 보이게 하고, 먼 곳을 노리면서 적에게는 가까운 곳을 노리는 것처럼 보이게 한다.

이롭게 하면서 적을 꾀어내고 [내부를] 어지럽게 하여 적을 습격한다. [적이] 충실하면 적을 방비하고,[28] [적이] 강하면 적을 피하고,

24) 원문의 '세勢'는 변화무쌍하며 이미 정해진 '형形'과 짝을 이루는 말이면서 서로 병립할 수 없는 관계로 해석되기도 하는 묘한 개념임을 알아야 한다. 그렇기에 이 둘을 제목으로 삼아 그의 13편 중 2편을 실정한 것이라고 본다.

25) 원문의 '이좌기외以佐其外'를 번역한 것으로, 여기서 '외外'는 조정 밖의 일을 의미하며 실제적인 용병을 뜻한다. 말하자면 일단 세勢를 형성해 내부적으로 판단한 뒤 외부적으로는 어느 전략이 유리한지 살펴본다는 의미이다.

26) 원문의 '인리이제권因利而制權'을 번역한 것으로, 손자가 말하는 세勢란 전략상 유리한 형세나 작전상 우세에 있음을 뜻한다. '권權'이란 본래 저울의 추를 가리키는데, 저울추가 물체의 무게에 따라서 그 위치를 바꾸듯이 전략이나 작전도 유연하고 탄력성 있게 변화시키며 구사해야 한다는 뜻이다. 이외에도 손자는 실전에서 병사들을 지휘한 장군으로 탁상공론형 인간이 아니었다. 그가 추상적이고 원론적인 계책을 쓰지 않는다는 점을 보여주는 단어가 바로 '권변權變'이다. 예컨대 한신韓信이 첩자를 보내 조趙나라의 동향을 염탐하여 조나라 왕과 성안군成安君 진여陳餘가 광무군廣武君 이좌거李左車의 계책을 쓰지 않은 것을 알고 정형井陘의 좁은 길로 내려가 배수진을 치게 하고, 조나라 성벽에 깃발을 꽂도록 하는 과감한 전략을 세우는 대목을 들 수 있다.

[적이] 분노하면 그들을 소란스럽게 하고,[29] [적이] 낮추려 들면 적을 교만에 빠지게 하고, [적이] 편안해하면 그들을 수고롭게 만들고, [적이] 친하게 지내면 그들을 이간질하라. 그들이 방비하지 않은 곳을 공격하고, 그들이 생각하지 못한 곳으로 출격하라. 이것은 병가에서 승리할 수 있는 길이니, [정말로] 미리 전해져서는 안 된다.[30]

計利以聽, 乃爲之勢, 以佐其外. 勢者, 因利而制權也. 兵者, 詭道也. 故能而示之不能, 用而示之不用, 近而示之遠, 遠而示之近. 利而誘之, 亂而取之, 實而備之, 强而避之, 怒而撓之, 卑而驕之, 佚而勞之, 親而離之, 攻其無備, 出其不意. 此兵家之勝, 不可先傳也.

---

27) "관우가 번성을 토벌하러 가면서 많은 병력을 머물러 지키도록 한 것은 반드시 제가 그 뒤에서 모의할까 두려웠기 때문입니다. 저는 늘 질병에 걸려 있으니, 병사들을 나누어 건업으로 돌아가게 하고 질병 치료를 명분으로 삼고자 합니다. 관우가 이 소식을 들으면 틀림없이 수비 부대를 거두어 모두 양양으로 가도록 할 것입니다. 우리 대군이 장강을 거쳐 밤낮으로 달려 올라와서 그의 텅 빈 성을 습격하면 남군을 항복시키고 관우를 붙잡을 수 있습니다."(《삼국지三國志》〈오서吳書 주유노숙여몽전周瑜魯肅呂蒙傳〉) 오나라 장수 여몽이 관우가 수비하는 형주의 접경지대인 육구에 부임하여 관우가 경계하자 상소한 내용이다. 여몽은 장사꾼으로 위장하고 관우가 설치한 초소와 망루를 기습 점거하고 마침내 형주를 차지하였다.

28) 기원전 706년 초나라 무왕이 수나라를 침공하다가 수나라 군대를 유인하기 위해 철수하자 수후가 이를 공격하려 하니, 계량이 이를 만류하며 소국이 대국을 대적하는 경우는 소국은 도가 있고, 대국이 무도한 때에만 가능하니, 지금은 정치를 닦고 형제의 나라들을 친애해야 한다고 건의하였다. 수후가 이를 받아들여 정치를 닦으니, 과연 초나라가 감히 침범하지 못하였다.(《좌전》 환공桓公 6년)

29) 기원전 633년에 초나라가 송나라를 포위하니 송나라가 진晉나라에 위급함을 고하였다. 초나라 영윤 자옥子玉이 대부인 완춘宛春을 진나라에 사신으로 보내 진나라에서 위나라를 회복恢復시키고 조曹나라를 봉해주면 송나라의 포위를 풀겠다고 하였다. 진나라의 자범子犯이 자옥이 무례하니 진격해야 한다고 하였는데, 선진先陳의 계책에 따라 완춘을 위나라에 억류하고 또 은밀히 조나라와 위나라의 회복을 허락하였다. 이에 자옥은 분노를 참지 못하고 어명을 어기고 출전하였다가 대패하고 연곡에 이르러 스스로 목숨을 끊었다.(《좌전》 희공僖公 27년)

30) 원문의 '불가선전야不可先傳也'를 번역한 것이다. 자일스의 영역판에서도 "미리 누설해서는 안 된다(must not be divulged beforehand)"라고 옮겼다.

【해설】

이 단락에서 "전쟁이란 속이는 도"라는 말처럼, 패권이라는 화두 속에서 누군가는 살고 누군가는 죽어야 했던 시대에 '시示'가 중요하였다. 즉 적에게 위장한 나를 보여줌으로써 그들을 속일 수 있는 것이 중요하였다.

흔히 '세勢'와 '궤도詭道'[31]라는 말만 남았다고 하지만 그렇지 않은 사례가 바로《한비자》〈난일難一〉 첫머리에 나온다.

진晉나라 문공文公이 초楚나라 사람과 전쟁을 하려고 구범舅犯을 불러 그에게 물었다.

"내가 초나라 사람과 전쟁을 하려고 하오. 저들은 많고 우리는 적으니 이를 어찌하면 좋겠소?"

구범이 대답하여 말하였다.

"신이 듣건대 예의를 번잡하게 따지는 군자는 충성과 믿음을 싫어하지 않지만, 전쟁에서는 진을 구축하는 사이에 속임과 거짓을 마다하지 않으니 군주께서는 그 속임수를 부리면 될 뿐입니다."

문공이 구범을 물러나게 하고 옹계雍季[32]를 불러 그에게 물었다.

"내가 초나라 사람과 진쟁을 하려고 하는데, 저들은 많고 우리는 적

---

31) 조조曹操 역시 이 부분의 주석에서 "용병이란 영원한 것이 없으며 적을 속이는 것을 도로 삼는다(兵無常, 以詭詐爲道)"라고 하였다. 하나의 예를 들어보면《사기》〈전단열전田單列傳〉에 나와 있듯이 제나라 전단田單은 나중에 기겁과 싸웠는데 속임수를 써서 연燕나라 군대를 즉묵성 아래에서 쳐부수었다. 그는 연나라 군대를 쫓아버리고 북쪽 황하가에 이르러 제나라의 성을 모두 되찾고 거莒에서 양왕襄王을 맞아 수도 임치臨淄로 들어갔다.

32)《좌전》의 문공文公 6년에 나오는 공자公子 옹雍일 것으로 추정된다. 문공의 아들이며 양공襄公의 이복동생이다.

으니 이를 어찌하면 좋겠소?"

옹계가 대답하여 말하였다.

"숲에 불을 지르고 사냥을 하면 많은 짐승을 잡을 수 있으나 훗날에는 반드시 짐승이 사라지게 될 것입니다. 속임수로 백성들을 마주하면 한순간의 이익을 얻을 수 있으나 나중에는 반드시 없게 될 것입니다."

문공이 말하였다,

"옳은 말이오."

문공의 마지막 말에서 엿볼 수 있듯이 문공은 속임수를 필요악으로 보기는 하였으나 그 내면은 그렇지 않았다. 비록 전쟁에서 승리를 거두었지만 문공은 논공행상에서 구범보다 옹계의 벼슬을 더 높여주었다.[33] 그럼에도 불구하고 구범의 말은 당시 전쟁의 양상을 알 수 있는 매우 중요한 자료로 인정되고, 이는 이 단락의 예증으로서 충분하다고 할 수 있다.

'제나라 사람들은 대체로 속인다'는 뜻의 '제인다사齊人多詐'처럼 해안가에 위치해 있고 상업이 발달한 제나라는 사람들이 교활한 습성을 지니고 있어서 상대를 속이는 기술이 뛰어났다고도 한다.

용병의 속임수 중 한 방식에 동쪽으로 군대를 향하게 하면서 실제로는 소수정예를 서쪽으로 보내 성벽을 기어오르게 하는 성동격서聲東擊西가 있다. 동태를 살피던 서쪽의 적이 심리적으로 안심할

33) 그 당시 문공의 말은 다음과 같다. "무릇 구범이 말한 것은 한때의 권모술수이며, 옹계의 말은 만 세대에 걸친 이로움이 있기 때문이오."(《한비자》〈난일難一〉)

때 바로 허虛가 생기게 된다. 상대의 허를 찌르는 방법은 먼저 자신을 감추는 것에서 시작한다. 예를 들면 병사들을 병들어 보이게 한다거나, 국내 정세를 어지러워 보이게 한다거나, 장수의 신변에 유고有故가 생긴 것처럼 보이게 하는 등이 있다. 형세란 전투력 이외의 외적 요소로서 외교나 병사들의 사기 등 주변 상황을 의미한다. 전세의 유불리는 단순히 외형적으로 드러난 진지 등의 문제가 아니라 내부적인 문제임을 분명히 보여준다.

그래서 아군의 동태를 살피러 온 적의 탐색병이 오인하고 잘못된 보고를 하게 되면 틈이 보인다는 것이다. 적을 속이는 데에는 나를 감추는 것만으로는 충분하지 않다. 적극적으로 미끼를 던져 유인하고 혼란스럽게 하는 방법도 필요하다. 사신을 보내 화친을 청한다거나, 일부러 불리한 곳에 진지를 구축한 것처럼 보이게 하여 적이 선제공격하게 만든 뒤 적 대열의 허리를 끊는 방법이 바로 이것이다. 손자가 '노이요지怒而撓之'라고 말했듯이 적을 화나게 하려면 아군이 끊임없이 싸움을 걸어 적을 피곤하게 만들어야 한다. 특히 아군을 하찮게 보는 적에게 때로는 비굴한 몸짓도 마다하지 않아야 한다. 또한 적의 병사들이 서로 사이가 좋으면 이간질해서 틈을 벌려놓아야 한디. 핵심은 상대의 전투력을 약화시키는 것이다. 자만심에 빠진 적은 갑작스러운 변화에 당황하기 마련이다.

마지막 문장에서 "공기무비攻其無備, 출기불의出其不意"라고 하였듯이 방비할 생각을 하지 못하는 곳에 집중적으로 공격하고, 생각지도 못한 곳으로 출병시켜야 하는 것이 핵심이니, 이것이 바로 병가지승兵家之勝[34]이라는 것이다. 적의 빈틈을 노려서 그곳을 찔러야 승산이 있다는 말이다.

그러나 전쟁은 늘 변화하는 속성을 지니므로 함부로 비밀을 누설하거나 전수해서는 안 된다. 손자는 이 점을 매우 강하고 단호한 어조로 당부하였다.

34) 마지막 '승勝' 자가 '세勢' 자로 되어 있는 판본도 있다.

싸우기 전에 계산하라

전쟁을 하기 전에 묘당에서 승리를 점치는 것은 [이길 수 있는] 묘책이 많기 때문이고, 전쟁을 하기 전에 묘당에서 승리할 수 없다고 생각하는 자는 그 묘책이 적기 때문이다. 묘책이 많으면 승리하고, 묘책이 적으면 승리할 수 없다. 하물며 묘책이 없음에랴! 내가 이러한 것에 의거해 관찰해보니 승패가 [분명히] 보인다.

夫未戰而廟算勝者, 得算多也; 未戰而廟算不勝者, 得算少也. 多算勝, 少算不勝, 而況於無算乎! 吾以此觀之, 勝負見矣.

【해설】

이 단락의 핵심은 바로 '묘산廟算'이라는 단어이다. 승리를 헤아리는 시점은 싸움을 하기 전이다. 철저히 계산하고 책략을 검토한 뒤 확신이 서야 전쟁에 나선다. 묘책이 많으면 승리하고 적으면 지는 것이 바로 전략의 기본 틀이다. 손자는 적과의 격한 전쟁의 와중에서 그 어느 정황도 고정되어 있지 않고 변화무쌍하다는 데 문제의 핵심이 있다고 보았다. 손자가 말하고자 하는 '묘산'은 사실 그 자체가 개연성보다는 모호성과 예측성의 성격이 강하다. 아무리 계산하고 분석해도 빈틈이 없을 수 없다는 말이다. 이와 관련해 《한시

외전漢詩外傳》에 나오는 '당랑재후螳螂在後'의 고사를 되새겨볼 필요가 있다.

초나라 장왕莊王이 진晉나라를 치려고 하면서 포고하였다.

"감히 간언하는 자는 죽음이 있을 뿐 사면은 없다."

장왕을 도운 명재상 손숙오孫叔敖[35)]가 말하였다.

"신은 채찍의 엄함을 두려워해 아버지에게 감히 간언하지 못하는 자는 효자가 아니며, 부월斧鉞의 형벌을 두려워해 감히 군주에게 간언하지 못하는 자는 충신이 아니라고 들었습니다."

그러고는 마침내 나아가 말하였다.

"신의 정원에 느티나무가 있는데, 그 위에 매미가 있습니다. 매미는 날개를 막 펴고 슬피 울며 맑은 이슬을 마시려고 하면서 사마귀가 뒤에서 목을 굽혀 먹으려 하고 있음을 알지 못합니다. 사마귀는 매미를 먹으려고 하면서 참새가 뒤에서 목을 들고 쪼아 먹으려고 하는 것을 알지 못합니다. 참새는 사마귀를 먹으려고 하면서 어린아이가 아래에서 새총을 쏘려고 하는 줄을 알지 못합니다. 어린아이는 참새에게 총을 쏘려고 하면서 앞에 깊은 웅덩이가 있고 뒤에는 굴이 있는 것을 알지 못합니다. 이것은 모두 눈앞의 이익 때문에 배후의 해로움을 돌아보지 못하는 것입니다. 유독 곤충의 무리만 이와 같은 것이 아닙니다. 사람도 그러합니다."

35) 손숙오는 초나라의 재상으로 성姓은 미芈, 씨는 위蔿, 이름은 오敖, 자는 손숙孫叔이다. 젊어서 머리가 둘 달린 뱀을 산에서 보았는데, 그 당시 미신에 의하면 그런 뱀을 마주친 자는 죽는다고 하여 그 뱀을 죽였다는 일화가 있다. 기원전 601년 초나라의 영윤令尹, 즉 재상이 되어 치수에 밝았으며 병법에도 적지 않은 식견을 갖고 있었다.

장왕은 이 말을 듣고 느끼는 바가 있었다. 자신이 정벌하고자 하는 나라가 있지만 다른 나라 역시 자신을 노리고 있다는 점은 그가 전쟁을 함에 있어서 나름 신중에 신중을 기할 수 있는 계기가 되었다. 그 덕분에 마침내 춘추오패春秋五霸가 될 수 있었다.

| 전례 |

와신상담臥薪嘗膽 고사로 보는 오월전쟁

— 월나라 구천이 자신을 감추는 전략으로 오나라 부차를 멸망시키다

월越나라가 오吳나라를 멸망시킨 전쟁은 중국 고대사에서 약국이 강국을 무너뜨린 보기 드문 사례에 속한다.[1] 사실 월나라와 오나라는 춘추시대 장강(長江, 양쯔강) 하류지역에서 세력을 확장한 국가로 원래는 사이가 좋았다. 두 나라는 강대국인 초나라에 의지하는 동맹국이었으나, 춘추시대 중기에 이르러 오나라가 겸병전쟁을 하며 영토가 확장되자 영토 확장정책을 취하면서 야심을 드러냈다. 오나라는 결국 모반해 초나라를 공격하고 중원을 근거지로 패권을 다투게 되었다.

1) 춘추시대 오나라와 월나라 두 나라가 패권을 다투면서 기원전 506년부터 기원전 473년 사이의 30여 년 동안 여러 차례의 전쟁이 있었다. 월나라는 기원전 494년 1차 전쟁 때 회계會稽에서 좌절을 겪고 매우 쇠약해져 거의 멸망 지경에까지 이르렀다. 월나라 왕 구천은 좌절을 경험한 뒤 몸을 낮추고 오나라를 섬기면서 다른 한편으로는 스스로를 반성하며 백성들을 보살피고 위로하는 일련의 정책을 취해 백성들의 지지를 얻었다. 구천은 상담嘗膽하면서 마침내 복수에 성공해 오나라를 멸망시켰다.

당시 월나라는 약소국이었다. 오나라와 초나라 간의 전쟁이 빈번할 때 늘 초나라 편에 서서 오나라를 견제하니 오나라에게 월나라는 골칫거리가 아닐 수 없었다. 오나라는 중원을 제패하기 위해 월나라를 제거해야만 하였다. 마침내 오나라가 백거柏擧에서 초나라를 무너뜨리자 오나라와 월나라 간에는 전운이 감돌기 시작하였다.

기원전 497년 월나라 왕 윤상允常이 세상을 떠나자 그의 아들 구천勾踐이 자리를 이어받으면서 상황은 변하기 시작하였다. 오왕 합려가 상사喪事를 틈타 군대를 거느리고 월나라를 공격해 취리檇李에서 대치했는데, 월나라가 두 차례나 대대적인 공격을 감행했음에도 엄정한 오나라 진영을 무너뜨리지 못하였다.

이런 상황에서 구천은 극단적인 방법을 사용하였다. 사형수들을 구슬려 세 줄로 열을 지어 오나라 진영 앞에 세우고는 공격해오는 병사들 앞에서 자신의 목을 스스로 베라고 한 것이다. 오나라 병사들은 그러한 모습에 질려버렸고, 그 틈을 타 월나라는 오나라 군대를 고소姑蘇에서 무찔렀다. 합려는 손가락을 다쳤고 오나라 군대는 7리를 물러났다.(《사기》〈월왕구천세가越王句踐世家〉)

이것이 노魯나라 정공 14년(기원전 496)의 일이다. 오왕 합려는 상처가 심해 산비탈에 군대를 주둔시킨 뒤 예순의 나이로 세상을 떠났는데, 그의 아들 부차에게 "반드시 월나라를 잊지 말라"는 유언을 남겼다. 부차는 섶에 누워 자면서 아버지의 유언을 받들어 오자서[2]와 백비[3]를 임용하고, 병사들을 매일 훈련시켜 월나라를 공격하기 위한 준비를 갖추었다. 월왕 구천도 초나라 출신 문종(文種, 나중에 구천의 핍박으로 자결함)과 범려范蠡를 등용해 정치를 개혁하고 국력을 키우면서 만일의 사태에 대비하였다.

당시 오나라의 국내 상황은 경대부들 사이에 내분이 일어나 혼란의 연속이었다. 제나라와 노나라의 싸움에서 노나라가 승리하자 부차는 쇠약해진 제나라를 정벌하기 위해 대군을 일으키려고 하였다. 월왕 구천은 이 소식을 듣고 문종의 계책 아래 많은 재물을 백비에게 바쳐 오나라가 제나라와 전쟁하도록 종용하였다. 뇌물을 받은 백비가 부차를 부추기자 오자서는 구천의 계략임을 눈치채고 오히려 제나라가 아닌 월나라를 공격하라고 건의하였다. 그러나 부차는 노나라 애공 11년(기원전 484) 5월 노나라와 연합해 문수汶水를 따라 올라가 제나라의 박博읍과 영嬴읍을 공격하고 애릉艾陵에서 제나라 군대와 대치해 크게 승리하였다.

구천이 즉위한 지 3년째(기원전 494) 되던 봄, 부차가 월나라를 공

2) 오나라의 충신으로 부차를 충심을 다해 섬겼으나, 자신의 아들을 제나라에 맡긴 사실을 백비가 부차에게 밀고해 부차에 의해 결국 제거되는 비운을 겪게 되었다. 그는 자살하면서 자신의 두 눈을 오나라 성문에 걸어놓아 오나라의 멸망을 지켜보겠다는 섬뜩한 저주를 남겼다.

3) 백비伯嚭는 학식과 견문이 뛰어나고 박학다식했지만, 야심이 너무 커 늘 화근이 되는 인물이었다. 합려가 죽은 뒤 태재의 지위에까지 오르자 오자서와 충돌했으며, 결국 오나라 경대부들 사이의 세력 다툼으로 이어졌다.

격하기 위한 만반의 준비를 갖추었다는 소식이 들려왔다. 이에 구천은 병력도 충분하지 못한 상황에서 병사를 내어 먼저 오나라를 공격하기로 하였다. 부차는 오나라의 정예병을 모두 징집해 맞서 싸워 부초夫椒에서 월나라 군대를 크게 물리치고 승리하였다. 이때 월나라 군대의 손실은 막대해 겨우 5,000명의 병사들만이 회계산會稽山으로 퇴각했지만 오군이 여세를 몰아 추격해 회계산을 물샐틈 없이 포위하자 구천의 목숨은 경각에 달리게 되었다. 이 생사의 기로에서 부차는 문종의 조언에 따라 목숨을 구걸한 구천을 살려주는 치명적인 실수를 저지르고 말았다.

구사일생으로 살아난 구천은 자신이 당한 치욕을 결코 잊지 않고 절치부심切齒腐心하였다. 한편으로는 죽기를 각오한 싸움을 준비하면서 다른 한편으로는 문종을 파견해 오왕 부차에게 화해를 청하고 서시西施를 비롯한 미녀들과 많은 재물을 태재太宰 백비에게 보내 자신이 오나라의 속국이라는 사실을 각인시키는 위장 전술을 구사하였다.

구천은 오왕의 신하처럼 행동하며 진심 어린 모습으로 오왕을 모셨다. 백비의 건의가 있자 부차는 강화를 맺고 군대를 철수시켰다. 이후 구천은 스스로를 낮추고 오왕을 지극히 섬겨 신의를 얻어 3년 뒤 석방되어 자기 나라로 돌아갔다.

구천은 귀국한 뒤 먼저 상처 입은 백성들을 위로하고, 전쟁에서 죽은 이들의 유족들을 보살폈다. 그는 앉아 있을 때나 누워 있을 때 쓰디쓴 쓸개를 걸어놓고 핥았으며, 밥을 먹을 때도 항상 그것을 핥으며 맛보았다. 오나라에게 패한 것이 인구 감소로 이어졌고, 나라의 재정이 소진되는 상황에 이르렀기 때문에 구천은 백성들을 보살피는 정책으로 나라의 원기元氣를 회복해나갔다. 법령을 정해 다자녀정책을 취했는데, 여자가 임신하면 관청에서 의사를 파견하였다. 사내아이를 낳으면 두 병의 술과 개 한 마리를, 여자아이를 낳으면 두 병의 술과 새끼 돼지 한 마리를 주었다. 세쌍둥이를 낳으면 관청에서 유모를 제공해주었고, 쌍둥이를 낳으면 양식을 제공하였다. 적자가 죽은 집은 3년 동안 부역을 면제해주었고, 서자가 죽은 집은 3개월 동안 부역을 면제해주었다. 내정을 개혁하고 형벌과 부세를 줄이면서 백성들이 황무지를 개간하도록 독려하자 월나라는 10년 만에 백성들에게 세금을 거두지 않게 되었으며, 백성들은 집집마다 3년 동안의 양식을 비축하게 되었다. 백성들이 월왕 구천을 친근하게 대하는 것이 마치 부모를 대하는 자식과 같았다.

구천은 내정을 개혁함과 동시에 외교전을 전개하였다. 오나라에 대해서는 계속 미미한 존재로 보이는 위장 전술을 취하면서 자신을 감추었다. 오왕 부차에게는 후한 예물을 바쳐서 월왕이 마음으로 존경한다는 인식을 갖게 하고, 월나라에 대한 경계심을 없애 오만한 기운을 북돋워주었다. 이와 동시에 국경지대에서 높은 가격으로 오나라의 양식을 거두어들여 오나라의 식량을 야금야금 축내 곤란한 형국을 맞게 하였다. 또한 부차가 백비의 말만 듣고 오자서를 멀리하게 하는 내부 이간책도 사용하였다. 이러한 조처들로 자신을 겉은 작지만 속은 크게, 적에 대해서는 겉으로는 강하지만 속으로는 약화시켜 오나라를 멸망시킬 수 있는 확고한 기초를 다지게 되었다.

오왕 부차는 월나라와의 싸움에서 승리한 뒤 영토가 확장되고 국력도 나날이 강성해지자 교만해지고 자신의 역량을 과신하게 되어 구천이 오나라를 멸망시키려는 생각을 품고 있다는 사실은 꿈에도 하지 못하였다. 그는 사치와 환락에 빠졌고, 무력으로 제나라와 진晉나라를 위협해 중원에서 패자霸者라 칭하였다. 기원전 482년 부차는 진晉나라 정공定公이 각국의 제후들과 7월 7일 황지黃池에서 회맹한다는 소식을 듣고 자신의 무력을 과시하며 중원을 장악하기 위한 꿈을 이루기 위해 오나라 군대 3만 명을 거느리고 출병해 국내에는 노병과 태자만 남게 되었다. 부차가 나라를 비우고 원정을 떠나자 월나라는 그 틈을 노렸다. 월왕 구천은 오나라 군대가 북쪽으로 막 떠났을 때 출병해 오나라를 공격하려고 하였으나 범려는 구천에게 출병을 잠시 늦추라고 말하며 다음과 같이 분석하였다.

"오왕의 군대가 막 변경을 넘어 멀지 않으니 월나라가 그 빈 나라를 공격했다는 말을 들으면 되돌아오는 것 또한 어렵지 않을 것입니다."

몇 달 뒤 오나라 군대가 황지에 도착하자 구천은 군사 4만 9,000명을 소집하고 두 부대로 나누어 한 부대는 범려와 후용后庸이 거느려 바닷길로부터 회하淮河로 들어가 오군이 황지에서 오나라로 돌아오는 귀로를 끊어버렸다. 또 다른 부대는 대부 주무여疇無余와 구양謳陽을 선봉으로 내세워 남쪽에서 출발했고, 구천은 직접 주력부대를 거느리고 뒤를 이어 오나라의 남쪽 변경으로 들어가 고소지역을 핍박하였다. 오나라의 태자 우友는 월나라 군대가 공격해온다는 소식을 듣고 급히 병사들을 거느리고 홍상泓上으로 가서 월군의 침공을 저지하였다. 국내의 정예부대가 모두 북쪽의 황지로 떠난 상황에서 태자 우는 월군과 교전하지 않으면서 지원병을 기다리는 전략을 구사하였다. 동시에 사람을 보내 부차에게 빨리 군대를 돌리라고 요청하였다.

그러나 월나라 군대의 선봉대가 도착했을 때 오나라 장수는 월나라 군대의 노여움이 하늘을 찌를 듯한 기세로 충만해 있음을 한눈에 알아보았다. 그런데 이상하게도 5,000명의 부하를 거느린 그 오나라 장수는 월나라 군대의 선봉부대를 무찌르고 월나라 대부인 주무여와 구양을 사로잡았다. 첫 전투에서 승리를 거두자 오나라 장수들은 두려움을 떨치고 예전의 교만한 상태로 돌아와 적을 가볍게 여겼다. 그러나 이것은 계책이었다. 구천의 주력부대가 도착해 오나라 군대에 맹공을 퍼붓자 오나라 군대는 일거에 무너지고 말았다. 구천은 태자 우를 사로잡고 수도인 고소까지 진입했으며, 월나라 군대는 군수물자를 노획하는 큰 승리를 쟁취하였다.

부차는 황지에서 마침 진나라 정공과 패주 자리를 놓고 다투고 있었는데, 월나라 군대가 고소를 공격해 태자를 사로잡았다는 소식을 듣고 패업에 영향을 끼칠까 두려워 전황을 보고하러 온 일곱 명의 사자들을 단번에 처형하고 불리한 소식을 봉쇄해버렸다. 아울러 무력으로 진나라를 위협해 양보를 얻어내고는 결국 패주가 되었다. 이후 부차는 황급히 군대를 돌려 귀국하던 중 태자가 피살되고 수도가 포위되었다는 소식을 듣고 전투 의지를 완전히 상실하였다. 부차는 귀국해 즉각 반격해도 월나라에 승리할 가능성이 없다고 판단하고는 도중에 백비를 파견해 월나라에 강화를 요청하였다. 구천은 범려와 상의한 뒤 자신의 역량이 아직도 말 위에서 오나라를 무너뜨리기에는 부족하다고 생각하고 강화에 동의하고 군대를 이끌고 월나라로 돌아왔다. 부차는 오나라로 돌아온 뒤 바로 월나라에 보복하려고 하였으나 자신의 나라가 몇 년 동안 전쟁을 치르면서 나라 형편도 여의치 않고 나라의 재정도 소모된데다가 흉년까지 겹쳤다는 것을 알고는 즉각적인 보복을 철회하고 선포하였다.

"백성들을 쉬게 하고 병사들을 흩어지게 하라."

결국 힘을 회복한 뒤 다시 기회를 틈타 재기하자는 노림수였고, 그 노림수는 상대를 느슨하게 만드는 이유가 되었다.

월나라의 문종은 오나라가 경제력을 증강시키는 데 치중한다는 소식을 듣고 월나라가 이 틈을 타 오나라를 멸망시켜 대업을 완수해야 한다고 보았다. 경제력이 회복되면 오나라에게 승리하기 힘들다는 논리였다. 그리하여 문종은 구천에게 현재 오나라의 군대가 피로하고 국방력이 느슨하니 이 틈을 이용해 다시 공격하자고 건의하였다. 구천은 그의 건의를 받아들여 기원전 473년 오나라에 대가뭄이 들어 창고가 텅 빈 틈을 타서 대대적인 공격을 감행하였다.

구천은 전쟁을 시작하기 전에 군신들의 건의를 받아들여 상벌을 분명히 하고 전쟁 도구를 준비하며, 군기를 엄하게 하고 병사들을 훈련시키는 등 충분한 임전臨戰 태세를 갖추었다. 특히 그는 백성들의 지지를 얻기 위해 나라의 복수를 한다는 구호를 내걸었다. 또한 출정을 독려하면서 국내에 남은 자들은 생산활동에 전념하도록 하였다. 아울러 외아들이나 몸이 허약한 자들은 병역을 면제해주고, 형제가 두 명 이상인 집에서는 한 사람이 남아 부모를 봉양하도록 하였다. 군대를 출정시켜 오나라를 공격할 때 오왕 부차의 죄상을 선포하면서 오나라에서 이미 민심을 잃은 부차라는 명분을 내걸었다.

결국 전쟁의 거의 모든 전략을 보여준 이 전쟁을 통해 구천은 20여 년 간 쓰디쓴 쓸개를 맛보며 절치부심한 끝에 부차에게 원수를 갚았다.

약소국인 월나라가 강대국인 오나라를 이길 수 있었던 가장 중요한 요인은 실패 속에서 교훈을 찾아 정치를 개혁하고 민중의 지지를 구하는 과정이 있었고, '오사'와 '칠계'의 중요한 사안이 갖추어진 나라가 승리할 수 있다는 점을 보여준 데에 있다. 구천이 회계에서 패한 뒤 백성들이 싫어하는 것을 없애고 백성들의 궁핍함을 보충한다는 철저한 민본정책을 실시한 것, 그런 연후에 복수한다는 절치부심, 즉 상담嘗膽의 고통을 견뎌내면서 백성들에게 적극적으로 오나라를 멸하는 전쟁을 독려한 것은 백성들의 지지를 얻은 뒤 전쟁을 시작해야 한다는 전쟁 이전의 고려 사안과 일치한다. 그다음 "전쟁이란 속이는 도"라는 관점 아래 월나라는 오나라의 예봉을 피하면서 한 걸음 물러나 자신의 실력을 보강하며 충분한 대비를 하였다. 아울러 오나라 군신들의 약점을 철저하게 분석하면서 '강이피지强而避之', '친이리지親而離之' 등의 책략을 받아들여 오왕 부차로 하여금 스스로 위대하다는 망상에 사로잡히게 하여 경계를 게을리하고 군사력을 약화시키게 만들었다. 월나라가 오나라를 공격할 조건이 성숙되었을 때 '공기무비攻其無備, 출기불의出其不意'의 전략을 취한 것이다. 이러한 것은 손자가 〈계計〉에서 말한 전략의 예증이다.[4]

4) 쑨샤오링, 앞의 책, 20쪽.

제2편

작전作戰

전쟁을 하는 방법

〈작전作戰〉 편에서는 묘산廟算을 한 뒤 군대를 일으켜 실질적으로 전쟁을 하는 방법에 대해 다루고 있는데, 전쟁에서 인력과 물질적·재정적 자원의 중요성을 이야기하고 있다. 손자는 이 편에서 군대를 일으키고 용병하는 방법에 대해 서술하면서 빠른 승리를 최우선의 정책으로 삼을 것을 강조하였다.* 아울러 먼저 계량하고 나중에 싸우는 것을 〈계〉 편에 이어 강조하고 있다.

〈작전〉 편의 제목에서 '작作'이란 일으킨다는 뜻이며, '전戰'이란 군대를 내보내는 야전野戰을 가리킨다. '전'에는 넓은 의미와 좁은 의미가 있다. 넓은 의미의 전은 포괄적으로 실전을 의미하며, 좁은 의미의 전은 성을 공격하는 것이 아닌 들판이나 평지에서의 싸움을 가리킨다. 즉 제후국의 성읍을 둘러싸고 있는 마을을 '야野'라고 하였는데 넓은 들판의 평평한 땅에서 두 나라의 군대가 맞서 싸웠으며, 이런 야전이 성을 공격하는 방식으로 발전하였다. 전국시대 이래로 야전과 공성은 더욱 밀접하게 결합되었으며, 이 편에서도 공성의 문제를 다루고 있다.

첫 단락에도 구체적인 숫자가 나와 있듯이 손자는 당시 전쟁의 동원 규모가 방대하고, 적국 깊숙이 들어가 후방과 멀리 떨어져 있으면 군량과 보급에 장애가 생길 수 있음을 시사하고 있다. 특히 야전이 불리한데 대치 국면이 오래 지속되면 나라는 반드시 피폐해지고 백성은 궁핍해진다. 따라서 손자는 "전쟁은 승리하는 것을 귀하게 여기는 것이지 오래 끄는 것을 귀하게 여기지 않는다(兵貴勝, 不貴久)"라고 하며 속전속결을 강조했으며, 또한 "양식은 적으로부터 빼앗는다(因糧於敵)"라고 하며 재정의 손실을 최소한으로 줄이는 법을 제시하였다.

국방력은 곧 경제력이다. 경제력이 뒷받침되지 않으면 전쟁을 일으키는 것은 불가능하며, 아무리 상대보다 경제력이 뛰어나도 막대한 비용이 드는 만큼 충분한 재정적인 준비 없이 섣불리 전쟁하지 말 것을 경고

---

* 긴 전쟁을 치를 것을 옹호한 마오쩌둥의 전쟁론(이 전쟁방식은 자신의 힘을 키우면서 더 강한 적을 분쇄하는 전쟁기술이다)과 대비된다.(마이어V. H. Mair의 책, 80쪽)

하고 있다. 즉 군주와 장수들은 전쟁을 함에 있어 나라를 편안하게 하고 백성들을 이롭게 한다는 마음으로 신중하게 결정해야 하며, 감정에 휩쓸려 경거망동하지 말아야 한다는 것이 이 편의 핵심이다.

비용을 계산하라

손자는 말한다.

무릇 용병[1]의 원칙에는 가벼운 [전쟁용] 수레[2] 천 대와 무장한 수레 천 대, 갑옷 입은 병사 10만 명, 천리 길에 걸쳐 나를 식량이 필요하다. 국내와 국외의 비용, 빈객[3] 접대비, 아교와 칠에 쓰는 재료, 수레와 갑옷을 정비하는 비용 등이 하루에 천금[4]씩 소모되므로 [이러한 준비를] 하고 난 뒤에라야 10만의 군대를 일으킬 수 있다.

孫子曰: 凡用兵之法, 馳車千駟, 革車千乘, 帶甲十萬, 千里饋糧. 則內外之費, 賓客之用,

---

1) 원문의 '용병用兵'이란 '군대를 사용하는'이라는 의미이다. 요즘 쓰는 다소 부정적인 '용병'의 개념과는 다르다. 여기서는 원전의 의미를 살려 두었는데, 리링은 여기서 '병兵'을 '군사軍事'로 번역해야 한다고 주장했다. 그의 견해는 '병'이란 글자는 '전쟁'이라는 번역어보다 더 깊은 의미를 지니고 있으니 바로 문자학적으로 풀어보면 두 손으로 도끼를 붙잡고 있는 모양으로 '무기'라는 의미에 그 유래를 두고 있다는 데에 근거를 두고 있지만, 포괄적인 의미에서 보자는 것이다. '병'은 '병사兵事', 즉 '군대의 일'이라는 의미이므로 군대를 가리키는 성격이 강하지 무기나 군사를 가리키는 개념이 아니라고 보았다. 더 나아가 '범용병지법凡用兵之法'은 손자가 관용적으로 즐겨 쓰는 표현으로, 이 편에서뿐만 아니라 〈모공謀攻〉, 〈군쟁軍爭〉, 〈구변九變〉, 〈구지九地〉 등에도 나온다. 다만, '범凡' 자 대신 '부夫' 혹은 '고故' 자를 썼다는 점만 다를 뿐이다.

2) 원문의 '치거馳車'를 번역한 것으로, '융거戎車'라고도 한다. 전투의 선봉에 서는 작고 날렵한 전차로 보통 무장한 갑사 3명이 승차하고 과戈(평두창), 극戟(세갈래 창), 수殳(날 없는 창) 등의 무기와 백패白旆(끝이 갈라진 흰 깃발)을 장착하였다. 고대의 수레 대부분은 네 필의 말에게 멍에를 메웠는데, 안쪽에 서 있는 두 필을 '복마', 바깥쪽에 서 있는 말 두 필을 '참마'라 하였다.

3) 여기서의 빈객은 단순한 외교관의 의미가 아니라 유세객이나 간첩까지도 포괄하는 개념이다.

4) 조희순은 《손자수》에서 "《한서》의 주에 '진秦나라는 1일鎰(24냥)을 1금金이라 하였고, 한漢나라는 1근斤을 1금이라 했다'라고 하였으니, 이는 황금이다"라고 하였다.

膠漆之材, 車甲之奉, 日費千金, 然後十萬之師擧矣.

【해설】

손자가 말한 것은 전쟁을 할 때 어느 정도의 장비를 동원해야 하는 문제로서, 이는 바로 당시 전쟁의 주력이 병마와 전차, 보병, 기병 등으로 이루어진 것임과 적지 않은 전쟁 비용이 소요됨을 구체적인 숫자로 밝히고 있다. '치거馳車'는 글자 그대로 가벼운 전차라 치고 빠지기에 좋다. '혁거革車'는 견고함을 자랑하므로 방어하는 데 유리하다. '대갑帶甲'은 갑옷을 입은 병사로, 정설에 의하면 이들은 수레 1대당 10명을 배치했다고 한다. 여기에 병사들의 식량과 말의 먹이를 계산하면 그 규모는 실로 엄청나다.

'천승지국千乘之國'이라 불린 춘추시대의 제후들은 대체로 수레 1,000대 가량을 보유하였다. 그러므로 여기에 갑옷 입은 병사 10명을 곱하면 1만 명이 되고, 여기에 다시 일반 병력을 더하면 대략 3만 명 정도가 된다. 물론 춘추시대 후반기와 전국시대로 넘어가면서 그 규모는 기하급수적으로 불어나 15만이니 20만이니 하는 숫자가 따라붙었다. 심지어 천하를 통일한 진秦나라는 병력이 100만이었다는 말이 있을 정도이다. 사마천은 그 당시 장평長平전투에서 40여만 명이 몰살했다고 기록하고 있는데, 이는 상당한 신빙성이 있는 숫자인 셈이다.

관중管仲은 "창고에 물자가 풍부해야 예절을 알고, 먹고 입는 것이 풍족해야 명예와 치욕을 안다(倉廩實而知禮節, 衣食足而知榮辱)"라고 하며 경제를 중시하는 정치를 펼쳤다. 임금이 정책을 시행하고 부모형제 간에 화해롭게 지내려면 먼저 경제력부터 갖춘 부자가 되어야 한다고 보았다. 관중은 냉철한 현실 감각과 균형 감각으로 인의도덕 등의 명분은 그다지 중요하게 여기지 않았다. 《사기》〈관안열전管晏列傳〉에 따르면 관중은 재상이 되자 해안을 끼고 있는 지리적 이점을 활용해 산물을 교역하고 부를 축적해 부국강병에 힘썼으며 백성과 고락을 함께하였다. 또 일의 경중을 잘 헤아려 득실을 따지는 데 신중하였다.

결국 관중의 도움을 얻은 제齊나라 환공桓公은 춘추오패가 되었고, 관중 역시 제나라를 전국시대 말기에 시황제에게 멸망되기 전까지 동방의 전통 강국으로 성장시켰다.

질질 끌면 패망한다

전쟁을 하는 데에는 승리를 귀히 여긴다. 질질 끌면 무기는 둔해지고 사기는 꺾여 성을 공격해도 힘만 소진된다. 오랜 기간 군대를 햇빛에 노출시키면[5] 나라의 비용이 부족해진다. 무기가 무뎌지고 사기가 꺾이고 힘만 소진되고 재정이 바닥나면 다른 제후들이 그 피폐함을 틈타 일어난다. 비록 지혜로운 자가 있다 하더라도 그 뒤를 잘 수습할 수 없게 된다. 고로 용병법에서 "어설프지만 속전속결해야 한다(拙速)"는 말은 들어보았지만 교묘하게 질질 끄는 경우는 본 적이 없다. 전쟁을 오래 끌어서 나라에 이로운 경우는 아직까지 없었다. 그러므로 용병의 해로움을 이루 다 알지 못하는 자는 용병의 이로움도 이루 다 알 수 없는 것이다.

其用戰也貴勝, 久則鈍兵挫銳, 攻城則力屈. 久暴師則國用不足, 夫鈍兵挫銳, 屈力殫貨, 則諸侯乘其弊而起. 雖有智者, 不能善其後矣. 故兵聞拙速, 未睹巧之久也. 夫兵久而國利者, 未之有也. 故不盡知用兵之害者, 則不能盡知用兵之利也.

【해설】

여기에서는 우리에게 부정적인 뉘앙스로 알려진 '졸속拙速'이란 개념을 주요한 가치기준으로 삼았다.[6] 손자는 '속速'을 '구久'와 대

5) 원문의 '구폭사久暴師'를 번역한 것으로, 군대를 오랫동안 야전에 둔다는 의미이다.

비되는 것으로 꽤 긍정적인 말로 인식하였다. 즉 이 단어를 통해 손자는 전쟁 전에 준비를 철저히 하더라도 일단 전장에 나서면 속전속결이 최우선이라는 점을 강조하고 있다. 다소 위험부담을 떠안더라도 기동력을 발휘해 과감한 승부수를 던져야 한다는 것이다. 문장 중간에 있는 '폐弊' 자는 피폐해지고 국력이 쇠락해진다는 의미로, 그 틈을 타 다른 나라가 쳐들어올 수 있음을 경고하고 있다. 이는 지구전의 폐단을 이야기하는 것으로써 역설적으로 당시의 전쟁이 단기전이 아닌 장기전이 많았음을 시사한다.

오랜 시간 들판에서 야전노숙을 하게 되면 군대는 지치기 마련이다. 질질 끌다가 결국 승기를 놓쳐 내부의 조직은 와해되고 상대만 유리하게 만들 뿐이다. 심지어 내란이 일어나게 될 가능성마저 생겨나게 된다. 따라서 준비가 다소 미흡하더라도 기회가 생기면 즉각 전쟁을 개시하는 것, 이것이 바로 이 단락에서 말하는 '졸속'의 의미이다. 경제적인 손실이 가장 큰 것은 바로 지구전이며, 성을 공격하는 공성이 가장 어리석은 것임을 강조하였다. 손자가 '공성'을 공격의 최하위 전술로 폄하한 것도 이런 맥락이다.

6) '졸속'의 사전적 의미는 "어설프고 빠름, 또는 그런 태도"를 가리키며 일을 처리하는 것이 주도면밀하지 못하고 성급하거나 예단하여 처리하는 것을 의미한다. 졸속행정이 그 대표적인 예로 탁상공론처럼 뒷감당을 하지 못할 일을 성급히 처리하는 것을 의미한다.

식량은 적지에서 충당하라

군대를 잘 쓰는 자는 군역軍役을 두 번 징집하지 않고, 식량을 [전장으로] 세 번 실어나르지 않으며, 나라에서 비용을 취하되 양식은 적으로부터 빼앗는다.[7] 그러므로 군대의 식량이 충족될 수 있는 것이다.

善用兵者, 役不再籍, 糧不三載; 取用於國, 因糧於敵, 故軍食可足也.

【해설】

병사를 징집하고 마차 등도 징발해 사용해야 하며 식량 등도 조달받아야 하는 것이 전쟁 상황이다. 번역문의 "군역軍役을 두 번 징집하지 않고, 식량을 [전장으로] 세 번 실어나르지 않는다"라는 말은 지구전의 폐단을 막기 위한 조치이다. 전쟁이 길어지면 본국에서 병사들을 다시 징집해 보충해야 하고, 식량 소모 또한 엄청나게 된다. 또한 멀리까지 수송도 해야 하므로 백성들은 농사지을 시간도 없어 궁핍하게 될 수밖에 없다. 《맹자孟子》에서 '농시農時'를 피해 군대를 동원하라는 말은 그래서 나온 것이 아닐까? 그렇다면 손자가 제안한 것은 무엇인가? 바로 아군을 힘들게 하여 조달하지 말고 식량을 적으로부터 빼앗아 현지에서 조달하면 비용을 줄이고 적에게는 타격을 가하는 일거양득의 효과를 얻을 수 있다는 것이다.

7) "진晉나라 군대는 사흘 동안 주둔하며 초군이 버리고 간 군량을 먹고 계유일에 환군하였다[晉師三日館穀, 及癸酉而還]"(《좌전》 희공 28년)라는 말을 염두에 둘 필요가 있다.

《사마법司馬法》〈인본人本〉에서도 군주가 백성을 사랑하는 마음으로 농사철에 백성을 동원하지 말고, 전염병이 돌 때 군사를 징집하지 않아야 한다고 하였다.

예를 들면, 전국시대 조趙나라가 진秦나라와의 싸움에서 대패하게 된 것도 사실상 식량 보급의 문제 때문이었다.《사기》〈백기왕전열전白起王翦列傳〉에 "조나라 군대가 식량을 보급받지 못한 것이 46일이나 되었으므로 내부에서는 서로 죽여 살을 먹는 지경에까지 이르렀다. 조나라 군대는 탈출하려고 네 개 부대를 만들어 진나라의 보루를 네댓 번 공격했지만 포위망을 벗어날 수 없었다. 장군 조괄趙括은 직접 정예군을 이끌고 맨 앞에 나가 싸웠으나 진나라 군대가 쏜 화살에 맞아 죽었다. 마침내 조괄의 군사가 패배하니 병사 40만 명이 무안군에게 항복하였다"라고 나온다.

손자는 백성의 생활에 타격을 주지 않기 위해 경제적으로 회복할 수 있는 범위 내에서 전쟁이 끝나도록 전략 계획을 세워야 한다고 하였다.

장기전의 폐해

나라가 군대 때문에 가난해지는 까닭은 군수품을 멀리까지 수송하는 데에 있으니, 군수품을 멀리까지 수송하게 되면 백성들은 가난해진다. 가까이에 군대가 있으면 물가는 비싸지고 물가가 비싸지면 백성들의 재정이 고갈되고, 재정이 고갈되면 [조정은] 백성들의 구역丘役(부세)[8]에 다급해진다. 힘은 소진되고 재정은 고갈되어 중원 안으로는 집집마다 텅 비게 되고, 백성들의 비용은 열에 일곱이 사라진다. 조정의 비용은 부서진 전차와 병든 말, 갑옷과 투구 및 화살, 노弩·화극·방패·창·노櫓, 수송용 소와 큰 수레[9]를 유지하는 데에 열에 여섯이 사라진다.

國之貧於師者遠輸, 遠輸則百姓貧. 近於師者貴賣, 貴賣則百姓財竭, 財竭則急於丘役. 力屈財殫, 中原內虛於家. 百姓之費, 十去其七; 公家之費: 破軍罷馬, 甲胄矢弩, 戟楯蔽櫓, 丘牛大車, 十去其六.

---

8) 부세賦稅나 부역賦役이라고 하며 춘추시대 각 나라가 전쟁할 때, 말 한 필과 소 세 마리가 한 구丘에 부과되었다.

9) 원문의 '구우丘牛'와 '대거大車'를 번역한 것이다. 구우는 군주가 기르는 나라의 재산이 아니라 춘추시대 혁명적 생산력 발전에 기여한 중요한 생산수단이다. 소를 이용해 농사를 짓는데 전쟁으로 인해 백성의 소가 강제로 징집되면 당연히 농업 생산량은 줄고 백성은 이중으로 고통을 당하기 때문에 이를 지적한 것이다.《손자수》에는 "구우丘牛는 구전丘甸(옛 토지와 행정 구역을 구분한 단위)에서 쓰이는 소이고, 대거大車는 군량을 나르는 수레이다〔丘牛, 丘甸之牛也, 大車, 任載之車也〕"라고 하였다.

【해설】

양식이 없으면 생존할 수 없고, 비축한 물자가 없으면 버틸 수 없는 것은 용병의 기본 이치이다. 자공子貢이 반란을 일으키려는 제齊나라 대부 전상田常을 만나 "저 오吳나라는 성벽이 높고 넓으며, 연못은 넓고 깊으며, 무기는 새로 만들어 튼튼하며, 병사들은 용감하고 식량도 충분합니다"(《사기》〈중니제자열전仲尼弟子列傳〉)라고 한 것을 보더라도 식량의 소중함을 알 수 있다. 적어도 상대의 재정이 튼튼하면 아군이 공격함에 있어서 그에 상응하는 비용을 산출해야 하는데, 아무리 뛰어난 장수라 하더라도 경제적인 문제는 속단하기 어렵기 때문이다.

현지 조달 전략

그러므로 지혜로운 장수는 적으로부터 식량을 빼앗는 데 힘쓴다. 적의 식량 1종(鍾, 10섬)을 먹는 것은 아군의 식량 20종(200섬)에 해당되고, [적의] 콩깍지와 볏짚 1섬〔石〕은 아군의 20섬에 해당된다.[10]

故智將務食於敵. 食敵一鍾, 當吾二十鍾; 萁稈一石, 當吾二十石.

【해설】

적의 식량과 아군의 식량이 20배의 차이를 보인다는 것은 두 가지 의미이다. 첫 번째로 당시 장거리 수송이 얼마나 많은 문제점을 지니고 있었는지를 보여준다. 그리고 두 번째로 적의 전력을 약화시키는 강점이 있다. 적의 식량을 빼앗으라는 손자의 논리는 명분을 고려하지 않은 승리 제일주의로 비판받기도 하였으나, 전쟁은 명분이 아니라 현실이다. 적에게 전리품을 빼앗아 전쟁에 들어간 사회적 비용을 충당하지 않으면 경제를 회복할 수 없고, 그리하여 이기고도 지는 전쟁은 아무런 의미가 없게 된다.

---

10) 유인劉寅은《손무자직해孫武子直解》에서 다음과 같이 보충 설명을 했다. "진秦나라가 흉노를 치려고 천하로 하여금 [식량을] 운송하게 하였는데, 대략 30종鍾에 1섬〔石〕을 내주고, 한漢 무제武帝는 서남西南의 오랑캐와 소통하려고 천 리(먼 거리)에서 식량을 운송하였는데 대략 10여 종鍾에 1섬을 내주었으니, 여기서 '적의 식량 1종을 먹는 것은 아군의 20종에 해당하고, [적의] 콩깍지와 볏짚 1섬은 아군의 20섬에 해당한다'고 말한 것은 손자孫子가 대략으로 말한 것이라고 하였다〔秦征匈奴, 使天下轉輸, 率三十鍾而致一石, 漢武通西南夷, 千里饋糧, 率十餘鍾而致一石, 此云, 食敵一鍾, 當吾二十鍾, 萁稈一石, 當吾二十石, 孫子大約言之也〕."

그러므로 적을 죽이고자 한다면 [적에 대한] 적개심을 갖게 만들어야 한다. [병사들이] 적의 재물을 탈취하는 것은 [포상으로 받는] 재물 때문이다. 그러므로 전차전에서 적의 전차 10대 이상을 획득하면 가장 먼저 [전차를] 획득한 자를 포상한다. [포획한 전차는] 깃발을 바꾸어 달아 [아군의] 전차와 섞어서 사용하고 [포로로 잡은] 병사는 잘 대우해 [아군으로] 양성한다. 이것이 적에게 승리하면 할수록 더욱 강해진다고 말하는 것이다.

故殺敵[11]者, 怒也; 取敵之利者, 貨也. 故車戰, 得車十乘已[12]上, 賞其先得者, 而更其旌旗, 車雜而乘之, 卒善而養之, 是謂勝敵而益强.

【해설】

적의 물자를 포획하기 위한 심리 전술, 포획한 적의 재물의 사용법 등에 대해 이야기하고 있다. 적의 장비를 적극 활용하고, 귀순했거나 포로로 잡은 적을 선도해 아군에 편입시키는 것은 심리전의 기본 책략이다. 특히 첫 구절에서처럼 적에 대한 적개심 구축과 물질적 보상은 군대의 전의戰意를 유지시키기 위한 중요한 책략이다. 1 더하기 1은 2가 아니고 4가 된다는 말이 있다. 탈취하고 사로잡

11) 여기서 '적敵'이라는 글자 이외에 '인人'이나 '피彼'도 적을 나타내는 것으로 손자는 아군과 적군을 '주객主客', 즉 주인과 손님의 개념으로 빗대어 비유하기도 하였다.

12) '이已'는 '이以'의 의미로 해석해야 한다.

은 적의 물자와 병력을 역이용하면 아군의 전력은 극대화되어 4배 가 된다는 논리인데, 외형적인 이익뿐만 아니라 사기진작 등의 심리적 부가 이익이 그에 못지않다는 말이다.

후한後漢의 형주자사荊州刺史 도상度尙은 병사들이 사냥 나갔을 때를 기다렸다가 몰래 사람을 시켜 그 쌓아둔 재화와 보물을 불태우게 하였는데 사냥 갔던 자들이 돌아와 [그것을 보고] 눈물을 흘리지 않는 자가 없었다. 도상은 [이로] 인하여 그들에게 직언하였다. "복양卜陽 반홍潘鴻 등은 재화財貨가 풍족하여 몇 세대는 거뜬할 것이니, 단지 제군들이 힘을 함께하지 않을 뿐이다. [여기서] 잃은 것은 얼마 안 되는데 어찌 마음에 두고 있는가"라고 하니, 병사들은 모두 힘써 날뛰며 싸울 것을 원하여 마침내 반홍潘鴻을 무너뜨렸다〔如後漢荊州刺史度尙, 候軍士出獵, 密使人焚其珍積, 獵者還, 莫不泣涕, 所亡少, 何足介意, 衆皆奮踊願戰, 遂破潘鴻〕. 《후한서後漢書》〈장종전張宗傳〉에 나와 있는 이야기다.

전쟁의 목적은 오직 승리

그러므로 전쟁은 승리하는 것을 귀하게 여기는 것이지 오래 끄는 것을 귀하게 여기지 않는다. 따라서 [이러한] 전쟁의 본질을 아는 장수만이 백성들의 생명을 관장[13)]하며, 나라의 안위를 책임지는 주인이다.

故兵貴勝, 不貴久. 故知兵之將, 民之司命, 國家安危之主也.

【해설】

손자는 다시 지구전의 폐해를 강조하며 전쟁의 본질을 아는 장수는 백성과 나라의 운명을 좌우할 수 있는 존재라고 결론짓고 있다. 무능한 장수는 지구전을 즐기지만, 전쟁이란 일어났다는 자체가 양측의 손실이라는 논법이다.

손자는 '사명司命'이라는 말을 통해 나라의 운명을 결정짓는 지도자로서의 특별한 직무에 대한 무한 책임을 상기시키고 있다.

13) 원문의 '사명司命'이란 본래 하늘에 있는 생명을 관장하는 별로서, 사람의 생사뿐만 아니라 오래 살고 일찍 죽는 일까지도 관장한다. 손자가 장수를 이 같은 사명에 비유한 것은 병사 개개인보다 장수의 자질이 중요하다는 인식 때문이다.

| **전례** |

식량 보급로가 막혀 45만 병사를 잃은 전쟁

《사기》〈염파인상여열전廉頗藺相如列傳〉을 보면 전쟁은 이론보다는 실전 감각이 훨씬 더 중요함을 알 수 있다. 조趙나라 병사 45만 명의 목숨을 잃게 한 조나라 장군 조괄趙括의 이야기는 전쟁에서 식량 보급로의 확보가 얼마나 중요한지 여실히 보여주는 예이다.

조나라 혜문왕惠文王이 죽고 그 아들 효성왕孝成王이 즉위하였다. 혜문왕이 죽은 지 7년이 지났을 때 진秦나라와 조나라 군대가 장평長平에서 대치하였다. 이때 조나라의 대장군 조사趙奢는 이미 세상을 떠났고, 명신名臣 인상여藺相如는 병으로 위독하였다. 그래서 조나라는 염파廉頗를 장군으로 삼아 진나라와 맞서 싸우도록 하였다. 그러나 진나라 군대가 조나라 군대를 장평에서 자주 쳐부수었지만 조나라 군대는 보루의 벽만 튼튼히 할 뿐 나가 싸우지 않았다. 진나라 군대가 싸움을 걸어와도 염파는 맞서 싸우지 않았다. 이때 조나라 왕은 "진나라가 두려워하는 것은 마복군(馬服君, 조나라의 명장인 조사趙奢)의 아들 조괄이 장군이 되는 것뿐이다. 염파는 상대하기 쉽다. 그는 앞으로 진나라에 항복할 것이다"라는 진나라 간첩이 퍼뜨린 말을 믿었다.

이 말에 조나라 왕이 염파 대신 조괄을 장군으로 삼으려고 하자 인상여가 말하였다.

"왕께서는 명성만 믿고 조괄을 쓰시려고 하는데, 이는 거문고의 괘를 아교로 붙여서 고정시키고 연주하는 것과 같습니다. 조괄은 그저 자기 아버지가 남긴 병법 책을 읽었을 뿐 사태 변화에 대처할 줄은 모릅니다."

그러나 조나라 왕은 인상여의 말을 듣지 않고 마침내 조괄을 장군으로 임명하였다. 조괄은 스스로 어릴 때부터 병법을 배워 군사에 대해 이 세상에서 자기를 당할 자가 없다고 생각하였다. 일찍이 그는 아버지 조사와 함께 병법에 대해 토론한 적이 있었는데, 조사는 그를 당해낼 수 없었다. 그러나 조사는 그런 아들을 칭찬하지 않았다. 이에 조괄의 어머니가 그 까닭을 묻자 조사는 이렇게 답하였다.

"전쟁이란 목숨을 거는 일이요. 그런데 괄은 전쟁을 너무 쉽게 말하오. 조나라가 괄을 장군으로 삼지 않으면 다행이지만, 만일 괄을 장군으로 삼는다면 틀림없이 조나라 군대는 파멸하고 말 것이오."

조괄이 떠나려고 할 때 그 어머니는 왕에게 글을 올리며 말하였다.

"제 아들을 장군으로 삼아서는 안 됩니다."

왕이 물었다.

"무엇 때문이오?"

조괄의 어머니가 대답하였다.

"예전 조괄의 아버지는 장군이었습니다. 그가 직접 먹여 살리는 이가 수십 명이었고, 벗이 된 사람은 수백 명이나 되었습니다. 왕이나 종실에서 상으로 내려준 물품은 모두 군대의 벼슬아치나 사대부에게 나눠주고, 출전 명령을 받으면 그날부터 집안일을 돌보지 않았습니다.

그런데 지금 제 아들은 하루아침에 장군이 되어 동쪽을 향해 앉아서 부하들의 인사를 받게 되었지만 군대의 벼슬아치 중 어느 누구도 제 아들을 존경해 우러러보는 이가 없습니다. 왕께서 내려주신 돈과 비단을 가지고 돌아와 집에 감추어두고 날마다 이익이 될 만한 땅이나 집을 둘러보았다가 그것들을 사들입니다. 왕께서는 어찌 그 아버지와 같으리라 생각하십니까? 아버지와 자식은 마음 씀씀이부터 다릅니다. 부디 왕께서는 제 아들을 보내지 마십시오."

왕이 말하였다.

"어머니는 더 이상 말하지 마오. 나는 이미 결정하였소."

그러자 조괄의 어머니가 말하였다.

"왕께서 굳이 그 아이를 보내시려거든 그 아이가 책임을 다하지 못하더라도 저를 그 아이의 죄에 연루시켜 벌을 받지 않게 해주십시오."

왕은 그렇게 하겠다고 약속하였다.

조괄은 염파를 대신하게 되자 군령을 모두 바꾸고 군대의 벼슬아치도 모두 교체하였다. 진나라의 명장 백기白起가 이 소식을 듣고 기병을 보내 거짓으로 달아나는 척하면서 탁상공론에만 밝은 조괄을 일거에 무너뜨릴 계획을 세웠다. 바로 조나라 군대의 식량 운송로를 차단하고 조나라 군대를 둘로 갈라놓는 것이었다. 보급로가 막힌 병사들의 마음은 조괄에게서 떠나갔다. 본국에서의 지원이 막힌 지 40여 일이 지나자 조나라 군사들은 굶어 죽어갔다. 조괄은 정예부대를 앞세우고 직접 싸우러 나갔지만 진나라 군사가 쏜 화살에 맞아 전사하였다. 조괄의 군대는 싸움에서 패하고 결국 진나라에 항복하였다. 진나라는 항복한 조나라 병사 중에서 어린 병사 일부를 제외하고는 모두를 하룻밤에 땅에 묻어 죽였다. 조나라가 이 싸움 전후로 잃은 군사는 45만 명이나 되었다고 사마천은 기록하고 있다. 이듬해 진나라 군대는 드디어 한단邯鄲을 포위했고, 한단은 1년 남짓 포위에서 벗어날 수 없었다.

제3편

모공謀攻

모략으로 공격하라

〈모공謀攻〉 편은 제1편 〈계計〉, 제2편 〈작전作戰〉과 더불어 《손자병법》 총론의 마지막 부분이다. 여기서 '모謀'는 책략 혹은 전략을 뜻하며, '공攻'은 공격을 뜻하는데 이는 정치적이란 말이기도 하다. 제목에서 알 수 있듯이 교묘한 전략으로 적을 공격한다는 의미이다. 공격함에 있어 책략을 세워야지만 적을 완전히 섬멸할 수 있다. 그러나 손자는 싸우지 않고 적을 굴복시키는 것을 최상의 전략으로 보았으며, 이것을 실현하는 구체적인 방법으로 〈모공〉 편을 만들었다. '지피지기知彼知己'라는 유명한 말이 이 편에 나온다.

이 편에서 다루고 있는 내용은 전략적 차원의 용병 원칙과 전쟁에서의 지휘권 및 통제권의 확립이다. 그 기본 원칙은 아군의 손실을 최소화하고 적을 굴복시켜야 한다는 것이다. 적의 침략 의도를 꺾는 벌모伐謀를 최상의 용병으로 삼았고, 적을 외교적으로 고립시키는 벌교伐交를 그 다음 계책으로 삼았다. 사방이 제후국으로 둘러싸인 상태에서 튼튼한 연맹을 맺는 것은 매우 중요하다. 상대국을 굴복시키려면 때로는 위협하고 때로는 이간질하고 때로는 유혹하는 다양한 수단을 동원해야 한다.

외교전에서 다른 제후국들이 아군의 전술에 대응하는 데 급급하게 만들되 이쪽의 틈은 보이지 말아야 한다는 점을 강조하고 있다. 그래서 전쟁을 결정하면 아군의 외교 전술을 알지 못하게 하기 위해 성문을 걸어 잠그고 통행증을 폐기해 적국의 사절이 외교적인 접근을 하지 못하게 하기도 하였다. 외교를 총성 없는 전쟁에 비유한 것처럼 승리의 보조 수단으로 외교의 중요성을 설파한 것이다.

손자는 군사적으로 대응하는 벌병伐兵을 외교 다음의 대응책으로 삼았고, 피해는 크되 효과를 내기는 어려운 공성攻城을 최하위에 두었다. 손자의 이런 전략은 최소의 비용으로 최대의 효과를 보기 위한 것이었다. 아군의 손실을 최대한 억제하는 전략이다.

결국 〈모공〉 편의 핵심은 마지막 문장 "적을 알고 나를 알면 백 번 싸워도 위태롭지 않을 것이다(知彼知己, 百戰不殆)"라는 원칙으로 요약할 수 있다.

싸우지 않고 이기는 것이 최상책이다

손자는 말한다.

대체로 용병의 원칙에는 [적의] 국가를 온전히 하는 것을 상책으로 삼으며,[1] 적국을 쳐부수는 것을 차선책으로 삼는다.[2] [적국의] 군軍을 온전히 한 채 이기는 것이 상책이며, 군을 무찌르는 것은 차선책이다. [적의] 여旅를 온전히 한 채 이기는 것이 상책이며, [적의] 여를 무찌르는 것은 차선책이다. [적의] 졸卒을 온전히 한 채 이기는 것이 상책이며, [적의] 졸을 무찌르는 것은 차선책이다. [적의] 오伍를 온전히 한 채 이기는 것이 상책이며, [적의] 오를 쳐부수는 것은 차선책이다. 그러므로 백 번 싸워 백 번 이기는 것이 잘된 것 중에 잘된 용병이 아니며,[3] 싸우지 않고 적을 굴복시키는 용병이 잘된 것 중의 잘된 용병이다.

孫子曰: 凡用兵之法, 全國爲上, 破國次之; 全軍爲上, 破軍次之; 全旅爲上, 破旅次之;

1) 《좌전》 희공僖公 19년에 다음과 같이 전해진다. "송宋나라 사람이 조曹나라를 포위하였는데, 복종하지 않아 토벌하였다. [송나라] 사마자어司馬子魚가 송공宋公에게 아뢰었다. 문왕〔文公〕은 숭崇나라의 덕이 어지럽다는 말을 듣고 정벌하였는데, 숭나라 군대가 30일이 지나도 항복하지 않았습니다. 그러자 물러나 가르침을 수행하고 다시 정벌하여 옛 보루를 그대로 쌓았는데도 [숭나라를] 항복하게 했습니다〔宋人圍曹, 討不服也. 子魚言於宋公曰, 文公聞崇德亂而伐之, 軍三旬而不降. 退修教而復伐之, 因壘而降〕."

2) "후한 광무제光武帝가 동마銅馬·철경鐵脛·우래尤來·대쟁大鎗·적미赤眉의 무리를 사로잡은 것은 모두 남의 군대를 온전하게 할 수 있던 것이고, [진秦나라 장수인] 백기白起가 속임수로 조趙나라의 병사들을 땅에 묻어 죽이고, 항우가 속임수로 진秦나라의 병사들을 땅에 묻어 죽인 것은 모두 남의 군대를 온전하게 할 수 없던 것이다〔如光武收銅馬鐵脛尤來大鎗及赤眉之類, 皆能全人之軍, 白起詐坑趙卒, 項羽詐坑秦卒, 皆不能全人之軍也〕."(유인劉寅 설)

全卒爲上, 破卒次之; 全伍爲上, 破伍次之. 是故百戰百勝, 非善之善者也; 不戰而屈人之兵, 善之善者也.

【해설】

완전한 승리란 적을 온전한 상태로 보존하면서 이기는 것이다. 당시 '군軍'은 1만 2,500명의 군대를 기본으로 하였으며, 이는 500명에서 2,000명 사이의 규모인 '여旅'보다 상당히 큰 개념으로 오늘날 사단의 규모이다. 여기에 '졸卒'은 100명에서 200명 규모이고, 5명을 단위로 하는 '오伍'의 순으로 규모에 따른 전술을 이야기하고 있다. 즉 최소의 비용으로 최대의 효과를 얻겠다는 뜻이다. 또한 손자는 이 단락에서 '전全'의 중요성을 강조하고 '파破'의 무용성을 거듭 강조하였다. 아군이 절대적인 전력의 우위에서 고도의 전략을 구사하여 적이 심리적으로 저항의 의지를 상실하고 조직적인 대응을 하지 못하면 이는 이미 승리한 전쟁이다.

순舜임금이 방패와 깃으로 춤을 추어 유묘有苗를 바로잡았는데, 이와 관련하여 《서경書經》〈우서虞書·대우모大禹謨〉에 다음과 같은 일화가 전해진다.

순임금이 말씀하셨다. "아! 우禹여! 오직 유묘有苗가 다스려지지 않으니, 그대가 가서 정벌하도록 하시오." 그러자 우禹는 제후들을 모아놓고 유묘를 정벌하고자 맹서하였다. 30일이 지나도 유묘가 명을 거

3) 《오자吳子》〈도국圖國〉에 "천하의 싸우는 나라 중에 다섯 번 승리한 자는 화를 당하고, 네 번 승리한 자는 피폐해지고, 세 번 승리한 자는 패자가 되고, 두 번 승리한 자는 왕자가 되고, 한 번 승리한 자는 황제가 된다(天下戰國 五勝者禍, 四勝者弊, 三勝者霸, 二勝者王, 一勝者帝)"고 하였다.

스르고 대항하자, 익益이 우禹에게 "오직 덕만이 하늘을 움직이니, 먼 곳일지라도 이르지 못할 곳이 없습니다"라고 하며 무력武力이 아닌 덕德으로써 다스릴 것을 청하였다. 우禹는 이 훌륭한 말에 절을 하며 군사를 되돌리고, 문덕文德을 크게 펼쳐 방패와 깃으로 두 섬돌 사이에서 춤을 추니, 70일 만에 유묘가 항복하였다.

손자의 말은 《관자管子》 〈유관幼官〉의 "자주 전쟁을 치르면 병사들은 지친다. 자주 승리하면 군주는 교만해지니, 교만한 군주가 지친 백성들을 부리면 나라를 위태롭게 한다. 지극히 잘된 것은 전쟁을 하지 않는 것이며, 그 차선책은 전쟁을 하더라도 한 번에 그치는 것이다"[4]라는 말과 통한다. 주周나라 문왕文王과 무왕武王의 언무偃武정신이란 것이 있다. 전쟁에서 승리하고 나면 무력을 더 이상 사용하지 않는 것이 바로 언무정신이다. 참혹한 전쟁을 거쳐 이기더라도 그것은 이미 진 것이나 다름없다. 양측의 손실이 너무 크기 때문이다.

그러므로 최고의 군대는 적의 계략을 깨뜨리는 것에 있으니 술자리에서 외교 협상을 벌인 안영晏嬰에게서 이러한 예를 찾아볼 수 있다. 춘추시대 제齊나라 경공 때, 재상에 해당하는 상국 안영晏嬰이라는 이가 있었다. 진晉나라가 제나라를 공격하고자 하여 범소範昭를 보내 정탐하게 하였다. 경공이 술자리를 열어 범소를 대접했는데, 주흥이 일자 범소가 말했다. "왕의 술잔에 마시기를 청합니다."

4) "數戰則士疲, 數勝則君驕; 驕君使疲民, 則危國. 至善不戰, 其次一之."

범소가 술을 다 마시자 안영이 말했다. "왕의 술잔을 치우고 범소의 잔에 술을 따라 드려라." 범소는 취한 척하며 기분이 상하여 일어나 춤을 추며 태사에게 성주成周의 음악을 연주해주기를 청하였으나 태사가 거절하였고 범소는 떠났다. 범소가 돌아가 평공에게 보고하기를, "제나라는 치기 어렵습니다. 왕을 시험해 보려는데 안자가 이를 알고 있었고, 음악으로 시험해 보려는데 태사가 이를 알고 있었습니다." 공자가 이 말을 듣고 "술통과 도마 사이를 나가지 않고도 천리 밖의 일을 절충한다 함은 안자를 두고 하는 말이구나. 태사도 그와 함께 하였구나〔夫不出於尊俎之間, 而知千裏之外, 其晏子之謂也. 可謂折沖矣. 而太師其與焉〕"라는 기록이 《안자춘추》 〈내편〉 16장에 보인다.

그러므로 상책의 용병은 [적의] 모략을 공격하는 것이며,[5] 차선책은 외교관계를 공격하는[6] 것이고, 그다음은 군대를 공격하는 것이며, 최하의 방법은 성을 공격하는 것이다. 성을 공격하는 방법은 어쩔 수 없는 경우에 사용하는데, 노(櫓, 망루에 걸친 공성용 전차)와 분온(轒轀, 가죽으로 무장한 공성용 전차)을 수리하고 기구를 갖추는 데에만 석 달이 지나서야 완성된다. 성을 공격하기 위한 토산土山을 쌓는 데[7]에만 또 석 달이 소요된다. 장수가 그의 분함을 이기지 못하고 [병사들에게] 개미처럼 성벽을 공격하게 하여 병사의 3분의 1이나 죽게

5) 《오자吳子》〈도국圖國〉에 "천하의 싸우는 나라 중에 다섯 번 승리한 자는 화를 당하고, 네 번 승리하 자는 피폐해지고, 세 번 승리한 자는 패자가 되고, 두 번 승리한 자는 왕자가 되고, 한 번 승리한 자는 황제가 된다〔天下戰國 五勝者禍, 四勝者弊, 三勝者霸, 二勝者王, 一勝者帝〕"고 하였다.

6) 외교를 통해 적의 동맹을 단절시켜 굴복시킨다는 의미이다. 여기서 '벌교伐交'의 문제는 짚고 넘어가야 한다. 외교는 군사력과 맞먹는다. 예를 들어 위·촉·오 삼국 중에서 오나라 손권孫權의 일류 외교력은 조조의 군사력과 맞먹지 않는가? 손권은 유비劉備에게 형주 땅을 빌려주어 조조의 남정南征을 저지하기도 하면서 동쪽 오나라의 방패로 삼는 전략을 취하고 결국 나중에 여몽呂蒙이란 장수를 통해 그곳의 주인 관우關羽를 죽이고 형주를 탈환하기도 하였다. 이러한 면모는 그의 기본적인 외교 노선이 208년에 시작된 유비와의 동맹에서 비롯되며, 229년 그 맹약을 해체하기까지 대략 22년의 기간이다. 말하자면 손권의 전략은 유비와의 연합전선을 통해 조조의 통일을 저지하는 데 중점이 있었으며, 먼저 삼국정립의 형세를 이루고 천하의 변화를 관찰한다는 것이었다. 왜냐하면 오나라와 촉蜀나라는 소국이었으므로 강대한 위나라를 대적하기에는 철저히 '인모人謨'에 기대어야만 하였기 때문이다.

7) 원문의 '거인距闉'을 번역한 것으로, 토산土山을 말한다. 흙을 쌓아 산으로 만들어서 적의 성을 내려다보는 것이다〔距闉者, 土山也, 積土爲山, 以臨敵城〕.(유인劉寅 설)

만들고도 성은 함락시키지 못하니, 이는 공격하는 것의 재앙이다.[8]

따라서 용병을 잘하는 자는 적의 군대를 굴복시키지만 전쟁은 하지 않고, 적의 성을 함락시키지만 공격은 하지 않으며,[9] 적의 나라를 무너뜨리지만 질질 끌지는 않고,[10] 반드시 [적을] 온전하게 하여 천하를 다투므로 군대는 무뎌지지 않으면서 이익은 정말로 온전해지니, 이것이야말로 지모로써 성을 공격하는 방법이다.

故上兵伐謀, 其次伐交, 其次伐兵, 其下攻城. 攻城之法, 爲不得已. 修櫓轒轀具器械, 三月而後成, 距闉, 又三月而後已. 將不勝其忿而蟻附之, 殺士卒三分之一, 而城不拔者, 此攻之災也. 故善用兵者, 屈人之兵而非戰也. 拔人之城而非攻也, 毁人之國而非久也, 必以全爭於天下, 故兵不頓而利可全, 此謀攻之法也.

8) 후위後魏 무제武帝가 우이盱眙에서 송宋나라의 장질臧質을 공격하려는데 병사들로 하여금 파番 땅을 나누어 서로 교대하게 해서 [성에서] 떨어지면 다시 오르게 하여 전사한 시체가 성처럼 쌓였으나 끝내 쳐서 빼앗지 못한 것이다〔如後魏武帝攻宋臧質于盱眙, 使士卒, 分番相代, 墜而復升, 死者屍與城平, 終不能拔〕.(유인劉寅 설) 이에 관한 고사가 《송서宋書》〈장질열전臧質列傳〉에 있다. 송나라의 장질臧質이 우이성盱眙城을 지켰는데 후위後魏의 무제武帝가 그곳을 공격하였다. 그러나 성이 매우 견고하여 공략하지 못하였다. 후위의 군대는 돌격전突擊戰을 벌이고 맞붙어 파番 땅을 나누어 서로 교대하게 해서 성에 오르다가 떨어지면 다시 올라가게 하니, 전사한 시체가 성처럼 높이 쌓였다. 이 같은 싸움이 30일 동안 계속되어 죽은 자들이 절반에 이르렀다.

9) 예컨대 [주周나라의] 문왕文王이 숭崇나라를 정벌하려는데 옛 보루를 그대로 쌓아 항복받고, 모용각慕容恪은 집을 짓고 돌아가 농사에 힘써 엄격하고 굳세게 보루를 포위하여 끝내 광고廣固에서 단감段龕을 이겨 병사들이 병기에 피를 묻히지 않은 것이 이것이다〔拔取人之城而非用攻也, 如文王伐崇, 因壘而降, 慕容恪築室反畊, 嚴固圍壘, 終克段龕於廣固, 兵不血刃, 是也〕.

10) 한漢나라 고조高祖 유방劉邦은 진秦나라 이세황제 3년에, 강리杠里의 진나라 군사와 대치하여 진나라의 두 부대를 모두 무너뜨리고 북쪽에서도 다시 크게 싸워 승세를 타고 마침내 진나라 군대를 쳐부쉈으며, 한漢나라 원년 10월에 진나라 왕 자영子嬰의 항복을 받았으니, 이것은 1개월 만에 일어난 일이었다.(《사기史記》〈고조본기高祖本紀〉)

【해설】

공격할 때 '벌모伐謀'·'벌교伐交'·'벌병伐兵'·'공성攻城'의 순서를 이야기하고 있는데, 아래 단계로 갈수록 희생만 커지고 성과가 없으므로 피해야 할 순서이기도 하다. 공성은 토산을 쌓는 데만 3개월 이상이 걸리므로 절대 피해야 할 하책으로 결론지었다. 결국 시간도 허비하고 그 사이 견디지 못한 장수가 병사들을 동원해 공격을 감행하면 패배는 자명하다는 논리이다.

손자는 묵자墨子처럼 '비전非戰'을 우선시하면서[11] '비공非攻'과 '비구非久' 등 삼비三非를 견지하고자 하였는데, 이는 그의 병법이론을 관통하는 핵심이기도 하다. 즉 손자가 말하는 병법은 기본적으로 일종의 심리전이며, 전쟁은 사람과 사람이 우선 상대하는 것이기에 정치적이지 않을 수 없고 감정적이지 않을 수 없다는 것이 그 요체이다.

번역문에서 병사를 개미, 즉 '의부蟻附'로 표현한 것은 무능한 장수가 취할 수 있는 공격방식을 의미한다. 손자는 병사를 자기 자식처럼 여기라 하였고, 병사를 한낱 미물[12]로 대하는 장수는 승리할 수 없다고 하였다.

노자도 다음과 같은 유명한 말을 하였는데, 손자가 이 단락에서

11) 그렇다고 해서 묵자墨子가 전쟁의 방법을 반대한 것은 아니었다. 예를 들어 묵자는 성을 공격하는 데도 12가지 재료와 방식이 있다고 하면서 구체적으로 분석하였다. 사실상 손자가 개미 떼처럼 성벽에 붙어 공격하는 것은 묵자가 분류한 12가지 방식 중 마지막 방식과 유사하다.

12) 《묵자墨子》〈비아부備蛾傅〉에도 "병력이 많은 것만을 믿고 병사들을 나방 떼처럼 성벽을 기어오르게 하는 장수는 경솔한 자일 뿐이다"라는 구절이 나온다. 이와 반대의 경우로 비록 진정성은 의심되지만 병사의 종기를 빨아준 오기吳起의 일화가 전한다. 오기는 병사를 끔찍하게 아껴 등창을 앓고 있는 부하의 종기를 자신의 입으로 직접 빨아주었다.

이야기한 맥락과 같은 의미로 새겨볼 만하다.

병기란 상서롭지 못한 기물이며 군자의 기물이 아니다. 부득이해서 그것을 사용하지만 초연함과 담담함을 최상으로 삼는다. 승리해도 [이를] 불미스럽게 여겨야 하니, 그것을 찬미하는 사람은 바로 사람 죽이는 것을 즐기는 사람이다. 사람 죽이는 것을 즐기는 사람은 천하에서 뜻을 얻지 못할 것이다(兵者, 不祥之器, 非君子之器, 不得已而用之, 恬淡爲上. 勝而不美, 而美之者, 是樂殺人, 夫樂殺人者, 則不可得志於天下矣).(《노자》 31장)

노자가 보기에 천하를 차지하는 데에도 분명 법도가 있었다. 상대를 완전히 짓밟고 그것으로도 부족해 죽이기를 일삼는다면 천하를 쟁패하는 것과는 너무 먼 태도라고 할 수 있다는 것이다.

"차선책은 외교관계를 공격하는 것"이란 〈구지九地〉 편에서 '위세가 적에게 가해져 적의 외교력이 연합할 겨를을 얻지 못한다'는 뜻과 연관지어 분석해볼 필요가 있다. 장의張儀는 진秦나라를 설득해서 600리의 땅을 초楚 회왕懷王에게 주어 제나라와 관계를 끊도록 요청했다. 장의에 관한 일화는 《사기史記》 〈장의열전張儀列傳〉에 자세히 나와 있다. 그 일화를 보자.

장의張儀는 위魏나라 사람이다. 처음에는 일찍이 소진과 함께 귀곡선생을 스승으로 모시고 종횡술을 배웠는데, 소진은 스스로 장의에게 미치지 못한다고 생각했다. 장의는 소진의 도움으로 진秦나라 혜왕惠王을 만났고, 혜왕은 그를 객경으로 삼았으며, 이후 재상이 되었다. 장의는 육국六國을 깨뜨리고 진나라를 세우기 위해 제나라를 치려고 하자, 제나라와 초나라는 합종을 맺었으므로 이에 장의는 초나라로 가서 상황을 살펴보려고 했다. 초나라 회왕은 몸소 장의를 숙소로 안내하고 초나라에 온 이유를 물었다. 장의는 초나라 왕을 설득하여 말했다. "대왕께서 진정 신의 말을 옳다고 여겨 관문을 닫아걸고 제나라와 맺은 합종의 약속을 깨신다면 신은 상과 오 일대의 땅 600리를 초나라에 바치고, 진나라 공주를 왕의 첩이 되게 하며, 진나라와 초나라는 서로 며느리를 맞고 딸을 시집보내는 사이가 되어 영원히 사돈 나라가 되게 하겠습니다. 이는 북쪽으로는 제나라를 약화시키고 서쪽으로는 진나라를 이롭게 하는 계책으로 이보다 더 좋은 방법은 없습니다." 초나라 왕은 매우 기뻐하며 이를 받아들였다. 이는 장의의 속임수였고, 이에 초나라 왕은 장의에게 초나라 재상의 인수와 함께 많은 선물을 주었고, 관문을 걸어 잠그고 제나라와의 약속을 깨뜨렸다.

네 가지 용병 원칙

그러므로 용병의 원칙은 [아군이] 열 배면 적을 포위하고, 다섯 배면 적을 공격하며, 두 배면 적을 분산시킨다. 대적할 만하면 적을 맞아 싸우고, [적보다 병력이] 적으면 적으로부터 달아나며, [적의 병력과] 대적할 만하지 못하면 적을 피해야 한다. 그러므로 작고 약한 군대가 적을 맞아 견고하게 수비한다면 강대한 적의 포로가 된다.[13)]

故用兵之法, 十則圍之, 五則攻之, 倍則分之, 敵則能戰之, 少則能逃之, 不若則能避之. 故小敵之堅, 大敵之擒也.

【해설】

여기서 손자는 '위圍'·'공攻'·'분分'·'전戰'·'도逃'·'피避' 등의 공격과 분산, 도피에 관한 여섯 가지를 다루고 있는데, 이것은 아군의 전력이 적군과 비교해서 우세한가, 대등한가, 열세인가 하는 등의 가짓수를 놓고 본 것이다.

물론 손자가 말하고자 하는 핵심은 승산 없는 싸움은 피하고, 명분이라는 무모함에 사로잡히지 말라는 것이다. 조조曹操는 《손자병법》에 주석을 달면서 이 대목에서 몇 가지를 부연하였다. 병력의 차이가 열 배일 때 포위하라는 것은 적군과 아군의 장수를 비슷

13) 힘이 약한 쪽이 명분이나 대내외적 이유 등으로 고집을 부리면서 강력한 군대에 버티게 되면 포로가 될 수밖에 없다는 의미다.

한 수준에 놓고 군대의 무기나 병사의 사기가 엇비슷한 경우를 말한다. 조조는 만약 아군이 세부 전력에서 우세하면 병력 차이가 열 배까지는 필요 없다고 하였다.[14] 병력 차이가 다섯 배일 때 공격하라는 것은 "5분의 3의 병력일 때는 적의 정면을 공격하는 정공법을 취하고, 5분의 2일 때는 적이 도망칠 가능성이 있는 후퇴로에 매복해 기습을 하라"는 것이다.[15] 병력 차이가 두 배일 때 손자는 적을 분산시키라고 하였으나, 조조는 군대를 절반으로 나누어 전방과 후방 양쪽에서 기습해 무찌를 것을 주문하였다.[16] 그런데 손자의 이러한 전략은 예외적인 경우도 있다.

진秦나라 소왕昭王은 장수 백기白起를 내세워 조나라 군사 45만 명을 무찌르고 수도 한단邯鄲을 포위하였다. 조나라는 주변국들에 도움을 요청했으나 그들은 진나라의 위세에 눌려 꼼짝도 하지 못하였다. 오로지 위魏나라만이 원조병을 보냈는데, 그나마 사태를 관망하던 위나라 장군 신원연新垣衍이 은밀히 조나라의 평원군平原君 조승趙勝을 만나 항복을 권유하였다. 그는 지금 진나라가 조나라 수도를 포위한 것은 땅이 욕심나서가 아니라 소왕이 제帝가 되고 싶어서라고 하였다. 평원군은 이러지도 저러지도 못한 채 고민에 빠졌다. 마침 조나라를 지나던 제齊나라의 노중련魯仲連이 이 이야기를 듣고 평원군을 찾아가 신원연을 만나게 해달라고 하였다. 노중련은 신원연을 꾸짖어 돌려보내고자 하였다.

신원연은 노중련을 만나자마자 하인 열 명이 주인 한 명에게 복

14) "曹公曰, 以十敵一則圍之, 是將智勇等而兵利鈍均也, 若主弱客强, 不用十也."

15) "曹公曰, 以五敵一, 則三術爲正, 二術爲奇."

16) "曹公曰, 以二敵一, 則一術爲正, 一術爲奇."

종하는 것은 주인을 두려워하기 때문이라고 하였다. 이에 노중련이 다음과 같이 반박하였다.

제나라 민왕湣王이 작은 노魯나라를 방문하면서 천자에 맞는 예우로 자신을 대해달라고 하였으나 노나라는 성문을 닫아버리고 민왕을 거부하였다. 결국 민왕은 작은 추鄒나라로 가 구겨진 자존심을 회복하려고 하였다. 마침 추나라 군주가 죽어 상중이었는데 민왕이 '천자의 조문' 방식을 요구하자 추나라 신하들은 "차라리 우리가 칼에 엎어져 죽겠다"며 거부하였다. 이처럼 약한 나라들도 국가의 자존심을 지켜냈는데, 수레가 만 승萬乘이나 되는 큰 나라가 어찌하여 싸워볼 생각도 하지 않고 항복을 구걸하느냐고 하면서 "당신이 지금 하려는 일은 삼진三晉의 대신들을 추나라와 노나라의 하인이나 첩만도 못하게 만드는 일"이라며 질책하였다.

이 말을 들은 신원연은 절을 두 번 하고 노중련을 으뜸가는 선비라고 칭송하였다. 그가 진나라에 대항한다는 소식이 퍼지자 백기는 군사를 50리나 뒤로 물렸고, 결국 철군하였다.

군주가 장수의 일에 관여하지 말아야 할 세 가지

장수란 나라를 보좌하는 자이다. 보좌함에 두루 미치면 나라는 반드시 강성해지지만, 보좌함에 틈이 벌어지면 나라는 반드시 쇠약해진다. 그러므로 군주가 군대에 해를 끼치는 상황이 세 가지 있다.

[첫째], 군대가 진격할 수 없는 상황임에도 불구하고 진군하라는 명을 내리거나, 군대가 후퇴해서는 안 되는 상황임에도 불구하고 후퇴하라는 명을 내리는 경우로 이를 '미군縻軍'[17]이라고 한다.

[둘째], 삼군(三軍, 모든 군대를 의미함)의 사정을 알지 못하면서 삼군 군정에 간섭하면 군사들은 미혹된다.

[셋째], 삼군의 권한을 알지 못하면서 삼군의 직책을 맡으려고 한다면 군사들이 회의를 품게 된다.

삼군이 미혹되기도 하고 의심하기도 하면 제후들이 난을 일으키니, 이것을 '[우리] 군대를 어지럽게 하여 [적이] 승리하게 이끌어준다(亂軍引勝)'고 하는 것이다.

夫將者, 國之輔也. 輔周則國必强, 輔隙則國必弱. 故君之所以患於軍者三: 不知軍之不可以進而謂之進, 不知軍之不可以退而謂之退, 是爲縻軍; 不知三軍之事, 而同三軍之政, 則軍士惑矣; 不知三軍之權, 而同三軍之任, 則軍士疑矣. 三軍旣惑且疑, 則諸侯之難至矣, 是謂亂軍引勝.

---

17) '미군縻軍'이란 재갈이 물려진 군대라는 의미이다.

【해설】

중요한 전쟁에서 군주와 장수 사이에 틈이 생기고 화합하지 못하는 것은 늘 병폐였다. 군주가 하지 말아야 할 행동 중 하나는 군대의 진퇴 여부를 간섭하는 것으로, 그 정황은 장수만이 알고 있기 때문이다. 군주는 군대 내부 문제에 대해 간섭하지 말아야 하는데 군대의 지휘 계통에 혼란이 더해지기 때문이고, 군대의 권모술수에도 간여하지 말아야 하는데 장수의 임기응변에 해를 끼치기 때문이다. 이런 행위야말로 '난군인승亂軍引勝', 즉 스스로 군을 망쳐서 적에게 승리를 넘겨주는 것이다.

《사기》〈장석지풍당열전張釋之馮唐列傳〉에서는 옛날 훌륭한 군주는 장수를 싸움터로 보낼 때 꿇어앉아 수레바퀴를 밀어주면서 "궁궐 안의 일은 내가 처리할 테니, 궁궐 밖의 일은 장군이 처리하시오."[18] 라고 하며, 군공과 작위 및 포상은 모두 궁궐 밖에서 결정하고 돌아와 보고하도록 하였다.[19]

이런 직분과 관련된 사례는 궁궐에서도 마찬가지이다. 다음은 《한비자》〈이병二柄〉에 나오는 대목이다.

옛날 한韓나라의 소후昭侯[20]가 술에 취해 잠이 들자 전관典冠[21]이 군주가 추워하는 것을 보고 군주의 몸에 옷을 덮어주었다. 왕은 잠에서

---

18) "閫以內者, 寡人制之; 閫以外者, 將軍制之."

19) 《사마법司馬法》〈천자지의天子之義〉에 "옛날에 국도의 모습으로 군대에 들어가지 않고 군대의 모습으로 국도에 들어가지 않았으니, 그러므로 덕과 의는 서로 분수를 넘지 않는다(古者, 國容不入軍, 軍容不入國, 故德義不相踰)"고 하였는데, 군대의 모습은 군대의 당당한 절도를 말하고 국도의 모습은 도성의 겸양하는 예제禮制와 의절儀節을 말한다.(조희순 설)

깨어난 뒤 흡족해하며 주위의 신하들에게 물었다.

"누가 옷을 덮어주었는가?"

신하들이 대답하였다.

"전관입니다."

군주는 이 일로 전의典衣[22]와 전관 모두에게 죄를 물었다. 전의에게 죄를 준 것은 자신의 일을 다하지 못했기 때문이고, 전관에게 죄를 준 것은 자신의 직분을 넘어섰기 때문이다. 추위에 떠는 것을 싫어하지 않을 사람은 없지만, 다른 사람의 직분을 침해한 폐해가 추위에 떠는 것보다 크다고 생각했던 것이다.

그러므로 현명한 군주가 신하들을 다루는 방법은 신하가 [자신의] 직분을 넘어 공을 세우지 못하게 하는 것과 진술한 의견이 [실제 일과] 들어맞지 않으면 받아들이지 않는 것이다. 월권행위는 사형에 처하고 들어맞지 않으면 죄를 물어야 한다. 그래서 [신하들이] 제수받은 벼슬자리에 직분을 다하고 또 그들이 진술한 내용이 실제에 모두 들어맞도록 하면 신하들은 패거리를 지어 서로 돕는 짓을 하지 않을 것이다.

《한서漢書》〈조충국전趙充國傳〉을 보면 전한前漢 선제宣帝 때 서북쪽에 있는 강족羌族이 쳐들어오자, 선제는 어사대부 병길丙吉을 보내 후장군後將軍 조충국趙充國에게 토벌군 장수로 임명할 만한 사람을

---

20) 소리후昭釐侯·소희후昭僖侯·희후僖侯 등으로 불리던 전국시대 한韓나라의 군주이다. 그는 신불해申不害를 재상으로 등용해 신하를 다루는 인사권인 '술術'을 바탕으로 정치를 펼쳐 나라의 세력을 확장하였다.

21) '전관典冠'은 군주의 관을 관리하는 벼슬아치이다.

22) '전의典衣'는 군주의 옷을 관리하는 벼슬아치이다.

물어보게 하였다. 조충국은 무제武帝 때 이광리李廣利 휘하의 장수로 흉노 토벌에 출전했다가 포위되자 군사 100여 명을 이끌고 사투한 끝에 포위망을 뚫고 살아 돌아온 인물이었다. 그는 그 공으로 거기 장군車騎將軍에 임명되어 오랑캐 토벌의 선봉장이 되었다.

병길의 물음에 조충국이 답하였다.

"노신을 능가할 사람이 있겠습니까?"

당시 조충국은 고희를 앞두고 있는 나이였다. 선제는 그런 조충국을 불러 강족을 토벌할 수 있는 방법에 대해 물었다.

"폐하, 백 번 듣는 것이 한 번 보는 것만 못합니다. 병력을 운용하는 일은 실제 상황을 살펴보지 않고는 헤아리기 어려운 법입니다. 신을 금성군 부근으로 보내주십시오. 강족을 토벌할 수 있는 방법은 현지를 살펴본 뒤에 말씀드리겠습니다."

선제는 그렇게 하도록 명하였다. 현장을 둘러보고 돌아온 조충국은 기병보다는 둔전병(屯田兵, 변방에 주둔하면서 평상시는 농사를 짓는 병사)을 두는 것이 좋겠다고 보고하였다. 조충국의 계책은 받아들여졌고, 그 뒤로는 강족의 침입도 수그러들었으며 서북쪽 변방도 안정을 되찾았다.

군주는 권좌에 앉아서 군사의 구체적인 운용을 논할 수는 없다. 현명한 군주는 장수의 현실 감각을 전적으로 신뢰해야 하고, 이러한 신뢰를 그 직분에 대한 보장으로 나타내 장수에게 힘을 실어주어야 한다.

따라서 승리를 [미리] 아는 데는 다섯 가지가 있다.

[첫째], 싸워야 할 때를 아는 것과 싸워서는 안 될 때를 아는 자는 승리한다.

[둘째], 병력이 많고 적음에 따라 용병법을 아는 자는 승리한다.

[셋째], 위(장수)와 아래(병사)가 한마음이 되면 승리한다.

[넷째], 준비하고 있으면서 준비하지 못한 적을 기다리는 자는 승리한다.

[다섯째], 장수가 유능하고 군주가 조종하려고 들지 않으면 승리한다.[23)]

이 다섯 가지는 승리를 알 수 있는 이치이다.

故知勝有五: 知可以戰, 與不可以戰者勝, 識衆寡之用者勝, 上下同欲者勝, 以虞待不虞者勝, 將能而君不御者勝. 此五者, 知勝之道也.

23) 예컨대 하후돈夏侯惇의 재능에 대해 조조曹操의 신임이 두터웠던 경우를 들 수 있다. 하후돈은 자가 원양元讓이고, 패국 초현 사람이며 하후영夏侯嬰의 후예이다. 열네 살 때 스승을 따라 배웠는데, 어떤 사람이 그 스승을 모독하자 그를 살해한 일로 강직한 기개가 알려졌다. 조조가 처음 군사를 일으켰을 때부터 하후돈은 줄곧 비장裨將이 되어 정벌에 따라나섰다. 조조가 분무장군을 대행할 때, 하후돈을 사마로 임명하여 단독으로 군사를 이끌고 백마 일대에 주둔하도록 했고, 절충교위로 승진시켰으며 동군 태수에 제수했다. 조조는 도겸을 정벌하면서 하후돈을 복양에 머물게 하고 수비를 맡겼다. 조조가 하북河北을 평정할 때 대장군이 되어 후방을 지켰다. 하북 원소의 업현이 함락되자 복파장군으로 승진했으나 여전히 하남윤을 맡았고, 그의 판단에 따라 적절하게 일을 처리하고 법령에 구애받지 않아도 좋다는 허락을 받았다는 기록이 《삼국지》 〈위서魏書 제하후조전諸夏侯曹傳〉에 있다. 조조는 하후돈을 불러 항상 수레에 함께 타고 행동했으며, 특별히 친근하게 대하고 존중하여 침실까지 출입하도록 했으니, 다른 장수들 중에 비길 자가 없었다.

【해설】

승리의 요인은 이처럼 단순하다. 정확한 판단력, 용병의 유연성, 의견 일치와 철저한 대비, 정치적 간섭으로부터의 자유 등 다섯 가지를 지키면 승리한다는 평범한 내용 속에 진리가 숨어 있다. 중요한 것은 위아래의 단합이 잘되어 상대가 비집고 들어올 틈, 즉 이간질할 틈이 없어야 하고, 특히 상대에 대한 방비와 군주의 불간섭이 승리의 원동력임을 알아야 한다는 '동욕자승同欲者勝'의 논리이다. 여기 병력의 수효를 잘 헤아려 전쟁에 힘쓴 장수가 있으니, 바로 진시황 때의 왕전王翦이다. 《사기史記》〈백기왕전열전白起王翦列傳〉에 보면, 왕전은 빈양頻陽 동향東鄕 사람으로 젊어서부터 병법을 좋아하여 진나라 시황제를 섬겼다. 진시황이 초楚나라를 정벌하고자 하여, 나이가 젊고 용맹스러운 이신李信 장군에게 "내가 초나라를 쳐서 빼앗으려고 하는데 장군 생각으로는 군사가 몇 명 정도 있으면 되겠소?"라고 묻자, 이신은 "20만 명이면 충분합니다"라고 답했다. 시황제가 노장老將 왕전에게 묻자, 왕전은 "60만 명은 되어야 합니다"라고 답했다. 이 말을 들은 시황제는 "왕 장군은 늙었구려. 무엇을 그리 겁내시오! 이 장군은 정말 기세가 용맹하다더니 그 말이 옳소"라고 하며 이신과 몽염蒙恬에게 군사 20만 명을 이끌고 남쪽으로 초나라를 치게 했다. 그러나 초나라 군대가 사흘 밤낮을 쉬지 않고 뒤쫓아 이신의 군대를 크게 깨뜨리고 결국 진나라 군대는 싸움에서 패하여 달아났다. 시황제는 이 소식을 듣고 크게 화내며 몸소 말을 달려 왕전을 만나 사과하고 다시 초나라 군대를 공격하도록 요청하였다. 왕전은 "왕께서 어쩔 수 없이 신을 꼭 쓰셔야겠다면 군사 60만 명이 아니면 안 됩니다"라고 하여 시황제는 왕전의 계책을 따랐고, 결국 왕전은 병사 60만 명을 이끄는 장수가 되어 초나라를 정벌하였고, 진나라 군대는 승기를 잡고 초나라 땅의 성과 읍을 공략하여 평정하였으며, 1년 남짓해서 초나라 왕 부추負芻를 사로잡고 끝내 초나라 땅을 평정하여 군현으로 만들었다.

《상서尙書》〈태서泰誓〉에서 "수數에게는 수많은 신하가 있지만 마음은 제각각이요, 나에게는 3,000명의 신하가 있지만 마음은 하나이다"[24]라고 하였다. 이 말은 위아래가 바라는 것이 같은 것은 단순한 군사적 우열의 문제를 넘어 심리적인 문제로서 인화가 얼마나 중요한 것인지 알려주는 사례이다. 이는 권력자들이 갖추어야 하는 마음 자세도 그러해야 한다는 것으로, 장수 역시 병사들과의 소통이 매우 중요한 과제임을 말하고 있다.

기원전 722년부터 기원전 481년까지를 다룬 역사서 《좌전》 선공宣公 2년조에 의하면, 기원전 607년 초나라 장왕莊王은 실력을 과시하기 위해 동맹국인 정鄭나라에 송宋나라를 치도록 하였다. 정나라 목공穆公은 즉시 출병하였다. 결전을 하루 앞둔 날 밤, 송나라의 화원華元은 특별히 양고기를 준비해 병사들의 사기를 북돋우며 전투에 대비하였다. 그런데 화원의 수레를 모는 양짐羊斟만은 양고기를 먹지 않았다. 까닭을 묻자 그는 퉁명스럽게 대답하였다.

24) "受有臣億萬, 惟億萬心, 予有臣三千, 惟一心."

"수레를 모는 사람에게까지 양고기를 줄 필요는 없습니다. 수레꾼과 전쟁은 관계가 없다고 생각합니다."

이튿날 전투가 시작되자 양쪽 병사들은 혼신의 힘을 다해 싸웠으나 승패가 나지 않았다. 화원은 양짐에게 수레를 적군이 드문 오른쪽으로 돌리라고 명하였다. 그런데 양짐은 화원의 명령과는 반대로 왼쪽으로 수레를 몰았다. 당황한 화원이 방향을 바꾸라고 소리치자 양짐이 말하였다.

"어제 저녁 양고기는 당신이 다스린 것이고, 오늘 이 일은 내가 다스린 것입니다."[25)]

그러고는 정나라 병사들 쪽으로 있는 힘을 다해 달려갔다. 화원은 결국 정나라에 붙잡히고 그 병사들은 전의를 잃고 뿔뿔이 흩어지고 말았다. 이에 정나라는 대승을 거두었는데, 이는 양짐이 화원의 지휘에 따르지 않고 자기 생각대로 행동했기 때문이다.

25) "疇昔之羊, 子爲政, 今日之事, 我爲政."

적을 알고 나를 알면 위태롭지 않다

그러므로 말한다. 적을 알고 나를 알면 백 번 싸워도 위태롭지 않을 것이다. 적을 알지 못하고 나만 알면 한 번은 이기고 한 번은 지게 될 것이며, 적을 알지 못하고 나도 알지 못하면 싸울 때마다 반드시 위태롭게 될[26] 것이다.

故曰: 知彼知己, 百戰不殆; 不知彼而知己, 一勝一負; 不知彼, 不知己, 每戰必殆.

【해설】

적의 전력을 제대로 파악하라는 것은 나를 제대로 아는 데서 출발한다는 말이다. 자신의 병력만을 믿고 아전인수하듯 해석하거나 기고만장해서 상대를 무시해 대사를 그르쳐서는 안 된다는 것이다. 즉 전쟁을 하기 전에 상대를 객관적으로 이해하는 것이 전제 조건이 되어야 한다.

상대를 알고 나를 알아야 한다는 것은 역으로 상대를 모르고 나를 모른 채 피상적으로 전쟁을 하는 경우가 많다는 것을 의미한다. 《진서晉書》〈제기선제帝紀宣帝〉에 다음과 같은 이야기를 그려내고 있다. 사마의司馬懿는 삼국시대 위魏나라의 명장이자 진晉나라를 건국한 사마염司馬炎의 조부이다. 위魏 명제明帝 청룡青龍 2년(234)에 촉

26) 원문의 '태殆'를 번역한 것으로, 《십일가주손자十一家註孫子》에는 '패敗'로 되어 있다.

한蜀漢의 승상 제갈량이 10여 만 명의 병사를 이끌고 북벌을 강행했다. 사마의가 위나라 군대를 이끌고 오장원五丈原에서 이를 막았는데, 제갈량은 속전속결하고자 전면전을 벌이려 한 데 반해, 사마의는 보루만 굳게 지키고 대응하지 않았다. 군중에서 제갈량이 병사하자, 촉한의 여러 장수가 진영을 불태우고 퇴각했는데도 사마의는 곧장 추격하지 않고 신중하게 대응하였다.

| 전례 1 |

벌교伐交의 전략

— 세치 혀로 초나라 회왕懷王을 굴복시킨 장의張儀

《사기》〈굴원가생열전屈原賈生列傳〉에 외교전의 한 사례가 나온다.

초楚나라 굴원屈原이 [관직 좌도左徒에서] 쫓겨나자 진秦나라는 근심이 없어졌다. 그래서 제齊나라를 치려고 하였는데, 당시 제나라는 초나라와 합종을 맺고 있었으므로 진나라 혜왕惠王은 이를 걱정하였다. 그래서 장의張儀에게 거짓으로 진나라를 떠나 많은 예물을 초나라에 바치고 섬기게 한 뒤 "진나라는 제나라를 매우 미워하고 있습니다. 그런데 제나라는 초나라와 합종을 맺고 있습니다. 초나라가 제나라와 관계를 끊을 수 있다면 진나라는 상商과 오於의 땅 600리를 바치겠습니다"라고 하였다.

초나라 회왕懷王은 욕심이 생겨 장의의 말만 믿고 제나라와 국교를 끊고 진나라로 사신을 보내 땅을 받아오게 하였다. 그러나 장의는 그를 속여 이렇게 말하였다.

"나 장의는 초나라 왕에게 땅 6리를 준다고 약속했지 600리라는 말은 들어보지도 못하였소."

초나라 사신은 화를 내며 돌아와 회왕에게 이 일을 아뢰었다. 회왕은 화를 내며 군대를 크게 일으켜 진나라로 쳐들어갔다. 진나라도 곧바로 군대를 이끌고 맞서 싸워 단수丹水와 석수淅水에서 초나라 군대를 크게 무찔러 8만 명의 목을 베고 초나라 장수 굴개屈匄를 사로잡았으며, 드디어 초나라 한중漢中 땅을 차지하였다. 회왕은 나라 안의 군대를 모두 동원해 진나라 안 깊숙이 남전藍田으로 들어가 공격하였다. 위魏나라는 그 소식을 듣고 초나라를 습격해 등鄧에까지 이르렀다. 초나라 병사들은 겁을 먹고 진나라에서 돌아왔지만, 제나라는 초나라가 자신의 나라와 우호관계를 끊은 것에 화가 나 초나라를 도와주지 않았으므로 초나라는 매우 곤란한 상황에 처하게 되었다.

이듬해 진나라는 한중 땅을 떼어주면서 초나라와 화친을 맺으려고 하였다. 그러자 초나라 왕이 말하였다.

"땅은 얻고 싶지 않소. 원하는 바는 장의를 얻어 마음을 편안히 하는 것이오."

장의가 그 소식을 듣고 말하였다.

"한 사람으로 한중 땅을 대신할 수 있다면 신을 초나라로 보내주십시오."

그는 초나라로 가서 권세 높은 신하 근상靳尙에게 많은 예물을 주고 회왕에게 사랑을 받고 있던 정수鄭袖 부인에게 궤변을 늘어놓게 하였다. 회왕은 결국 정수 부인의 말을 듣고 다시 장의를 풀어주어 돌려보냈다.

이때 굴원이 제나라에 사신으로 갔다가 돌아와 회왕에게 간하였다.

"어찌하여 장의를 죽이지 않았습니까?"

회왕은 그제야 뉘우치며 장의를 뒤쫓게 하였으나 따라잡을 수 없었다.

이 사례를 통해 알 수 있듯이 장의는 세 치 혀를 무기 삼아 당시 진나라를 위해 초나라에 가서 외교전을 펼쳐 초나라 군대를 무력화했다. 이처럼 전국시대에 특히 유세가가 많았던 것은 제후국 간의 이해관계가 복잡할수록 말을 잘하는 외교가의 역량이 군사력을 압도할 만큼 힘을 발휘했기 때문이다.

| 전례 2 |

귀승貴勝과 지피지기知彼知己의 전략

— 성복城濮전투

손자는 〈모공〉 편에서 싸우지 않고 승리하는 전략을 제시하였다. 진晉나라와 초나라의 성복城濮전투가 여기에 해당된다.

기원전 632년 진晉나라와 초나라 간의 성복전투는 춘추시대 두 나라 제후국 사이에 있었던 중원 쟁패 과정에서의 1차 전쟁이다. 전쟁 초기 초나라의 국력은 진나라보다 강성했으며, 많은 동맹국을 거느리고 있었으므로 따르는 나라도 많았다. 성복전투에서 초나라가 군대를 내어 송宋나라를 공격하자 송나라 성공成公은 사람을 보내 진나라에 구원을 요청하였다. 그런데 송나라는 진나라와 결코 가깝지 않았고, 송나라를 구하려면 반드시 초나라의 동맹국인 조曹나라와 위衛나라를 통과해야만 하는 등 형세는 진나라에 불리하였다. 그러나 진나라 군대는 정확한 전략 전술을 세우고 모략을 전개해 제齊나라와 진秦나라 두 대국의 원조를 이끌어내어 마침내 '벌교伐交', '벌모伐謀'에서 우세를 점하여 초나라 군대를 무너뜨리고 중원의 패권 자리를 차지하였다. 성복전투에서 진晉나라 군대의 승리는 손자가 제3편 〈모공謀攻〉에서 이야기한 책략의 인증이므로, 진나라 군대의 승리는 정공正攻이 아니라 모략에 의한 것임을 알 수 있다.

좀더 살펴보면 장강長江과 한수漢水 사이에 있던 초나라는 나날이 국력이 강성해지고, 심지어 서남문과 동쪽의 많은 작은 나라와 부락을 장악하며 문왕文王 때 북쪽의 황하유역으로 발전해가면서 신申·식息·등鄧의 땅을 공략했고, 채蔡나라마저 굴복시켰다. 초나라 성왕成王 때 제나라가 굴기해 제나라 환공桓公이 중원의 패권을 장악하자 초나라는 더 이상 북상이 어려워졌다. 환공이 죽고 제나라에 내란이 일어나 패업이 무너지자 초나라는 이 틈을 타 황하유역의 노魯·송宋·정鄭·진陳·채蔡·허許·조曹·위衛 등의 작은 나라들을 장악하였다.

그런데 마침 초나라가 중원을 장악하려고 할 때 진晉나라도 점차 강성해져 기원전 636년, 19년 동안 유랑생활을 하던 문공文公이 진秦나라의 도움으로 귀국하게 되었다. 진晉나라 문공 중이重耳는 헌공獻公의 아들로, 어려서부터 선비를 좋아하였다. 그는 17세 때 어진 선비 다섯 명을 두었는데, 조최趙衰·호언구범(狐偃咎犯, 문공의 외삼촌)·가타(賈佗, 진나라 공족으로 후에 태사에 임명됨)·선진(先軫, 진나라 대부 선단목先丹木의 아들로 초나라와의 성복전투에서 공을 세웠으나 전사함)·위무자(魏武子, 필만의 아들로 대부가 됨)이다.[1] 문공은 즉위하면서 개혁을 단행하고 외교활동을 펼치는 등 점차 중원의 패권을 차지하기 위한 강력한 힘을 갖게 되었다. 이 과정에 대해서는 사마천도 《사기》 〈진

문공세가晉文公世家〉에서 자세히 다루고 있다.[2] 홍수전투를 예로 들어보자.

13년(기원전 638) 겨울 11월, 송나라 양공은 초나라 성왕과 홍수에서 싸움을 벌였다. 초나라 군사가 미처 강을 다 건너지 못했을 때 목이目夷가 말하였다.

"저들은 많고 우리는 적으니 저들이 아직 건너지 못했을 때 공격합시다."

그러나 양공은 목이의 말을 듣지 않았다. 초나라 군대가 강을 모두 건너기는 하였으나 아직 전열을 갖추지 못했을 때 목이가 다시 말하였다.

"공격하면 됩니다."

양공이 말하였다.

"저들이 전열을 갖추기를 기다립시다."

---

1) 이 다섯 명 중 선진先軫을 제외한 네 명은 진晉나라 문공文公과 함께 19년 동안 망명생활을 한 사람들도 있으며, 모두 진나라의 핵심 인물이 되었다.

2) 사마천은 진나라 문공을 찬미해 그의 사적을 서술한 부분이 이 편의 3분의 1이나 된다. 이는 사마천이 공자의 예교禮敎에 머물지 않고 패권을 차지하는 과정을 평가하고자 한 의도가 강하다. 또 다른 점도 작용하고 있는데, 특히 진나라 문공 이후 패자의 성격이 변해 중원의 제후가 아닌 남방의 만이蠻夷들도 패자라고 일컬어 존왕양이尊王攘夷의 성격이 희미해지고 주周나라 천자의 권한도 축소되는 시대적 분위기와도 관련된다는 점이다.

초나라 군대가 전열을 갖추자 송나라 군대가 공격했으나 크게 패했고, 양공은 넓적다리에 상처를 입었다. 송나라 사람들은 모두 양공을 원망하였다. 이에 양공이 말하였다.

"군자는 다른 사람이 어려움에 빠졌을 때 그를 곤궁에 빠뜨리지 않고, 다른 사람이 전열을 갖추지 못했을 때 북을 두드리지 않는 법이다."[3)]

사마자어司馬子魚가 말하였다.

"전쟁이란 승리하는 것을 공으로 삼아야 하거늘, 어찌 일상적인 말을 하십니까? 당신 말처럼 하면 [틀림없이] 노예가 되어 다른 사람을 섬기게 될 뿐이니 또한 무엇 때문에 전쟁을 하십니까?"

그리고 이어진 전투에서 진晉나라 군대가 초나라 군대를 불살라 불이 며칠이 지나도 꺼지지 않자 문공이 한탄하였다. 그러자 좌우의 신하들이 말하였다.

"초나라를 이기고도 군왕께서는 오히려 근심하시니 무슨 까닭입니까?"

문공이 말하였다.

"내가 듣기로 전쟁에서 이겨도 마음이 편한 사람은 오직 성인뿐이라고 하였으니, 이 때문에 두려운 것이오. 하물며 자옥子玉이 아

3) 전쟁에서 북을 두드린다는 것은 공격한다는 의미다.

직도 살아 있는데 어찌 기뻐할 수 있겠소?"

자옥이 전투에서 패하고 돌아가자 초나라 성왕은 그가 자신의 말을 듣지 않고 탐욕을 부려 진晉나라와 싸움을 벌였다며 꾸짖자 자옥은 스스로 목숨을 끊었다.

진晉나라 문공이 말하였다.

"우리는 그 외곽을 공격했는데 초나라 왕은 안에서 대신을 주살했으니 안과 밖이 서로 호응한 것이다."

이에 곧 기뻐하였다.

6월에 진晉나라가 위나라 임금을 다시 귀국하게 하였다. 임오년壬午年에 진나라 문공이 황하를 건너 북쪽으로 귀국하였다. 상을 내려주는데 호언狐偃이 으뜸이었다. 어떤 사람이 말하였다.

"성복에서의 일은 선진의 계책이었습니다."

문공이 말하였다.

"성복의 일을 말하자면, 호언은 과인에게 믿음을 잃지 말라고 설득했었소. 그리고 선진은 '군대는 오직 이기는 것을 으뜸으로 삼는다'고 하였는데, 과인은 그것으로 승리하였소. 그러나 이것은 한때의 방법이었고 호언의 말은 만세의 공적이니, 어찌 한때의 이로움으로 만세의 공적을 넘어서겠소? 이 때문에 호언을 앞에 둔 것이오."

이처럼 진晉나라가 성복전투에서 승리한 것은 진나라 군신들이 교전 초의 객관적 형세 및 장단점을 철저하게 분석한 뒤 먼저 약한 적으로부터 승리를 쟁취하고, 초나라와의 정면 승부를 피하면서 제나라와 진秦나라 두 나라의 지원을 이끌어낸 모략에서 기인한다. 물론 결전을 벌일 때 진晉나라 군대는 한 발 먼저 물러나 초나라 군대의 예봉을 피하면서 정치·군사적인 주도권을 장악하고자 하였다. 이 밖에도 진晉나라 군대는 '지기지피知己知彼'할 수 있어 적들 작전 부서의 움직임에 따라 공격 방향을 알 수 있었으며, 적들의 취약한 부분을 먼저 공략하고 각개 격파해 승리를 이끌어냈다. 따라서 성복전투 과정을 보면 적에게서 승리를 이끌 수 있었던 상책은 모략으로 적을 이기는 데에 있었다.

제4편

형形

공격과 수비의 형세

'형形'*이란 간단히 '형세形勢', '군형軍形'으로 해석할 수 있다. 이는 적군과 아군이 서로 대치하고 전력을 배치하는 형태를 말하며,** 공격과 수비의 형태라고 볼 수 있다. 손자는 '형'을 만들 때 '세'를 함께 만들어야 승리를 점칠 수 있다고 보았으므로, 〈형形〉 편은 제5편의 〈세勢〉와 대비되는 개념이면서 서로 보완관계를 이루는 동전의 양면과도 같은 관계이다. 단지 '형'은 물리적인 측면이 강하고, '세'는 여기에 정신적인 측면이 부연된 것이다.

춘추전국시대에 군대 운용의 묘는 주로 병력을 적절히 배치하는 것, 즉 병력의 정확한 위치를 지정한 다음 불필요한 곳에서는 병력을 덜어내고 필요한 곳에는 증강하는 방법에서 구체화되었다. '형'과 '세'는 바로 병력을 배합하는 두 가지 방법으로, 하나는 미리 조제해놓은 약과 같아서 처방전 없이도 살 수 있는 종합 감기약이라고 할 수 있다. 옛날에도 약 배합이 잘된 것은 약방에서 직접 고를 수 있었는데, 옛사람들은 이것을 '형'이라고 불렀다. 다른 하나는 경험이 풍부한 명의가 병의 증상과 기운이 허한지 실한지에 따라 환자에게 처방을 내리는 것으로, 용량을 조절할 수 있기 때문에 옛사람들은 이를 '세'라고 불렀다. 손자가 말하는 형과 세의 차이가 바로 이와 같다.

그러나 모든 물체는 형과 세가 함께 이루어진다. 세가 형을 바탕으로 생겨나고, 형 역시 세를 이루는 바탕이므로 이 둘은 표리관계로서 서로

---

* '형形'이란 글자는 '형型'과 관련해 해석해야 한다는 견해가 있는데, 금속 따위를 만들 때 사용하는 틀을 가리킨다는 견해도 일리가 있다. 물론 단순히 형상形狀의 개념으로 보아 고정되어 있는 물건이나 물체의 형상을 가리키는 것으로 보면 무난하다. 한편, 《십일가주손자》 계통과 죽간본 《손자》에는 편명이 '형形'으로 되어 있으며, 무경칠서본에는 '군형軍形'으로 되어 있는데, '형' 한 글자로 된 원전의 취지를 그대로 살린다.

** 궈화뤄는 《손자역주》에서 '형'을 간단히 '유형의 물질'(111쪽)로 해석하면서 손자는 이런 객관적인 물질 요인을 죽은 것 혹은 정지된 것 혹은 고립된 것으로 보지 않았다고 하였다. 이 편의 마지막에 나와 있듯이 "마치 천 길의 계곡에 가두어놓은 물을 터뜨리는 것"과 같은 것이 바로 '형'이라고 단언하였다.

의지하는 결코 뗄 수 없는 관계이다. 또한 둘 중 어느 것의 우열을 가릴 수도 없다.

그런데 흥미로운 점은 손자가 '형'으로 편명을 삼았으면서도 정작 '형'이란 글자는 딱 한 번밖에 나오지 않는다는 사실이다. 손자는 제5편 〈세〉에서 "강함과 약함은 '형'에 속하는 것이다(强弱, 形也)"라고 하였다. 요컨대 〈형〉 편에서 손자는 전쟁이란 적군이라는 상대가 존재하므로 아군이 작전을 수행할 때 적군의 형세에 적절히 대응해야 한다는 것을 기본 전략으로 삼고 있다.

적이 나를 이기지 못하게 하라

손자는 말한다.

옛날에 전쟁을 잘하는 자는 먼저 [적이] 승리할 수 없도록 만들고, 적에게 승리할 수 있기를 기다린다. [적이] 승리하지 못하게 하는 것은 자신에게 달려 있으며, [내가] 승리할 수 있는 것은 적에게 달려 있다.

그러므로 전쟁을 잘하는 자는 능히 [적이] 승리할 수 없게 만들 수는 있어도 적으로 하여금 [내가] 기필코 승리할 수 있도록 만들 수는 없다. 따라서 승리란 [미리] 알 수는 있어도 만들 수는 없다고 하는 것이다. 승리할 수 없으면 수비하고, 승리할 수 있으면 공격한다. [내가] 수비하는 것은 힘이 부족하기 때문이고, 공격하는 것은 힘에 여유가 있기 때문이다.[1] 수비를 잘하는 자는 구지(九地, 끝을 모

1) "당나라 태종은 말한다. 수비하는 방법은 중요한 것이 적에게 부족한 것으로 보이는 데 있고, 공격하는 방법은 중요한 것이 적에게 여유 있는 것으로 보이는 데 있다. 적에게 부족한 것으로 보이면 적이 반드시 와서 공격할 것이니, 이는 적이 그 공격하는 곳을 알지 못하는 것이요, 적에게 여유 있는 것으로 보이면 적이 반드시 스스로 수비할 것이니, 이는 적이 그 수비할 곳을 알지 못하는 것이다〔唐太宗曰 守之法, 要在示敵以不足, 攻之法, 要在示敵以有餘. 示敵以不足, 則敵必來攻, 此是敵不知其所攻者也. 示敵以有餘, 則敵必自守, 此是敵不知其所守者也〕."(《이위공문대李衛公問對》 하권) 왕수인은 "유여함과 부족함은 마침내 이 형세를 살피는 것이니, 《손자》 13편에서와 같이 '병력이 열 배이면 포위하고 다섯 배이면 공격한다〔王守仁曰 有餘不足, 畢竟是審勢, 如孫子十三篇, 十則圍之, 五則攻之等句, 可見矣〕"라고 하였다. 왕수인은 명나라 중기의 문신이자 사상가로 홍치 12년(1499) 진사시에 급제하고 벼슬이 남경병부상서에 이르렀다. 유학을 깊이 연구하여 주자학을 비판하고 양명학을 주창하였다. 병법에도 조예가 깊어 10여 년 동안 변경의 도적 떼를 토벌하고, 광시성廣西省의 전주 지방의 야만족의 반란을 토벌하는 등 큰 공을 세우기도 했다.

르는 깊은 땅속) 아래에 숨어 있는 것처럼 하고, 공격을 잘하는 자는 구천(九天, 높디높아 닿을 수 없는 하늘) 위에서 움직이는 것처럼 한다. 따라서 스스로를 보호하고 온전한 승리를 얻을 수 있는 것이다.

孫子曰: 昔之善戰者, 先爲不可勝, 以待敵之可勝. 不可勝在己, 可勝在敵. 故善戰者, 能爲不可勝, 不能使敵之必可勝. 故曰: 勝可知, 而不可爲. 不可勝者, 守也; 可勝者, 攻也. 守則不足, 攻則有餘. 善守者, 藏於九地之下; 善攻者, 動於九天之上. 故能自保而全勝也.

【해설】

'승勝'이라는 글자가 10번이나 나오는 이 단락에서 손자가 강조하고 있는 것은 적이 나를 이기지 못하게 하는 것이다. 전쟁에서 이기는 것은 어느 누구도 확신할 수 없다. 적이 나를 이기지 못하게 하는 것은 "자신에게 달려 있다(在己)." 이른바 불패의 경지에 이른 사람이라야 싸움을 잘한다고 할 수 있다는 것이다. 이것이 바로 손자가 말하는 '형形'이다.

형은 불패의 군대이다. 하지만 필승의 군대는 아니다. 아군의 전력이 아무리 세상을 덮을 만큼 우세하다고 하더라도 적과 부딪쳤을 때 '세勢'가 변하면 승패는 알 수 없는 일이 되기 때문이다. 말하자면 모든 전쟁의 승패는 아군과 적군이 절반씩 공유하고, 그 공유된 것을 얼마나 자신의 것으로 만드느냐에 달려 있다는 것인데, 바로 이겨야 할 때는 반드시 이겨야 하지만 이기지 못할 상황이라면 어떻게든 지켜서 손실을 막아야 한다는 논지가 아니겠는가.

이것은 마치 이순신 장군이 1597년 9월 정유재란 때 명량해전에서 13척의 전함으로 일본 수군 133척의 전함과 맞서 싸워 승리한 것과 같은 이치이다. 당시 이순신 장군은 왜선 133척 중 31척을 궤멸시키고 다시 해상권을 장악하였다. 말하자면 왜군은 승형勝形이 패세敗勢로 뒤바뀐 것이다. '세'는 기본적으로 아군과 적군이 뒤엉켰을 때 혹은 최소한 대치하고 있을 때 드러난다. 번역문에서 "승리란 [미리] 알 수는 있어도 만들 수는 없다(勝可知, 而不可爲)"고 한 의미가 바로 이것이다. 또한 이 편은 손자가 제6편인 〈허실虛實〉에서 "적을 끌어들이지 적에게 끌려가지는 않는다(致人而不致於人)"라고 한 말과 같은 맥락으로 전쟁의 주도권을 강조하였다. 즉 내가 적을 조종해야지 적에 의해 조종당해서는 안 된다. 물론 그 핵심 요체는 사람이다.

《사기》〈고조본기高祖本紀〉에서 유방이 항우를 이긴 이유에 대해 다음과 같이 말하였다.

군막 속에서 계책을 짜내어 천 리 밖에서 승리를 결정짓는 일에 있어서는 내가 자방(子房, 장량)만 못하며, 나라를 안정시키고 백성들을 위로하며 양식을 공급하고 운송 도로를 끊기지 않게 하는 일에 있어서는 내가 소하蕭何만 못하고, 또 백만 대군을 통솔해 싸움에 반드시 승리하고 공격함에 반드시 점령하는 일에 있어서는 내가 한신韓信만 못하오. 이 세 사람은 모두 걸출한 인재로서 그들을 임용할 수 있었다는 것이 바로 내가 천하를 얻을 수 있었던 까닭이며, 항우는 단지 범증范增 한 사람만이 있었으나 그마저 신용하지 못했으니 이것이 항우가 나에게 포로로 잡힌 까닭이오.[2]

유방이 자신의 장기를 말한 것이다. 천하를 다스리는 일은 어느 하나만 잘해서 되는 것이 아니라 여러 분야의 뛰어난 인재들을 이끌었기에 가능했다는 내용이다. 지나친 애주가요 호색가이며, 속이 좁고 질투심이 많았던 유방이었지만 자신의 약점을 인재 등용으로 보완하였다. 겉으로는 너그럽고 어질었으나 속으로는 꺼리는 바가 많았고, 솔직한 듯하나 내면에는 벽을 많이 쌓고 있었던 유방. 그러나 현실적이고 냉철한 인재관이 유방이 참모들과 긴밀한 유대를 구축하면서 그들을 잘 활용할 수 있었던 저력이 아닐까.

2) "夫運籌策帷帳之中, 決勝於千里之外, 吾不如子房. 鎭國家, 撫百姓, 給餽饟, 不絶糧道, 吾不如蕭何. 連百萬之軍, 戰必勝, 攻必取, 吾不如韓信. 此三者, 皆人也, 吾能用之, 此吾所以取天下也. 項羽有一范增而不能用, 此其所以爲我擒也."

잘 싸웠다는 말은 칭찬이 아니다

[전쟁에서의] 승리를 예측할 때 모든 사람이 아는 방법을 사용하는 것은 잘한 것 중에 잘한 것이 아니다.[3] 전쟁에서 승리했을 때 천하 사람들이 '잘 싸웠다'고 말하는 것은 잘한 것 중에 잘한 승리가 아니다. 그러므로 가을 터럭을 들었다고 하여 힘이 세다고 하지 않고, 해와 달을 보았다고 하여 눈이 밝다고 하지 않으며, 천둥과 벼락 소리를 들었다고 하여 귀가 밝다고 하지 않는다. 옛날에 전쟁을 잘한다고 일컫는 자는 쉽게 이길 수 있는 자에게 승리한 것이다. 그러므로 전쟁을 잘하는 자가 승리를 한다는 것은 [천하 사람들이 보기에] 지혜롭다는 명성도 없고 용맹한 공적이라는 말도 따라붙지 않지만, 싸워서 승리하는 데에는 어긋남이 없다. 어긋남이 없다는 말은 그가 이길 수 있도록 조치를 취해놓고 이미 패할 만한 자에게 이기기 때문이다. 그러므로 전쟁을 잘하는 자는 패하지 않는 땅에 서서 적의 패배를 놓치지 않는다. 이 때문에 승리하는 군대는 먼저 승리할 수 있는 여건을 갖추고 나서 싸움을 걸고, 패배하는 군대는 먼저 싸우고 난 뒤에 승리를 구한다. 용병을 잘하는 자는 도道를 닦고 법을 보전하므로 이 때문에 승패를 좌우하는 군정(軍政, 정치)을 만들 수 있다.

3) 《육도六韜》〈군세軍勢〉에서 "지혜가 뭇사람과 같다면 나라의 스승이 아니다〔智與衆同, 非國師也〕"라고 하였고, 《오자》〈도국圖國〉에서 "여러 번 승리하여 천하를 얻은 자는 드물지만 [여러 번 승리해도] 천하를 잃은 자는 많다〔數勝得天下者稀, 以亡者衆〕"라고 하였다.

見勝不過衆人之所知, 非善之善者也; 戰勝而天下曰善, 非善之善者也. 故擧秋毫不爲多力, 見日月不爲明目, 聞雷霆不爲聰耳. 古之所謂善戰者, 勝於易勝者也. 故善戰者之勝也, 無智名, 無勇功. 故其戰勝不忒. 不忒者, 其所措必勝, 勝已敗者也. 故善戰者, 立於不敗之地, 而不失敵之敗也. 是故勝兵先勝而後求戰, 敗兵先戰而後求勝. 善用兵者, 修道而保法, 故能爲勝敗之政.

【해설】

이 단락의 핵심은 '선전善戰'의 개념이 무엇이냐 하는 점이다. 백성들의 입에 용병술이 오르내리며 떠들썩한 것은 그만큼 피해와 출혈이 크다는 뜻이다. 이것은 적도 나의 용병술을 알고 맞섰다는 것과 무엇이 다르겠는가. 뛰어난 용병술은 무너지기 직전의 건물 받침돌을 빼는 것과 같아서 적재적소를 노려서 힘들이지 않고 고지를 점령하는 것이다. '불특不忒'이란 단어 역시 눈여겨볼 단어다. 모든 상황을 예측하고 분석해 실제 상황이 미리 판단한 것과 거의 일치하는 것을 의미한다.

병법에는 [다음과 같은 것이 있으니], 첫째는 '도(度, 적군과 아군 사이의 거리를 재는 것)'라 하고, 둘째는 '양(量, 적군과 아군의 군량미를 재는 것)'이라고 하며, 셋째는 '수(數, 동원 가능한 병력의 수를 계산하는 것)'라 하고, 넷째는 '칭(稱, 적군과 아군의 전력을 저울질하는 것)'이라고 하며, 다섯째는 '승(勝, 승리의 가능성)'이라고 한다. 영토가 있기에 [거리의 넓고 좁은] 척도가 생겨나고, 척도가 있기에 양을 산정하며,[4] 양을 산정하기에 [출병하는] 수를 결정하고, 수가 있기에 [우리의 전력을] 저울질하며,[5] 저울질하기에 승리를 얻는 것이다.[6]

그러므로 승리하는 군대는 마치 일鎰의 무게로 수銖의 무게를 재는 것과 같고, 패배하는 군대는 마치 수의 무게로 일의 무게를 재는 것과 같다. [전쟁에] 승리하려는 자가 병사들을 싸우게 하는 것은 마치 천 길[7]의 계곡에 가두어놓은 물[8]을 터뜨리는 것[9]과 같으니 [이

4) 원문의 '도생량度生量'을 번역한 것으로, '양量'에는 '작龠·홉合·승升·두斗·곡斛' 다섯 가지가 있다. 이것은 모두 용량의 단위로 작龠은 1홉合의 2분의 1이며, 1홉은 약 180ml에 해당한다. 10홉을 1되〔升〕, 10되를 1말〔斗〕이라 하며, 옛날에는 10말을 1곡斛이라 하였으나, 나중에는 5말을 1곡이라 하였다.(성백효 설)

5) 원문의 '수생칭數生稱'을 번역한 것으로, '칭稱'에는 '수銖·양兩·근斤·균鈞·석石' 다섯 가지가 있다. 이는 모두 무게의 단위로 1수銖는 약 1.56g으로 24수를 1냥兩이라 하고, 16량을 1근斤, 30근을 1균鈞, 4균을 1섬〔石〕이라 한다.(성백효 설)

6) 《위료자尉繚子》〈병령兵令 상上〉에 "승패를 아는 까닭은 적장을 저울질하여 헤아리는 것이다〔所以知勝敗者，稱將於敵也〕"라고 하였으니, 이는 모두 도度와 양量, 수數, 칭稱을 말한다.

7) 원문의 '인仞'을 번역한 것으로, 어른의 키 정도를 말한다.

것이 바로] 형形이다.

兵法: 一曰度, 二曰量, 三曰數, 四曰稱, 五曰勝. 地生度, 度生量, 量生數, 數生稱, 稱生勝. 故勝兵若以鎰稱銖, 敗兵若以銖稱鎰. 勝者之戰民也, 若決積水於千仞之谿者, 形也.

【해설】

이 단락은 모두 눈에 보이는 것들로서 용병의 다섯 가지 핵심 원리를 제시하고 있는데, '도度·양量·수數·칭稱·승勝'[10]이다. '도'는 길이를 나타내는 단위로, 고대에서는 주로 토지를 잴 때 사용하였다. 고대의 길이 단위는 세부적으로 분分·촌寸·척尺·장丈·인引 등으로 나뉜다. '도'는 현대적 개념으로 본다면 적군과 아군의 토지 면적을 말한다. '양'은 주로 곡식의 부피를 잴 때 쓰는 단위였다. 고대 용량 단위에는 작龠·홉合·승升·두斗·곡斛 등이 있었다. 고대 군대에서 군량미를 지급할 때 배가 가장 큰 병사가 매일 먹는 양식의 표준은 1두斗였다.[11] '양'은 현대적 의미로 곡식의 생산량이라고 볼 수 있

---

8) 원문의 '적수積水'를 번역한 것으로, 모아둔 물은 언제든 쏟아질 준비가 되어 있어 그 모아둠이 극에 달했을 때 결국 힘도 극에 달한다. 즉 잠재력이 있는 것이 '세勢'이고 이것이 밖으로 드러나면 이 또한 '형形'이 되는 것이다.

9) 손자는 오왕 합려 3년(기원전 512) 오자서와 함께 서徐나라를 공격했는데 그 당시 산의 물을 막았다가 터뜨려 적을 섬멸한 경험이 있었다. 사실 서나라는 회수淮水를 사이에 두고 초나라와 국경을 접한 나라로, 100년 동안 초나라의 속국이면서도 장기간 오나라에 대항해왔던 눈엣가시 같은 존재였다.

10) 다섯 가지 요소인 도度·양量·수數·칭稱·승勝 중 앞의 세 요소에 대해 《손자병법》의 유명한 주석가인 두목杜牧은 "도는 적국과 아국 두 나라 영토의 넓이이며, 양은 두 나라의 자원과 경제력이고, 수는 인구와 가족의 수를 말한다"고 하였다. 이는 조조의 견해와 비슷하다. 《맹자孟子》〈양혜왕梁惠王 상上〉에서 "저울질한 이후에 가볍고 무거움을 알고 자로 잰 이후에 길고 짧음을 안다〔權, 然後知輕重, 度, 然後知長短〕"라고 하였고, 《위료자尉繚子》에서는 "도度와 수數를 넘지 않는다〔無過在於度數〕"라고 하였다.

11) 《묵자》〈잡수雜守〉에서 확인할 수 있다.

다. '수'는 병사들의 수이다. 《상군서商君書》〈산지算地〉에서 "토지 사방 백 리에서 전쟁하는 병사 만 명을 징집하는 것은 수량이 적다(方土百里, 出戰卒萬人者, 數小也)"라고 하였는데, 이때의 '수'가 바로 징집 병사들의 수를 의미한다. '칭'은 저울을 사용해 무게를 다는 것으로, 여기서는 적군과 아군의 병력 규모를 비교하는 것을 말한다. 마지막으로 '승'은 병력을 비교한 결과이다.

손자는 이런 수치들을 바탕으로 적의 취약점을 공략하라고 하였다. 또한 전쟁을 하려면 경제력이 뒷받침되어야 한다는 취지로 이상의 다섯 가지를 제시하였다. 결국 군사가 필요하고 농사를 잘 지어야 적군과 아군의 전력 차이가 드러나며 이런 것을 미리 견주어 보고 분석해서 승리할 수 있는 가능성을 타진해보고 대응 방향을 정해 형세를 가늠할 수 있다. 물론 마지막에서 말하고 있듯이 적의 취약한 부분을 공략하고, 계곡의 물이 터지듯 그 형세가 걷잡을 수 없게 되면 승리는 시간문제인 것이다.

약소국이 강대국을 이기다

—한단邯鄲전투에서 조나라가 진秦나라를 이기다

기원전 262년 한韓나라는 진秦나라의 침공을 받아 한나라의 형陘, 소곡少曲, 야왕野王 등의 지역을 점령당하였다. 한나라 왕은 너무 두려운 나머지 진나라로 사자를 파견해 상당군上党郡을 바치고 강화를 요청하였다. 그러나 상당군의 태수太守 풍정馮亭은 진나라에 땅을 바치는 것을 원하지 않았기 때문에 진나라와 다른 나라를 이간질시키려는 계책을 생각해냈다. 그는 한나라에 대한 진나라의 압력을 다른 곳으로 돌리기 위해 상당군을 조趙나라에 바쳤다. 조나라 왕은 후환은 생각하지도 않고 아무 생각 없이 그 땅을 받아 진나라의 불만을 초래하였다. 결국 진나라가 조나라를 공격했는데, 이것이 장평長平전투이다.

장평전투는 진나라의 승리로 끝이 났다. 진나라는 조나라가 여섯 개의 성을 떼어주기로 하자 군대를 철수했으나 조나라는 진나라 군대가 철수하자 땅을 떼어주기로 한 약속을 이행하지 않았다. 이에 분노한 진나라는 한단邯鄲을 공격했는데, 이것이 한단전투이다.

한단전투는 결국 장평전투의 연장선상에 놓이게 되었다.

조나라는 장평전투에서의 실패를 교훈 삼아 군사전략을 바꾸어 강력한 적 앞에서 '적이 승리할 수 없도록 하는(先爲不可勝)' 전략을 세웠다. 그들은 한단을 굳게 지키면서 지구전과 방어전을 펼쳐 적을 피로하게 만들었고, 진나라 장수가 지친 군대를 이끌고 견고한 성벽을 공략하게 만들었다. 또한 각 제후국이 조나라를 위해 구원병을 보내자 조나라는 그들과 내부적으로 호응하고, 제후들은 나라 밖을 공략하는 형세를 조성해 진나라 군대는 결국 패배하고 말았으니, 조나라는 약소국으로서 강한 적을 맞아 승리한 것이다.

요컨대 조나라가 승리할 수 있었던 것은 패배할 수 없는 땅에 서 있었기 때문이다. 또한 손자가 말한 "용병을 잘하는 자는 도道를 닦고 법을 보전한다(修道而保法)"라는 전략을 잘 수행한 동시에 수비 위주로 공격을 겸한 전략을 동시에 취했기 때문이다. 진나라가 멀리서 공격하느라 피로하고 노둔해진 상황에서 조나라는 유리한 기회를 차지할 수 있었고, 원군의 도움으로 승리를 얻을 수 있었다. 진나라 군대의 실패는 진나라 소왕昭王이 병법의 원칙을 이해하지 못하고 객관적인 조건도 구비하지 않은 상황에서 갑작스럽게 전쟁을 시작한 것이 만들어낸 최악의 결과였다. 이는 손자가 이야기했듯이 "승리란 [미리] 알 수는 있어도 만들 수는 없다고 하는 것(勝可知, 而不可爲)"의 문제이니, 한단전투에서의 승패가 남긴 교훈은 여전히 유효하다.

제5편

세勢

전쟁 태세

'세勢'란 '태세態勢', 즉 자태와 형세라는 의미로서 전쟁 중에 인위적으로 쉽게 변할 수 있으면서도 잠재적인 모든 요소를 포괄하는 개념이다.[*] '세'는 '형形'과 상반된다. 형으로 형에 대응하고 무형으로 형을 제어하는 것이 세이며, 장형(藏形, 참모습을 감춤)·시형(示形, 가짜 모습을 보임)·형인(形人, 적을 드러나게 함)도 세에 속한다. 제6편 〈허실虛實〉의 "적을 드러나게 하고 아군을 드러나지 않게 하는 것〔形人而我無形〕"이 바로 그것이다.

적을 함정에 빠뜨려 공격력을 제한하는 것도 세에 속한다. 오늘날의 용어로 정리하면 '세'는 지휘의 기민함과 병사들의 사기 등에 관한 것으로 완벽한 조직과 훈련, 효율적인 명령체계, 전투에서의 유연성 확보, 적의 약점에 대한 결정적인 타격 능력 등을 포괄적으로 의미한다. 제1편 〈계計〉에서 손자는 '세'에 대해 "유리함에 따라 권변權變을 만드는 것〔因利而制權〕", 즉 우세를 이용해 기변機變을 만들어가는 것이라고 보았다.

〈세〉 편에서 손자는 병력의 전술적 배치를 주요 내용으로 하여 병사들이 전투에 임했을 때 실제 능력을 발휘하는 것, 특히 환경에 따라 변화할 필요성에 대해서 언급하고 있다. 특히 '분수分數'와 '형명形名', '기정奇正'과 '허실'의 관계와 구분이라든지, '기정'과 '세'의 개념, '세'와 '절'의 관련성 및 '임세任勢'의 문제 등을 자세하게 다루었는데, 〈허실〉과 자매편을 이루는 만큼 함께 읽어보아야 한다.

주지하는 바와 같이 손자가 '세'를 중시한 것은 전국시대에는 전쟁방식과 군사제도가 대폭적으로 바뀌면서 많은 군사가 동원되었으므로 그것을 운용하기가 어려웠으며 특히 장수의 전술 능력이 주요한 역할을 하였다. 예컨대 손빈도 '세를 귀하게 여기는〔貴勢〕' 것을 중시했던 것과 그 기본적인 맥락은 같다.

마지막 결론에서는 전투력과 군대 역량 및 상황 사이의 상관관계를 제대로 장악하는 유연성을 갖춘 쪽이 승리의 열쇠를 쥐게 된다고 강조하였다.

---

* 영어 번역서에 '배치configuration' 혹은 '전투력combat power'으로 번역되기도 하는 이 '세勢'는 진영을 치고 맞서 있는 쌍방 간의 객관적인 정세이다. 그러므로 병력을 운용하는 사람은 그러한 기세를 반드시 작전 구상 때 고려해야 한다.

작전의 네 가지 요령

손자는 말한다.

무릇 많은 수의 병력을 다스리면서 마치 적은 수의 병력을 다스리듯 할 수 있는 것은 분수分數[1]에 달려 있다. 많은 수의 병력과 싸우면서 마치 적은 수의 병력과 싸우듯 할 수 있는 것은 형명形名[2]에 달려 있다. 삼군의 병사들이 적을 맞아 싸우고도 반드시 패배하지 않게 하는 것은 기정奇正[3]에 달려 있다. 병력을 더 투입하는 것을 마치 숫돌을 달걀에 던지는 것처럼 할 수 있는 것은 허실虛實[4]에 달려 있다.

孫子曰: 凡治衆如治寡, 分數是也; 鬪衆如鬪寡, 形名是也; 三軍之衆, 可使必受敵而無敗者, 奇正是也; 兵之所加, 如以碫投卵者, 虛實是也.

---

1) 〈계〉에서 말한 곡제曲制와 같은 것으로, 분수에서 '분分'은 군軍·사師·여旅·졸卒·양兩·십什·오伍 등으로 편제의 계층을 구분한 것이다. '수數'는 편제의 정원을 말하는 것으로, 5명을 오伍, 10명을 십什, 100명을 졸卒, 500명을 여旅라고 한다.

2) '형명形名'을 글자 그대로 풀면 사물의 형체와 명칭으로, 본래 선진시대 명가名家의 용어였지만 병가兵家와 법가法家에서도 사용하였다. 여기서 말하는 형명은 군대의 지휘, 명령 계통으로 이른바 징, 북, 깃발 등과 같은 제도를 말한다. 조조는 깃발을 '형形'으로 보고 징과 북을 '명名'으로 보아 분리하기도 하였다. 그 의도는 깃발은 눈에 보이고 형체가 있지만, 징과 북은 귀로만 들릴 뿐 형체가 없으니 그것은 이름만 있다는 것이다. 일리가 없지는 않으나 옳은 설명은 아닌 듯하다. [전쟁에서] 말이 서로 들리지 않으므로 징과 북, 피리와 호드기와 피리를 써서 그 소리를 듣고 전진하고 멈추게 하였다. 시야가 서로 보이지 않으므로 정기와 깃발로 삼아서 그것을 보고 좌우로 가게 하였다.(유인劉寅 설) 따라서 역자가 보기에 단순히 군대에서 쓰는 깃발이나 북 자체를 의미하기보다는 그러한 것들이 부대와 병력을 통제하기 위해 질서정연하게 사용되는 과정을 모두 포괄하는 개념이다.

【해설】

이 단락에서는 작전의 기본 요소인 '분수分數'·'형명刑名'·'기정奇正'·'허실虛實' 등을 이야기하고 있는데, 제5편 〈세勢〉와 제6편 〈허실虛實〉 두 편에서 강조하고 있듯이 기정과 허실이 제대로 발휘되기 위해서는 분수와 형명이 잘 갖추어져야만 한다. 말하자면 부대마다 잘 편성되고 위아래의 명령체계와 조직체계가 일사불란해야 하며, 각종 진법에 숙달된 병사들이 있어야만 가능하다. '기정'은 간단히 말해 기습과 정공으로서, 그 이면은 군대 배치에 관한 것이다. 특수전에서 적의 틈을 노리는 것이 '기'이고, 이와 반대가 '정'으로 보면 별 무리가 없다. 즉 조조 역시 이 편에 주석을 달면서 나아가 적과 싸우는 것을 '정'이라 보고, 나중에 나가 싸우는 것을 '기'라고 하여 이 둘을 구분하였다. 즉 정병正兵과 기병奇兵으로 분류한 것인데 상당히 일리가 있다.[5]

'허실'은 '기정'과 함께 《손자병법》의 핵심이다. 힘이 잘 모인 상

---

3) '기정奇正'이란 세勢를 형성하는 술術로서 비정규 전술과 정규 전술을 말한다. '정正'이 교전을 시작할 때 적진에 병사들을 투입해 싸우는 공격부대라고 한다면, '기奇'는 장군 수하에 남아 우측과 좌측의 날개가 되어 기습 공격을 담당하는 기동부대라고 할 수 있다. 이 개념은 고대 수학에서 말하는 기奇와 우偶의 개념과 관련이 있다. 이에 따르면 형체가 있는 것으로써 형체가 있는 것에 응하는 것이 '정'이며, 형체가 없는 것으로써 형체가 있는 것을 제압하는 것을 '기'라고 한다. '정'이란 당당하게 적을 상대하는 것이고, '기'란 곁에서부터 방비하지 않는 적을 공격하는 것이다.

4) 마이어Victor H, Mair는 '허실'을 "텅 빔과 단단함Emptiness and Solidity"이라고 하였다.(Columbia Univ. Press, 95쪽) 병력의 집중과 분산이라는 의미도 있고, 오늘날의 용어로는 적의 약점과 아군의 강점을 말한다.

5) 유인劉寅은 《손무자직해孫武子直解》에서 "잘 싸우는 자는 '기'가 '정'이 되기도, '정'이 '기'가 되기도 하여 적이 측량하지 못하게 하는 것, 이것이 내가 삼군에서 반드시 적을 받아들여 패하지 않는 까닭이다(善戰者, 或以奇爲正, 或以正爲奇, 使敵莫測, 此吾三軍所以必受敵而無敗也)"라고 하였다.

태가 '실', 그 반대가 '허'이다. 충분히 대비하고 있는 것을 '실', 대비하고 있지 않은 것을 '허'라고 한다. 그런데 '허실'이란 단순히 이런 고정된 상태를 의미하는 것이 아니고, '허허실실虛虛實實'이라는 말처럼 진짜와는 반대의 모습으로 위장하라는 뜻이 담겨 있다.

그렇다면 '기정'과 '허실'은 어떤 관계일까? 상대적으로 좁은 의미를 기정이라고 본다면 전체적인 구도가 허실인 셈이므로 둘은 상호보완적인 측면이 있다. 왜냐하면 정병이 없다면 기병은 힘을 받지 못하고, 기병의 기발함이 없다면 정병의 노력이 허사가 되기 때문이다. '선행무적善行無迹'이란 말을 한 다음과 같은 노자의 발언과 함께 읽어보면 그 의미를 잘 알 수 있을 것이다.

> 다니기를 잘하는 이는 수레바퀴 흔적을 남기지 않고, 말을 잘하는 이는 흠을 남기지 않으며, 계산을 잘하는 이는 주판을 쓰지 않고, 잠금을 잘하는 이는 빗장으로 잠그지 않아도 열 수 없고, 매듭을 잘하는 이는 끈으로 꽉 묶지 않아도 풀리지 않게 한다. 이 때문에 성인은 언제나 사람을 잘 구제하기 때문에 버려지는 사람이 없게 된다. 언제나 사물을 잘 구제하므로 버려지는 물건이 없게 된다. 이것을 습명(襲明, 감추고 있는 총명함 혹은 총명함을 답습함)이라고 하는 것이다〔善行[6]無轍迹, 善言無瑕謫, 善數不用籌策, 善閉無關楗而不可開, 善結, 無繩約而不可解. 是以聖人常善救人, 故無棄人, 常善救物, 故無棄物, 是謂襲明〕.(《노자》 27장)

6) '선행善行'은 자연스럽게 하는 것으로서, '무위無爲'이다. '선언善言' 역시 '무언無言'이다.(위페이린余培林, 《노자신역老子新譯》, 58쪽)

그렇다. 노자의 말처럼 성인이 하는 일은 흔적을 남기지 않고 무언가 도구적인 것에 의존하지 않는다. 주판이나 빗장을 사용한다는 것은 모두 정해진 규칙이나 틀에 박힌 일들을 비유하며, 하급의 지혜에 속한다. 스스로 지혜롭다고 생각하는 이들은 사실상 도구의 미혹에 빠지거나 빗장을 질러 세상을 제대로 보지 못하는 편협 속에서 만족하는 경우가 많다. 탁월한 전공을 이루는 장수는 요란을 떨지 않는다. 마치 자연이 그러하듯 아무 일도 없는 듯이 처리한다. 이렇듯 손자의 이 허실론과 노자의 무위론은 그 맥이 맞닿아 있다.

정공과 기습의 변증법

무릇 전쟁이란 정공법으로 [적군과] 맞서고 기습법으로 승리한다. 따라서 기습을 잘하는 자는 끝이 없는 것이 하늘과 땅 같고, 마르지 않는 것이 강과 바다 같다. [전술의 변화가] 끝났다가 다시 시작되는 것은 해와 달이 차고 기우는 것과 같다. 죽었다가 다시 살아나는 것은 사계절과 같다. 소리는 다섯 가지(궁·상·각·치·우)에 지나지 않지만 다섯 가지 소리의 변화는 이루 다 들을 수 없다. 색깔은 다섯 가지(흑·백·황·적·청)에 지나지 않지만 다섯 색깔의 변화는 이루 다 볼 수 없다. 맛은 다섯 가지(달고, 맵고, 시고, 짜고, 쓴)에 지나지 않지만 다섯 가지 맛의 변화는 이루 다 맛볼 수 없다. 전쟁의 형세는 기정奇正에 지나지 않지만 기정의 변화는 이루 다 헤아릴 수 없다. 기정이 상생하는 것[7]은 마치 순환하는 것이 끝이 없는 것과 같으니 누가 능히 이것을 다 헤아릴 수 있겠는가!

凡戰者, 以正合, 以奇勝. 故善出奇者, 無窮如天地, 不竭如江海. 終而復始, 日月是也. 死而更生, 四時是也. 聲不過五, 五聲之變, 不可勝聽也. 色不過五, 五色之變, 不可勝觀也. 味不過五, 五味之變, 不可勝嘗也. 戰勢不過奇正, 奇正之變, 不可勝窮也. 奇正相生, 如循環之無端, 孰能窮之哉!

7) 《사기》〈전단열전〉에도 '기정환상생奇正環相生'이라는 구절이 나온다.

【해설】

전쟁에서는 명분대로 싸울 수 없고 상대에 따라 유연하게 대처하고 허를 찌르는 기습이 더 효과적이라는 전제 아래 이 단락은 시작한다. 여기에 덧붙여 사람의 감각마저 마비시키는 전술도 필요하다는 것이다.

작전에는 정규전인 정공법과 비정규 전술인 기습법으로 나뉘는데, 기병을 능숙하게 구사하는 장수는 그 변화가 무쌍하고 끊임이 없다.

《사기》〈손자오기열전〉에 다음과 같은 일화가 전한다. 손빈은 제나라의 아읍阿邑과 견읍鄄邑 사이에서 태어났으며 손무의 후손이다. 손빈은 일찍이 방연龐涓과 함께 병법을 배웠다. 제나라 장군 전기田忌는 일찍이 손빈의 재능을 알아보고 예우했다. 기원전 341년에 위나라와 조나라가 함께 한韓나라를 공격하자, 한나라는 제나라에 위급함을 알렸다. 제나라에서는 전기를 장군으로 삼았고, 손빈도 함께 따라 위나라의 수도인 대량大梁으로 달려갔다. 위나라 장군 방연은 이 소식을 듣고는 한나라 공격을 그만두고 돌아갔으나, 제나라 군사는 방연보다 한 발 앞서 위나라 국경을 넘어 서쪽으로 들어갔다. 손빈이 방연의 추격 속도를 헤아려보니 날이 저물 무렵이면 위나라의 마릉馬陵에 이를 것이라고 예상하여 길옆에 있던 큰 나무의 껍질을 벗겨내고 이렇게 써놓았다. "방연은 이 나무 아래에서 죽게 될 것이다." 그러고는 제나라 군사 중에서 활을 잘 쏘는 사람들을 골라 쇠뇌 1만 개를 준비시켜 길 양쪽에 매복시키고 기약하여 말했다. "저물 무렵에 불이 들러지면 일제히 쏘도록 하라." 밤이 되자 방연은 껍질을 벗겨놓은 나무 밑에 이르러 씌어 있는 글씨를 발견하고는 불을 비추어 보았다. 방연이 그 글을 미처 다 읽기도 전에 제나라 군사들은 일제히 1만 개의 쇠뇌를 쏘았다. 위나라 군사들은 우왕좌왕하며 뿔뿔이 흩어졌다. 방연은 자신의 지혜가 다하고 싸움에서 진 것을 알고는 스스로 목을 찔러 죽었다.

정병을 구사하는 것도 기병과 마찬가지로 무궁하다. 손자는 정공법으로 주력부대와 맞서고, 기습 전술에 따라 움직이는 유격부대로 승리를 결정짓는 것은 용병의 기본이라고 해도 지나치지 않다고 보았다.[8] 사실상 노자도 "올바름으로 나라를 다스리고 기습으로 용병하며, 일거리를 만들지 않음으로써 천하를 취한다(以正治國, 以奇用兵, 以無事取天下)"(《노자》 57장)고 하여 치국과 용병의 근본적인 차이점을 말하지 않았던가.

《사기》 〈역생육가열전酈生陸賈列傳〉을 보면 한漢나라가 통일전쟁에서 제齊나라를 굴복시키는 장면이 나온다.

한나라 3년 가을 연燕나라와 조趙나라가 막 평정되었다. 제나라는

8) 예컨대 《좌전》 은공隱公 5년에 정백鄭伯이 연나라 군대를 막을 때 삼군을 앞에 진열하고 은밀히 복병으로 그 뒤를 습격한 것이 해당된다. 4월에 정나라 사람이 위나라 목에 침입하여 동문의 전쟁을 보복하니, 위나라 사람이 연나라 군대를 거느리고 정나라를 공격하였다. 정나라 채족·원번·설가가 삼군을 거느리고 연군의 전면을 공격하는 한편, 만백과 자원에게 제制 지역의 군사를 은밀히 이동하여 후면을 공격하게 하였다. 그러자 연나라 사람은 앞에 있는 정나라의 3군만을 두려워할 뿐, 배후의 군사를 전혀 예측하지 못했다. 6월에 정나라의 두 공자가 제인制人을 거느리고 연군을 북제北制에서 패배시켰다. 이에 대해 군자는 다음과 같이 논평하였다. "의외의 사태를 대비하지 않으면 군대를 지휘할 수 없다."

아직 항복하지 않았는데 제나라 왕 전광田廣은 천 리의 넓은 지역을 차지하고 있고, 전간田間은 20만 군대를 이끌고 역하歷下에 진을 치고 있었다. 전씨 일족의 세력은 아직 강성했고, 바다를 등지고 황하와 제수濟水를 앞에 두고 있었으며, 남쪽으로는 초楚나라에 가깝고 사람들은 권모술수에 뛰어나 한나라가 쉽게 건드릴 수 없는 막강한 힘이 있었다. 그래서 한나라 고조高祖 유방劉邦의 참모이자 세객說客으로 한나라가 천하를 평정하는 데 크게 기여한 역생酈生이 조서를 받들고 특별 파견되었다.

제나라에 도착한 역생은 제나라 왕 전광에게 천하의 민심이 한나라로 기울고 있는 이유를 들며 서둘러 항복한다면 사직을 보존할 수 있을 것이라고 하였다. 마침내 전광은 역생의 말이 옳다고 여기고 역하를 지키고 있던 병사들을 거두어들인 뒤 역생과 흔쾌히 술을 마셨다. 그런데 회음후淮陰侯 한신韓信이 이 소식을 듣고 밤을 틈타 제나라 군대를 습격하였다. 속았다는 것을 깨달은 전광은 역생을 삶아 죽이고 동쪽으로 달아났다.

방심은 금물이며, 공격은 정공법만 있는 것이 아니다. 승리의 쟁취는 '기'의 운용 여부에 달려 있다. 기정은 상생하지만 그 근본적인 우월을 논한다면 아무래도 '기'에 무게 중심이 실릴 수밖에 없다.

적을 상대할 때 원칙에 입각해 자신을 다지고 임기응변의 비책으로 적의 빈틈을 공격하는 것이 전술의 기본 축이라는 것이다. 마지막에서 이야기하고 있듯이 기정은 마치 뫼비우스의 띠처럼 서로 다른 전술이 겉과 속을 이루며 연속해서 끊임없이 만들어지는 것이다.

기세와 절도의 중요성

거센 물살이 빠르게 흘러가 바위를 떠내려가게 하는 것은 '기세〔勢〕' 때문이고, [독수리나 매처럼] 사나운 새가 빠르게 날아와 다른 새의 목뼈를 부러뜨리고 날개를 꺾는 것은 '절도〔節〕' 때문이다. 따라서 전쟁을 잘하는 자는 그가 만들어내는 '기세'도 험하며, 그가 장악하는 '절도'도 짧다. '기세'는 쇠뇌를 팽팽하게 당긴 것 같고, '절도'는 [활시위] 기계에서 발사되는 것과 같다.

激水之疾, 至於漂石者, 勢也; 鷙鳥之疾, 至於毁折者, 節也. 故善戰者, 其勢險, 其節短. 勢如彍弩, 節如發機.

【해설】

손자는 '세勢'와 '절節'의 관계를 설명하고 있는 이 단락에서 기세는 험하고 거세게, 절도는 극히 짧고 민첩하게 하라고 하였다. 여기서 '질疾'은 '세'를 형성하는 원동력을 말한다. '험險' 역시 험준하다는 글자의 의미 속에 세를 축적해 격발을 기다리는 것과 같은 것으로, 험준하면 할수록 강한 '세'의 형성 가능성이 커지는 것이다.

깃발이 바람에 어지럽게 휘날리고 서로 뒤엉켜 싸우는 전투가 혼란스러워도 [적군과 아군이] 뒤섞여서는 안 되고, 혼란스러운 상태에 빠져도 진용陣容을 둥글게 배치하면 [결정적인] 패배를 당하지 않는다. 혼란스러움은 다스려지는 데에서 생겨나고, 겁은 용기에서 생겨나며, 나약함은 강함에서 생겨난다. 다스려지는 것과 혼란스러움은 분수分數에 속하는 것이고, 용기와 비겁은 '세'에 속하는 것이며, 강함과 약함은 '형'에 속하는 것이다.

그러므로 적을 잘 움직이는 장수는 적에게 형세를 만들어내어 적이 반드시 그를 따르게 되고, 적에게 [좋은 점을] 주면 적이 그것을 반드시 취하게 된다. [작은] 이익으로써 적을 움직이고 병사로써 적을 기다린다.

紛紛紜紜, 鬪亂而不可亂也. 渾渾沌沌, 形圓而不可敗也. 亂生於治, 怯生於勇, 弱生於强. 治亂, 數也; 勇怯, 勢也; 强弱, 形也. 故善動敵者, 形之, 敵必從之; 予之, 敵必取之. 以利動之, 以卒待之.

【해설】

원문의 '분분운운紛紛紜紜'과 '혼혼돈돈渾渾沌沌'은 겉으로 보이는 것과 속에 숨겨진 것의 차이이지만 쉽게 엿볼 수 없는 진용을 의미한다. 상대를 혼란스럽게 만들고 그런 혼란에 올라타 조종해서 승리를 거머쥐어야 한다는 것이니, "혼란스러움은 다스려지는 데에서 생겨나고, 겁은 용기에서 생겨나며, 나약함은 강함에서 생겨난다(亂生於治, 怯生於勇, 弱生於彊)"는 것이 이 단락의 요점이다.

실제 전투가 아니더라도 무분별한 방탕은 나라를 멸망으로 이끄는 가장 강력한 유혹으로, 혼란스러움의 시초이다. 그 유래도 오래되어 《사기》 〈송미자세가宋微子世家〉에 보면 은殷나라 주왕紂王이 처음 상아로 만든 젓가락을 사용하자 기자箕字가 "그 사람이 상아젓가락을 사용하면 반드시 옥으로 된 잔을 쓸 것이고, 옥잔을 쓰면 반드시 먼 곳의 진귀하고 기이한 물건들을 탐낼 것이다. 수레와 말, 궁실의 사치스러움이 이것으로부터 점점 시작될 것이니 [나라는] 흥성할 수 없을 것이다"라고 한탄하였다.

몰락은 외부에서 오기보다 내부에서 만들어지는 것이므로 오만함은 망국의 시초이다. 《좌전》 정공定公 13년에 보면 위衛나라 사관 추鰌가 "교만하면서 망하지 않은 자는 없다(驕而不亡者, 未之有也)"라고 하였는데, 이 말은 자만심이 얼마나 무서운 것인지 잘 보여준다. 이것이 "나약함은 강함에서 생겨난다(弱生於彊)"는 말의 의미이다.

이 단락의 후반부에서 손자는 적군을 마음대로 조종할 수 있는 상황을 만들어나가는 것이 중요함을 강조하고 있다. 즉 미끼를 던지는 유인술과 복병으로 불시에 무찌르라는 것이다. 미끼는 적을 꾀어내어 적진에서 분리시키고 언제든지 공격할 수 있는 고립 상태를 만든다. 이처럼 무방비 상태가 되었을 때 기세를 몰아 공격하는 것이 중요하다.《한비자》〈십과十過〉에 이 같은 사례가 나온다.

진晉나라 헌공獻公[9]이 괵虢나라를 공격하기 위해 우虞나라에 길을 빌리려고 하였다. 순식荀息이 말하였다.

"왕께서 수극垂棘의 옥과 굴屈 땅에서 생산된 명마를 우공虞公에게 뇌물로 주고 길을 빌려달라고 하면 반드시 우리에게 길을 빌려줄 것입니다."

군주 헌공이 말하였다.

"수극의 옥은 우리 선군先君의 보물이며 굴 땅의 명마는 과인의 준마인데, 만일 우리의 패물만 받고 우리에게 길을 빌려주지 않는다면 장차 어찌하겠소?"

순식이 대답하였다.

"저들이 우리에게 길을 빌려주지 않으려고 한다면 반드시 우리의 패물을 받지 못할 것입니다. 만일 우리의 패물을 받고 길을 빌려준다면 이것은 내부(內府, 궁궐 안의 재물을 저장하는 장소)에서 그것을 꺼내어 외부外府에 넣어두는 것과 같고, 내구(內廄, 궁궐 안에서 말을 기르는 장소)에서 준마를 꺼내 외구外廄에 옮겨두는 것과 같습니다. 군주께서는 걱정하지 마십시오."

군주가 말하였다.

9) 진晉나라 무공武公의 아들로, 이름은 궤저詭諸이고 기원전 676년에서 기원전 651년까지 재위하였다.

"허락하겠소."

그래서 [순식을 시켜] 수극의 옥과 굴산의 말을 우공에게 뇌물로 바치고 길을 빌려달라고 요구하였다. 우공은 재물에 욕심이 많았으므로 그 옥과 준마를 가지고 싶은 마음에 길을 빌려달라는 요구를 들어주려고 하였다. 이때 궁지기宮之奇가 간언하여 말하였다.

"허락해서는 안 됩니다. 우리 우나라에 괵이 있다는 것은 마치 수레에 보輔[10]가 있는 것과 같습니다. 보는 수레에 의지하고 수레 또한 보에 의지하니 우나라와 괵나라의 형세가 바로 이와 같습니다. 만일 길을 빌려준다면 괵나라는 아침에 망하고 우나라는 그날 저녁에 뒤따라 망할 것입니다. 불가하오니 원컨대 허락하지 마십시오."

그러나 우공은 듣지 않고 마침내 길을 빌려주었다. 순식은 괵나라를 쳐서 이기고 자기 나라로 돌아온 지 3년 만에 군사를 일으켜 우나라까지 정벌하였다. 순식이 말들을 끌고 옥을 손에 들고 가 헌공에게 바치자 헌공은 기뻐하며 말하였다.

"비록 말의 나이는 더 늘어났지만, 옥은 그대로구나!"

한비자는 우공의 군대가 격파당하고 영토마저 빼앗긴 이유를 바로 작은 이익에 마음이 끌려 더 큰 해로움을 염려하지 않았기 때문이라고 지적한 것이다.

10) 수레에 무거운 짐을 실을 때 바퀴 양쪽에 묶어 튼튼하게 해주는 곧은 나무를 말한다.

그러므로 전쟁을 잘하는 자(장수)는 '기세(勢)'에서 승리를 구하고 병사들에게 책임을 지우지 않는다. 따라서 능히 사람을 가려 쓰고 기세에 [모든 것을] 맡긴다.[11] 기세에 맡긴다는 것은 그 병사들을 마치 나무와 돌이 구르는 것처럼 싸우게 한다. 나무와 돌의 성질은 평평하면 고요히 멈추어 있지만, 위태로우면 움직이며 모나면 정지해 있고 둥글면 굴러가기 마련이다. 그러므로 전쟁을 잘하는 자(장수)의 기세는 마치 둥근 돌을 천 길 높이의 산에서 굴러 내려오게 하는 것과 같으니 [이것이] 기세이다.

故善戰者, 求之於勢, 不責於人, 故能擇人而任勢. 任勢者, 其戰人也, 如轉木石. 木石之性, 安則靜, 危則動, 方則止, 圓則行. 故善戰人之勢, 如轉圓石於千仞之山者, 勢也.

【해설】

이 단락의 요점은 전쟁을 형세로 몰아가 승리를 쟁취하고 애꿎은 병사들에게 책임을 돌리지 말라는 것인데, 기세를 타야만 병사들을 휘몰 수 있다. 바위의 속성이 한번 굴러가면 그 기세를 막

---

11) 이 단락의 구절인 "사람을 버리고 기세에 맡긴다(能擇人而任勢)"에서 '택擇'의 해석이다. 《사기》 〈이사열전李斯列傳〉의 "큰 강과 바다는 작은 물줄기 하나도 버리지 않는다(河海不擇細流)"에서도 알 수 있듯이 '버리다'로 번역해야 한다. 즉 버린다는 의미의 '석釋'인 것이다. 이 글자는 당唐대까지 '택하다'로 잘못 받아들여져서 "사람을 선택하고 세勢에 맡긴다"는 식으로 애매모호하게 이해되어왔다. '택擇'을 '석釋'으로 읽어야 한다고 처음 주장한 사람은 갑골문 연구 분야의 권위자인 추시구이裘錫圭이다.

기 힘든 것처럼 세찬 기세야말로 지휘력의 핵심이다. 손자는 장수의 유연한 대처 여부가 기세를 만드는 여부와 연관된다고 보았다. 이러한 파죽의 기세가 《사기》〈악의열전樂毅列傳〉에 보인다. 악의는 조, 초, 한, 위, 연 다섯 나라의 병사를 합쳐 통솔하여 제나라를 제수濟水 서쪽에서 무찔렀다. 제후들의 병사는 싸움을 마치고 돌아갔지만, 악의는 연나라 군대를 이끌고 제나라 군대를 뒤쫓아 제나라 수도 임치까지 쳐들어갔다. 제나라 민왕은 제수 서쪽에서 패하자 달아나 거莒를 지키고 있었다. 악의는 홀로 머무르며 제나라 땅을 공략했는데, 제나라 군대는 수비 태세를 갖추고 있을 뿐이었다. 악의는 임치까지 쳐들어가 제나라의 보물과 재물과 제기를 모두 빼앗아 연나라로 보냈다. 연나라 소왕은 기뻐하며 몸소 제수 기슭까지 나아가 군대를 위로하고 상을 주고 잔치를 열어주었으며, 악의를 창국에 봉하고 창국군이라고 불렀다. 연나라 소왕은 제나라에서 얻은 전리품을 거두어 돌아가고, 악의에게 다시 군사를 이끌고 가서 아직 항복하지 않은 제나라 성들을 평정하게 했다. 악의는 제나라에 머물러 각지를 공격한 지 5년 만에 제나라의 성 70여 개를 항복시켜 연나라의 군현으로 만들었다.

손자는 이미 제4편 〈형形〉에서 "천 길의 계곡에 가두어놓은 물을 터뜨리는 것"과 같은 것이 바로 '형'이라고 하였는데, 둥근 돌이 천 길 높이에서 굴러 내려오는 것도 같은 이치이다. 손자는 기세를 만드는 데 있어서 장수가 치밀한 전략을 세우고 철저히 준비하는 것이 개별 병사들의 자발성보다 더 우위에 있다고 보았다. 반면 오기吳起는 《오자병법吳子兵法》 〈치병治兵〉[12]에서 '부자지병父子之兵', 즉 "아버지와 자식 사이 같은 군대"라는 말을 하였는데, 병사들의 자발적인 참여 의지를 중요한 요소로 보기도 하였다.

12) 《한서漢書》 〈예문지藝文志〉에 《오자병법吳子兵法》 48편이 실려 있는데, 현존하는 것은 〈도국圖國〉·〈요적料敵〉·〈치병治兵〉·〈논장論將〉·〈변화變化〉·〈여사勵士〉 여섯 편이다.

| 전례 |

판을 뒤집어 절대 열세를 우세로 바꾸다

— 조조, 관도대전官渡大戰으로 천하 경영 구도를 마련하다

동한東漢 말년 삼국三國정립의 국면이 형성되기 이전 전국을 군웅들이 할거하였다. 당시 하북河北에는 원소袁紹, 연주兗州와 예주豫州에는 조조曹操, 서주徐州에는 여포呂布, 양주揚州에는 원술袁術, 강동江東에는 손책孫策, 형주荊州에는 유표劉表, 유주幽州에는 공손찬公孫瓚, 남양南陽에는 장수張繡 등이 있었다. 이러한 세력 중에서 원소와 조조의 세력이 비교적 강하였다.

원소는 명문거족 출신으로, 동한 말년 기주冀州·청주青州·병주幷州·유주 등을 장악한 터였다. 조조 역시 184년 황건적을 진압하는 전투에 참여하고 훗날 서원西園 신군부新軍部의 전군교위典軍校尉가 되었다. 그는 동탁董卓을 반대하는 연합군에 참여해 원소에게 의탁하기도 하였다.

조조는 황건적을 진압하고 그들을 기반으로 원소의 강력한 대항 세력으로 성장하기 시작하였다. 196년 조조는 연주와 예주 지역을 점거하고 황하 이남에 비교적 강력한 할거 세력을 이루었다. 199년

여름, 조조와 원소는 황하 하류를 따라 남북으로 대치하는 국면을 형성하였다. 원소는 하북의 공손찬을 공략한 뒤라 이미 하북 일대가 자신의 손아귀에 들어온 상황이었다. 원소는 중원을 차지하기 위해 남하해 조조와 결전을 치렀는데, 당시 원소의 병력은 10만이었던 반면 조조의 병력은 원소보다 훨씬 적었을 뿐만 아니라 남쪽으로 형주의 유표, 강동의 손책과도 적대관계에 있었다.

같은해 원소는 조조의 지역인 허창(許昌, 허도)을 공략하려고 하였다. 원소 수하에 있던 저수沮授와 전풍田豊은 군대가 이미 공손찬과 3년이나 싸워 피로하니 먼저 농업에 힘쓰고 백성들을 편안하게 하면서 경제를 증강시키고 군사 역량을 키우자고 하였다. 그들은 조조를 공격하는 것이 결코 시급한 문제가 아니라고 하였으나 원소의 또 다른 모사인 심배審配와 곽도郭圖는 원소에게 즉각 군대를 출동시켜 조조를 공격하자고 건의하였다. 원소는 결국 심배와 곽도의 의견을 받아들여 조조와 결전을 벌이게 되었다.

그런데 원소의 군대가 남하한다는 소식이 허창에 전해지자 조조 수하의 부장들은 원소와 전쟁을 하겠다고 하면서도 속으로는 원소 군대가 워낙 강해 적수가 되지 못한다고 생각하였다. 그러나 조조는 원소의 사람됨을 철저히 분석하였다. 원소는 야심은 비록 크지만 지모가 부족하고, 기세등등하지만 담력은 부족하며, 의심이 많고 다른 사람의 능력을 시기하고 큰 병력을 장악하는 리더십이 부족하다고 판단하였다. 조조의 모사인 순욱荀彧도 이와 비슷하게 분석하였다. 당시 조조가 확보하고 있던 군량미가 적었으므로 조조는 순욱에게 편지를 보내 허창으로 돌아갈 방법을 상의하였다. 이에 순욱이 답장을 보냈다.

"원소는 모든 병력을 관도官渡에 집결시켜 공과 승패를 겨루려고 합니다. 공은 매우 약한 병력으로 아주 강한 적군을 감당해야 합니다. 만일 상대를 제압하지 못하면 반드시 짓밟히게 되니, 지금이야말로 천하의 운명이 걸린 중요한 시기입니다. 더구나 원소는 평범한 일개 우두머리에 불과하므로 인재를 모아도 쓸 줄을 모릅니다. 공의 뛰어난 무용武勇과 밝은 지혜에 의지하고 천자의 이름을 받들어 원소를 토벌한다면 어찌 이기지 못하겠습니까?"

조조는 순욱의 의견을 받아들여 원소와의 결전을 준비하게 되었다.

199년 12월 마침내 조조가 작전을 막 시작하려고 할 때,[1] 유비가 군대를 일으켜 서주 및 하비下邳 등을 장악하고 관우關羽에게 주둔하게 하였다는 소식이 들려왔다. 이 지역은 조조가 여포를 무찌른 뒤 잠깐 점거한 지역이었다. 동해東海와 그 부근의 군현들이 대부분 유비에게 귀속되었고, 수만 명에 이르는 유비의 군대는 원소와 힘

---

1) 손책孫策은 조조가 원소와 대치하고 있다는 소식을 듣고 허창을 습격할 계획을 세웠지만, 출발하기도 전에 자객에게 살해당하였다. 결국 원소는 인재를 제대로 쓰지 못했고, 손책의 무모함은 죽음으로 막을 내렸다.

을 합쳐 조조의 군대를 공격하려고 하였다. 조조는 양면작전을 피하기 위해 200년 1월 정예병을 이끌고 동쪽으로 유비를 공격해 무찌르고 있을 때 원소의 모사인 전풍은 조조 군대의 후방을 급습하자고 원소에게 건의했으나 원소는 주저하며 결단을 내리지 못하였다. 이로 인해 조조는 유비를 격파했을 뿐만 아니라 유비를 하북까지 내쫓아 원소에게 의탁하게 만들었고, 그런 뒤 관도로 돌아와 원소의 침략에 대비하였다.

같은 달 원소는 조조를 토벌한다는 격문을 발표하고 2월에는 원소의 대군이 여양黎陽으로 진격해 조조의 주력군대와 결전을 벌였다. 원소는 먼저 대장 안량顔良을 파견해 백마白馬의 동군태수東郡太守 유연劉延을 공격하고 아울러 황하 남쪽 해안의 요충지를 탈취해 주력군이 강을 건너게 하려고 하였다. 안량은 군대를 거느리고 황하를 건너 백마에 도착해 유연과 교전을 벌였는데, 유연의 병사들은 성지를 굳게 지키려다 죽거나 부상당하는 등 손실이 매우 컸다. 이때 조조의 모사 순유荀攸가 계책을 내었다.

"우리 군대는 병력이 적고 관도에 주력해 집결되어 있는 병사가 겨우 3만에서 4만 명입니다. 원소의 많은 병력을 상대하려면 정면으로 그 예봉銳鋒을 공격해서는 안 되니 마땅히 원소의 병력을 분산시킬 방법을 찾아야 합니다."

그러고는 조조에게 건의해 군대를 이끌고 먼저 연진으로 가 거짓으로 강을 건너게 하였다. 이는 원소의 후방을 공격하는 척하기 위해서였다. 원소가 군대를 나누어 서쪽으로 향하자 조조 군대는 신속하게 백마의 원소 군대를 공격하였다. 이는 원소가 미처 방비할 틈이 없는 곳을 공략한 것이다. 즉 조조가 순유의 '성동격서聲東擊西' 계책을 받아들이자 원소는 과연 이들의 뜻대로 움직였던 것이다.

조조는 원소가 자신들의 계책에 속은 것을 알게 되자 장료와 관우를 전방에 내세워 날랜 기병을 이끌고 급히 백마로 가게 하였다. 조조 군대가 백마와 10여 리 떨어져 있을 때 안량이 비로소 그들을 발견하였다. 관우는 빠르게 안량의 군대를 쫓아가 안량의 목을 베어버렸고, 원소의 군대는 크게 혼란에 빠져 이리저리 흩어져 붕괴되었다. 결국 원소는 백마를 포위하는 데 실패하고 대장을 잃자 크게 분노하였다.

조조는 백마를 포위하고 난 뒤 황하를 따라 서쪽으로 철군하고자 하였다. 원소가 군대를 거느리고 강을 건너 조조를 추격하려고 하자 저수가 다시 원소를 말렸다. 그는 용병이란 이기고 지는 변화에 따라 관찰해야 하므로 먼저 황하 북쪽에 군대를 주둔시키면서 병사를 나누어 관도를 공격하고 만일 공략되면 대군들을 보내 황하를 건너도 늦지 않을 것이라고 하였다. 만일 위험을 무릅쓰고 남하하려다가 실패하면 전군은 몰살될 위험이 있다고 하였다. 그러나 원소는 이번에도 교만해 그의 말을 듣지 않았다.

저수는 원소가 고집이 세어 자신의 말을 듣지 않는 것을 한탄하며 병을 핑계로 사직하고자 하였으나 원소는 허락하지 않았고, 곽도에게 휘하 군대의 지휘권을 물려주었다. 결국 원소의 고집대로 대장 문추文丑와 유비를 파견해 조조 군대를 추격하게 하였다. 그러나 조조는 원소의 군대를 유인해 문추를 죽이고 관도지역에서 물러나게 하였다. 사실 백마와 연진延津에서의 두 차례 전투는 관도대전官渡大戰의 전초전이었다. 원소의 군대가 비록 처음에는 실패했으나 병력은 여전히 우세하였다. 7월에 저수가 또다시 원소에게 건의하였다.

"우리 측 병사들의 수가 비록 많지만 조조의 군대처럼 용맹하지는 못합니다. 조조의 양식과 물자는 우리만 못합니다. 그들에게는 속전이 유리하지만 우리에게는 불리합니다. 우리는 마땅히 지구전을 펼치면서 조조의 군대를 소진시켜야 합니다."

그러나 원소는 여전히 저수의 말을 듣지 않았다. 원소의 군대가 8월에 관도를 압박하자 양측은 관도에서 대치하였다.

건안 5년(200) 조조는 원소와 전쟁을 계속했는데, 조조가 관도를 지키자 원소는 그 주위를 포위하였다. 이때 군량미가 떨어져갔으므로 조조는 순욱에게 편지를 보내 허현許懸으로 돌아가 원소를 유인하면 어떻겠느냐고 의논하자, 순욱이 답장하였다.

"지금 군대에 식량은 비록 적지만, 초나라 항우와 한나라 유방이 형양滎陽과 성고成皐에서 싸우던 때처럼 심각하지는 않습니다. 당시 유방과 항우 어느 누구도 먼저 물러서려고 하지 않았는데, 이는 먼저 물러서는 것이 세력의 굴복을 뜻하기 때문이었습니다. 공이 적의 10분의 1의 병력으로 경계를 정하고 지키면서 원소의 목을 조여 전진하지 못하게 한 지 벌써 반년이 되었습니다. 정세를 살펴볼 때 원소의 세력은 고갈되어 반드시 급변하는 일이 생길 것이고, 이는 바로 뛰어난 계책을 사용할 때이므로 놓쳐서는 안 됩니다."

조조는 계속 머물기로 하였다. 그러고는 가볍게 무장한 병사를 이끌고 원소가 따로 주둔하고 있는 곳을 급습해 그의 장수 순우경淳于瓊 등을 참수하니, 원소가 퇴각하였다. 이는 모두 순욱이 예상한 대로 된 것이다.

건안 6년(201) 조조는 군대를 이끌고 동평군 안민현安民縣에 가서 식량을 제공받았다. 그러나 하북의 원소와 싸우기에는 역부족이었으므로 원소가 막 패해 재기하지 못한 틈을 타서 유표를 공격, 토벌하려고 하였다. 그러나 순욱이 이를 말리며 말하였다.

"지금 원소는 패했고 그의 무리들은 떠날 마음이 있으므로, 마땅히 그가 곤궁해진 틈을 이용해 그를 토벌해야 합니다. 그러나 공이 연주와 예주를 거스르고 멀리 장강長江과 한수漢水까지 군대를 이끌고 가는데 원소가 남은 군대를 정비해 빈틈을 이용해 공의 배후에서 나타난다면 공에게 기회는 없습니다."

그러자 조조는 다시 황하유역에 주둔하였다. 전쟁에서 참패한 원소가 병으로 세상을 떠나자 조조는 황하를 건너 원소의 아들 원담袁譚과 원상袁尙을 공격했고, 결국 북방을 장악해 천하경영의 토대를 확립하였다.

조조의 인생 승부처는 달걀로 바위를 깨뜨렸다는 평가를 받은 관도대전이라고 해도 과언이 아니다. 드러난 형形은 불리했지만 일단 맞붙자 엄청난 세勢의 변화가 일어났다. 자식들과의 불화로 고민하면서 인재의 충언을 듣지 않은 원소는 아무런 능력을 발휘하지 못하는 무능한 리더였다. 이와 대조적으로 조조는 모사의 말을 들을 줄 알았다. 아울러 조조는 전쟁에서 승리하자 관도대전 중에 적장 원소에게 내부 정보를 밀고한 자들을 용서하고 관련된 모든 편지를 불태웠다.《위씨춘추魏氏春秋》에 따르면 조조는 "원소가 막강했을 때 나도 나 자신을 지킬 수 없었는데 일반 백성들이야 더 말할 게 있겠는가!"라고 하였다.

제6편

허실虛實

허실의 운용과 주도권 장악

〈허실虛實〉 편은 약점과 강점을 적절하게 운용하는 방법에 대한 내용으로 '형形'과 '세勢', '기정奇正'과 '허실虛實'로 이어지는 손자의 전략 개념에 대해 이야기하고 있다. 《손자병법》의 가장 핵심적인 실천 전략을 담고 있다고 해도 지나치지 않은데, 당 태종은 《손자병법》 13편이 〈허실虛實〉을 벗어나지 않는다고 말하기도 하였다. 또한 이 편은 《손자병법》에서 세 번째로 길다.

'허실'이란 적군의 충실한 부분을 피하고 허약한 부분을 공격(避實擊虛)하면 적은 무너질 수밖에 없다는 의미를 가지며,* '허실'은 반드시 '기정'을 전제로 하여야 한다. 말하자면 전쟁에서 어떤 상황에서든 늘 주도권을 잡고 적의 취약점을 공략해 아군의 뜻대로 만드는 원칙(致人而不致於人)이다. 또한 '인적이변'이라고 하였듯이 적의 상황에 맞추어 임기응변으로 대처하면서 전쟁하는 것은 결코 쉽지 않은데, 이 편이 많은 주목을 받은 이유가 바로 전력의 열세에도 불구하고 주도권을 장악해 승리를 쟁취하는 방법에 대해 설명하고 있기 때문이다.

이러한 개념은 제5편에서 나온 '기정'과의 구분이 필요하다. '기정'이 병력을 실제 전투에 투입할 때 만들어지는 전술적인 배치 상황이라면, '허실'은 분산과 집결이라는 변화의 원칙을 적용해 전쟁터에서 아군에게는 강하고 적군에게는 약한 형국을 조성하는 것이다. 본문에 나오는 '형병形兵'이라는 키워드는 이러한 차원에서 인위적으로 조성된 양태를 말하며 상당한 수준의 기동성을 갖는다.

〈허실〉 편을 통해 우리는 적을 불러들이는 법, 적의 허술한 곳을 공격하는 법, 적은 병력으로도 승리하는 법, 허실관계를 알아야만 이길 수 있는 법, 늘 변화무쌍한 상황에 대처하는 법 등 허실관계의 다양한 면모를 파악할 수 있을 것이다.

---

* 물론 이 단어가 병법에만 한정된 것은 아니다. 한의학에서도 주요한 개념으로 다루고 있다. "무릇 병을 치료한다는 것은 반드시 맥의 허실을 알아야 한다(凡療病者, 必知脈之虛實)." (《후한서後漢書》〈왕부전王符傳〉)

적을 끌어들여라

손자는 말한다.

무릇 먼저 전쟁터에 터를 잡고 적을 기다리는 자는 여유가 있고, [적보다] 늦게 전쟁터에 터를 잡고 전투에 달려나가는 자는 피로하다. 그러므로 전쟁을 잘하는 자는 적을 끌어들이지, 적에게 끌려가지 않는다.[1)]

적으로 하여금 스스로 오게 하는 것은 적을 이롭게 하는 것처럼 보이기 때문이고, 적으로 하여금 [스스로] 오지 못하게 하는 것은 적을 해롭게 하는 것처럼 보이기 때문이다. 따라서 적이 편안하면 그들을 피로하게 만들고, 배부르면 그들을 굶주리게 만들며, 안정되어 있으면 그들을 동요시킬 수 있어야 하고, 적이 반드시 달려갈 곳을 향해 출동하고 적이 생각하지 못한 곳으로 달려가야 한다.[2)]

1) 원문의 '치致'를 번역한 것이다. 두목의 주석에 따르면 '치'는 적으로 하여금 아군 쪽으로 오게 한다는 뜻으로, 아군이 힘을 축적해서 적을 기다렸다가 상대한다는 것이다. 적에게 끌려가지 않는다는 말은 곧 적에게 다가서지 않는다는 말로 아군이 피로해지는 것을 걱정하기 때문이다.

2) 원문의 '出其所必趨, 趨其所不意'를 번역한 것으로, 이 부분은 판본마다 차이가 있다. 《십일가주손자》나 무경칠서본에는 '出其所不趨'라고 되어 있고, 《통전》과 《태평어람》 등에는 '出其所必趨'라고 되어 있다. 또한 가장 유명한 조조의 주석본에도 '出其所不趨'라고 되어 있으며 '사적부득상왕이구지야使敵不得相往而救之也'라는 주석이 달려 있다. 말하자면 조조는 아군의 기습에 대응해 그곳에 가서 서로 구하지 못하게 하여야 한다고 보았다. 그런데 조조의 주석은 오히려 '出其所必趨'의 의미와 가깝다. 궈화뤄는 《손자역주》에서 뒤의 단락인 "천 리를 행군하고도 병사가 피로하지 않은 것은 적이 없는 곳을 행군하기 때문이다(行千里而不勞者, 行於無人之地也)"라는 구절을 근거로 '출기소불추出其所不趨'로 해석하였다.

孫子曰: 凡先處戰地而待敵者佚, 後處戰地而趨戰者勞. 故善戰者, 致人而不致於人. 能使敵人自至者, 利之也; 能使敵人不得至者, 害之也. 故敵佚能勞之, 飽能飢之, 安能動之, 出其所必趨, 趨其所不意.

【해설】

이 단락에서 손자는 적보다 유리한 고지를 차지하는 방법은 그 고지를 선점하는 것으로, 위치 선점이 주도권 장악의 기본 전제라고 하였다.《사기》〈염파인상여열전廉頗藺相如列傳〉에 다음과 같은 내용이 보인다. 진秦나라가 한韓나라를 치기 위해 연여閼與에 주둔하였다. 조趙나라 왕은 조사趙奢를 장군으로 삼아 연여를 구하도록 했다. 군대가 한단을 떠나서 30리쯤 왔을 때, 조사는 군중에 이런 명을 내렸다. "군사軍事에 관해서 간하는 자가 있으면 사형에 처하겠다." 그러고는 보루의 벽을 튼튼하게 하고 28일이나 머물며 움직이지 않은 채 보루의 벽만을 더 늘려 쌓았다. 진나라의 첩자가 보루 안으로 들어왔지만 조사는 좋은 식사를 대접해서 돌려보냈다. 첩자가 돌아가 진나라 장수에게 겪은 일을 보고하자, 진나라 장수는 몹시 기뻐하며 안심했다. 조사는 진나라 첩자를 돌려보낸 다음 곧바로 병사들을 갑옷을 벗고 가벼운 차림으로 행군시켜 1박 2일 만에 진나라 군대에 이르렀다. 그리고 연여에서 50리 떨어진 곳에 궁수들이 진을 치도록 했다. 조나라 군대는 드디어 보루를 완성하였다. 조나라 군사 허력許歷이 간할 것이 있다며 청하여 말했다. "먼저 북산北山의 정상을 차지하는 쪽이 이기고, 뒤늦게 오는 쪽이 질 것입니다." 조사는 그 의견을 받아들여 즉시 군사 1만 명을 북산으로 출발시켰다. 진나라 군대는 뒤늦게 와서 산 정상을 다투었으나 올라가지 못했다.[3] 조사는 군사를 풀어 진나라 군대를 쳐서 크게 깨뜨렸다.

앞 구절에서 "여유가 있다"고 한 것은 원문의 '일佚'을 번역한 것으로, 이 글자는 '일逸'과 같으며 군대가 휴식하고 정돈할 시간을 갖는 것을 의미한다. 궈화뤄郭化若의 지적대로 대오를 정돈하고 병력을 쉬게 하며 지형을 관찰하거나 적절한 방비책을 강구하는 등 모든 것을 순조롭게 할 수 있어 편안한 심리 상태가 된다는 의미다. 이 절의 핵심은 바로 '선先'과 '후後'이다.

이것을 미리 행한 뒤 적을 다루는 세 가지 방법, 즉 철저한 준비, 심리 전술, 적절하고 과감한 행동에 기반해 적의 의표를 찌르는 것이 가능하다는 논리이다. 이 단락의 뒷부분에서와 같이 적의 상태를 유린해 아군에게 유리한 국면을 조성하기 위해서 때로는 적의 예상을 깨는 의외의 생각을 하여야 하고, 그런 것이 적중될 때 적과 아군의 힘의 균형은 무너지고 아군 쪽으로 기우는 법이다. 물론 그 반대가 되면 상황은 돌이킬 수 없다. 예컨대《사기》〈백기왕전열전〉에서 조나라가 장평에 진을 치고 진나라와 대치된 상황에서 조나라에 이간질하여 염파 장군 대신 조괄 장군을 임명하게 하고 무안군 백기를 상장군으로 삼은 이야기가 나온다. 조괄은 보루에 이

3) 촉한의 승상 제갈량이 위나라를 정벌하려고 한중을 나서 기산으로 향할 때 선봉을 맡은 마속馬謖이 산 위에 진을 쳤다가 사마의가 길을 막는 바람에 군량미가 끊겨 패배한 일은 이와 반대되는 상황이다.

르자마자 군사를 내어 진나라 군대를 치게 했다. 그러자 진나라 군대는 싸움에서 지는 척하며 달아났다. 진나라 군대는 두 갈래로 복병을 두었다가 조나라 군대를 에워싸 습격할 계획이었다. 조나라 군대는 승세를 타고 뒤를 쫓아 진나라 보루까지 다가갔지만 보루를 워낙 튼튼하게 지키고 있어 들어갈 수가 없었다. 이때 진나라 복병 2만 5000명이 조나라 군대의 뒤를 끊고 5000기병이 조나라 군대와 보루 사이를 끊었다. 그래서 조나라 군대는 둘로 나뉘고 식량 보급로도 끊어지고 말았다. 진나라 군대는 가볍게 무장한 날랜 병사를 내어 조나라 군대를 쳤다. 조나라 군대는 상황이 불리해지자 보루를 쌓고 굳게 지키며 도와줄 군대가 오기만을 기다렸다. 진나라 왕은 조나라 군대의 식량 보급로가 끊어졌다는 소식을 듣고 직접 하내로 들어가서 백성에게 각각 작위 한 계급씩을 내리고, 15세 이상인 사람을 뽑아서 모두 장평으로 보내 조나라의 구원병과 식량이 들어오지 못하게 막도록 했다. 9월이 되자 조나라 군대는 식량을 보급받지 못한 지 46일이나 되었으므로 내부에서 서로 죽여 살을 먹는 지경에 이르렀다. 조나라 군대는 탈출하려고 네 부대를 만들어 진나라 보루를 네댓 번 공격했지만 포위망을 벗어날 수 없었다. 조괄은 직접 정예군을 이끌고 맨 앞에 나가 싸웠으나 진나라 군사가 쏜 화살에 맞아 죽었다. 마침내 조괄의 군사가 패배하니 병졸 40만 명이 무안군에게 항복했다.

잠시 상대의 허를 찌르는 노자의 말에 귀기울여보자.

오므라들게 하려면 반드시 잠시 그것을 펴주어야 하고, 약하게 하려면 반드시 잠시 그것을 강하게 해주어야 하며, 없애고자 하면 반드시 잠시 일으켜주어야 하고, 빼앗으려고 하면 반드시 잠시 주어야만 하니, 이것을 '미명(微明, 보이지 않는 총명 혹은 은미한 밝음)'이라고 한다(將欲翕之, 必固張之; 將欲弱之, 必固强之; 將欲廢之, 必固興之; 將欲奪之, 必固與之; 是謂微明).[4)]

노자와는 다른 맥락이지만 유가儒家도 허실의 미묘함을 논하였다. 증자曾子는 안연顔淵을 평가하면서 "있어도 없는 듯이 하며, 가득 차도 텅 빈 듯이 하고, 건드려도 전혀 맞서지 않는다(有若無, 實若虛, 犯而不校)"(《논어》〈태백泰伯〉)라고 하였다.

병법에는 먼저 움직이는 것을 중시하는 쪽과 뒤에 움직이는 것을 중시하는 두 가지 흐름이 있는데, 《여씨춘추呂氏春秋》〈불이不二〉에 보이는 "왕료는 먼저 함을 귀하게 여기고, 예량은 뒤에 함을 귀하게 여겼다(王廖貴先, 兒良貴後)"라는 구절이 바로 그것이다. 손자는 먼저 도착하는 쪽이 반드시 유리하다고 하였다. 바둑이나 장기를 둘 때에도 기선을 먼저 잡는 것이 중요하다. 장기 두는 것을 다른 말로 '앞을 다투는 기술(爭先術)'이라고 하는 것도 바로 그런 이유에서이다. 먼저 가서 기다리는 것은 내가 싸움을 주도하는 것이다. 역사 속 여러 사례를 한번 살펴보자.

오왕吳王 13년 봄에 부차夫差가 초楚나라의 국상國喪을 틈타 자신의 두 아우인 공자 개여蓋餘와 촉용燭庸에게 군사를 거느리고 초나

---

4) 흡歙과 장張, 약弱과 강强, 폐廢와 흥興, 탈奪과 여與는 사물의 두 속성이며, 두 대립적 속성은 늘 번갈아 나타난다. 먼저 약하면 나중에 강하고, 먼저 빼앗으면 나중에는 빼앗기듯이 먼저 빼앗으려면 먼저 주라는 논리가 가능한 것이다. '미명微明'은 미묘하고 깊은 도리를 분명하게 안다는 뜻이며, 혹자는 미묘한 도가 밝게 나타나는 법도라고 풀이하기도 한다.

라의 육읍六邑과 첨읍灊邑을 포위하게 한 것도 이와 같다. 비록 야비해 보일지 모르지만 적이 생각지 못한 공격을 감행한 것이다. 《좌전左傳》 환공桓公 6년에 보면 강국 초나라가 약소국 수隨나라를 수중에 넣으려고 하였는데, 오히려 수나라 제후는 초나라에 선제공격을 가하려고 하였다. 그러자 신하 계량季梁이 말하였다.

"초나라는 하늘이 도와 강성해지고 있는 나라입니다. 초나라 군대가 나약하고 흐트러진 모습으로 만만한 것처럼 보이는 것은 우리를 꾀어내려는 의도입니다. 군주께서는 왜 그리 급하게 끌려가려고 하십니까?"

당唐나라 장수 이정李靖은 병서 《이위공문대李衛公問對》에서 "손자가 말한 수천 마디의 말은 '적을 능동적으로 이끌어야지, 수동적으로 끌려가면 안 된다'라는 이 한 마디에서 벗어나지 않는다"라며 극찬하였다.

정사 《삼국지》 〈위서 무제기武帝紀〉에 보면 건안 16년(211) 조조가 관중關中을 평정할 때 하동河東을 통해 풍익馮翊을 공격하지 않고 오히려 동관潼關을 지키며 많은 날을 허비하는 듯하다가 북쪽으로 황하를 건넜다. 수하 장수가 그 이유를 묻자 조조가 답하였다.

적군이 동관을 지키고 있을 때 우리가 하동으로 들어갔다면 적군은 반드시 병사를 이끌고 모든 나루터를 지켰을 것이오. 그렇게 되면 우리는 서하西河를 건널 수 없었을 것이오. 그리하여 나는 일부러 정예부대를 이끌고 동관으로 향했던 것이오. 적이 모든 군사를 동원해 남쪽을 지켰으므로 서하의 수비에는 구멍이 뚫렸고, 그 덕에 서황徐晃과 주령朱靈 두 장수가 서하를 마음대로 공략할 수 있었던 것이오. 그런 연후에 내가 다시 군사를 이끌고 북쪽으로 건넜는데도 적군이 우리와 서하를 차지하려고 다툴 수 없었던 것은 두 장수의 군대가 이미 그곳에 있었기 때문이오.

수레를 연결해 울타리를 세우고 길을 만들어 남쪽으로 향함으로써 적군이 싸움에서 이길 수 없는 상황을 조성하고, 동시에 또 적에게 약한 척했던 것이오. 위수를 건너 견고한 보루를 쌓은 뒤 적이 와도 나가지 않은 것은 그들로 하여금 교만한 마음을 갖게 하기 위함이었소. 그래서 그들은 진영과 보루를 쌓지도 않으면서 땅을 분할하기를 요구했던 것이오. 나는 그들의 말에 따라 그렇게 하자고 하였소. 그들의 뜻에 따른 이유는 그들을 안심시켜 대비하지 못하도록 하기 위함이었소. 병사들의 힘을 축적하고 있다가 그 틈을 타서 단번에 그들을 공격하니 갑작스러운 천둥소리에 귀를 가리지 못하는 형세를 이루었소. 전쟁을 치를 때 전술은 변화무쌍하니, 결코 한 가지 방법만 있는 것은 아니오.

바로 이러한 조조의 전술은 손자가 말한 전술과 일맥상통하는 것으로, '허실'이란 이처럼 전쟁 상황에서 언제든 활용할 수 있는 기만欺瞞 전술인 셈이다.

천 리를 행군하고도 병사가 피로하지 않은 것은 적이 없는 곳을 행군하기 때문이다. 공격해 반드시 취하는 것은 적이 수비할 수 없는 곳을 공격하기 때문이다. 수비를 하면 반드시 지켜내는 것은 적이 '[반드시] 공격할 수 없는 곳을 지키기 때문이다.'[5)]

行千里而不勞者, 行於無人之地也. 攻而必取者, 攻其所不守也. 守而必固者, 守其所不[必][6)]攻也.

【해설】

적의 능력을 피해 행동하라는 메시지를 담고 있는 이 단락은 기동과 공격, 방어 등 세 가지 측면에서 적을 분석한 상태에서 행동하라는 것이다. 《사기》 〈손자오기열전〉에 "급소를 치고 빈틈을 찔러 형세를 불리하게 만들면 저절로 물러날 것입니다(批亢擣虛, 形格勢禁, 則自爲解耳)"라는 손빈의 말이 나오는데, 그 당시 상황을 보면 위

---

5) 주아부周亞夫가 7국을 평정할 때 성벽을 굳게 지켰으니 오나라 군대가 동남쪽 성벽으로 달려오자 주아부는 서북쪽을 방비하게 하였다. 얼마 후 오나라 병사가 과연 서북쪽으로 달려왔으나 들어오지 못하고 결국 어지럽게 도망한 예에서 볼 수 있다. 주아부는 전한의 명장이자 정치가로 주발周勃의 아들이다. 한나라 문제文帝 때 흉노의 공격을 막아내고 오초칠국의 난을 제압하였다.

6) 한편, 리링은 이 절의 마지막 구절 '수기소불공야守其所不攻也'에서 '불不'이 잘못 들어간 글자라고 보았다. 그는 죽간본과 고서에 인용된 문구를 토대로 볼 때 '필必'로 고쳐야 한다고 주장한다. 그럴 경우 마지막 구절은 '반드시 공격할 곳을 지키기 때문이다'라고 번역된다.(리링, 《병이사립》, 206쪽과 리링, 《손자십삼편종합연구》, 41쪽) 그러나 필자가 보기에 리링의 설은 무리가 있어 그대로 '불不' 자를 넣고 '필必' 자를 빼는 것이 낫다.

왕威王이 제齊나라 장군 전기田忌를 장수로 임명한 뒤 손빈을 불러 작전을 세우게 할 때였다. 손빈은 전기가 군대를 직접 거느리고 조趙나라를 치려고 하자 이를 만류했는데, 때마침 위魏나라와 조나라가 전쟁 중이었기 때문이다. 손빈은 위나라의 수도 대량大梁으로 들어가 중요한 길목을 차지하고 텅 빈 곳을 치라고 조언해 큰 전과를 올렸다.

전쟁에서 행군은 처절한 고통을 수반한다. 물자가 부족한 상태에서 장거리를 이동할 때는 오직 충분히 먹고 마시며 쉬고 싶어하는 자신의 몸과 싸워서 이기는 것이 가장 시급한 일이다. 행군만으로도 힘이 드는데 곳곳에서 적의 습격을 받으면 병사들은 전쟁터에 도착하기도 전에 기력을 소진할 것이다. 《삼국연의三國演義》에 조조가 꾀를 내어 행군하는 병사들의 고통을 덜어준 사례가 나온다.

유비가 허창許昌에 있던 조조에게 몸을 의탁하고 있을 때의 일이다. 어느 날 조조가 유비를 승상부로 불러 손을 잡으며 말하였다.

나는 조금 전 후원의 매실이 파랗게 익은 것을 보고 작년 장수張繡를 정벌하기 위해 행군했을 때 물이 떨어져 병사들이 마실 물이 없어 고통을 겪었던 일이 생각났소. 그때 나는 한 가지 묘안이 떠올라 말채찍으로 앞을 가리키며 병사들에게 이렇게 말하였소. '저 앞에는 광활한 매화나무 숲이 있는데(前有大梅林), 그 매실은 아주 시고 달아 갈증을 풀 수 있을 것이다(可以解渴).' 이 말을 들은 병사들은 매실의 신맛을 생각하고는 입안에 침이 돌아 갈증을 느끼지 않게 되었소. 그리고 오래지 않아 물이 있는 곳을 찾았소.

《노자》 27장에서 '선행무철적善行無轍迹'이라고 하였듯이, 행군을 잘하는 장수는 수레바퀴 자국이나 병사들의 발자국 흔적을 남기지 않는다. 이는 적군이 아군의 이동 경로를 알지 못하게 하기 위함이다.

결국 행군이란 소리를 내지 않는 바람처럼 쥐도 새도 모르게 가서 상대를 제압해야 한다는 것이다.

공격과 수비의 불문율

그러므로 공격을 잘하는 자는 수비하는 곳을 적이 알지 못하게 하고, 수비를 잘하는 자는 그 공격해야 할 곳을 적이 알지 못하게 한다. 미묘하고 미묘하니 형태가 없는 데에 이르고, 신기하고 신기하니 소리가 들리지 않는다. 그러므로 이런 경지에 이르면 적의 목숨을 좌우할 수 있다. [아군이] 진격해도 [적이] 방어할 수 없는 것은 그 허점을 찌르기 때문이고, [아군이] 후퇴해도 [적이] 추격할 수 없는 것은 [이미] 멀리 달아나 따라잡을 수 없기 때문이다. 그러므로 내가 전쟁을 하고자 하면 적이 비록 높은 성루와 깊은 도랑을 만든다고 하여도 부득이 나와 싸울 수밖에 없으니, 적이 반드시 구해야만 하는 곳을 공격하기 때문이다. 내가 싸우고자 하지 않으면 비록 땅을 구획하고 그곳을 지키려고 하여도 적이 아군과 싸움을 할 수 없는 것은 방향을 어그러뜨렸기 때문이다.

故善攻者, 敵不知其所守, 善守者, 敵不知其所攻. 微乎微乎, 至於無形, 神乎神乎, 至於無聲, 故能爲敵之司命. 進而不可禦者, 衝其虛也; 退而不可追者, 遠[7]而不可及也. 故我欲戰, 敵雖高壘深溝, 不得不與我戰者, 攻其所必救也; 我不欲戰, 雖畫地而守之, 敵不得與我戰者, 乖其所之也.

---

7) 금본에는 '속速'으로 되어 있으나 죽간본에는 '원遠'으로 되어 있다. 여기서는 문맥상 '원遠'이 자연스러우므로 고친다.

【해설】

절대적인 우위를 확보하기 위한 것은 '보이지 않게invisible' 하는 전략이다. 즉 겉으로 보기에 아무런 형상이 없는 듯한 무형의 군대가 실한 것이고, 겉으로 보기에 실한 것처럼 보이는 군대가 허한 것일 수 있다는 역설이다. 또한 상대를 분산시키고 아군의 분산을 가능한 막아야만 승리를 점칠 수 있다. 적의 형세는 가능한 드러나게 해야 하지만 아군의 형세를 드러내는 것은 자멸의 지름길이다. 말하자면 신출귀몰해 적에게 아무 자취도 남기지 않고 상대의 얼을 쏙 빼놓아야 한다는 것이다.

적이 굳게 지키는 곳을 공격하면 적은 작은 빈틈까지도 굳게 지키려고 한다. 그런데 적의 작은 빈틈을 노려 재빨리 공격하면 단단히 지키고 있던 곳마저 허술해지고 결정적인 빈틈을 드러내게 된다.

《삼국지》〈촉서蜀書 제갈량전諸葛亮傳〉에 불세출의 정치가 겸 전략가 제갈량諸葛亮이 맹획孟獲을 사로잡자 맹획이 사로잡힌 이유는 "'허실'을 몰랐기 때문"이라고 말하는 장면이 나온다.

제갈량은 남중南中에 이르기까지 가는 곳마다 싸워서 이겼다. 맹획이라는 자가 이족夷族과 한漢나라 사람들에게 신임을 받고 있다는 말을 듣고 현상금을 걸어 사로잡도록 하였다. 사로잡은 뒤 진영 안을 살피게 하고 "이 군軍은 어떻소?"라고 물었다. 맹획은 "전에는 허실虛實을 몰랐기 때문에 졌습니다. 이제 진영을 돌아보았으니 만일 이와 같다면 분명히 쉽게 이길 수 있습니다"라고 답하였다. 제갈량은 맹획을 풀어주고 다시 싸웠다. 일곱 번 풀어주고 일곱 번 사로잡았지만 제갈량은 여전히 맹획을 풀어주었다. 맹획은 멈추어 가지 않고 "그대는 하늘의 위엄을 지녔습니다. 우리 남인南人들은 두 번 다시 배반하지 않겠습니다"라고 말하였다. 그러고는 그대로 전지滇池에 이르렀다.

또 제갈량이 양평에 주둔했을 때 위연 등으로 하여금 병력을 모아 동쪽으로 내려가게 하고 1만 명만 남겨 성을 지키게 하였는데, 사마의가 와서 공격하자 장병들은 모두 얼굴색을 잃었으되 제갈량은 의기자약하여 군대에 명하여 깃발을 눕히고 북을 멈추게 하고, 사면의 문을 활짝 열고 땅을 쓸어 청소하게 하니 사마의가 복병이 있는 것으로 의심하여 후퇴하였다. 평소 신중한 제갈량이 갑자기 약한 형세를 보이자 이를 의심하였던 것으로 적의 예측이 어긋나기를 노린 제갈량의 기지가 엿보인다.

상대가 예측하는 방향을 공격하는 것은 오히려 역습의 기회를 제공하게 된다. 송나라 양공襄公이 적의 전열이 모두 갖추어진 뒤 싸움을 벌이려다 결국 화살을 맞고 죽음을 맞이한 것은 손빈이 보기에 '어리석은 인자함'일 뿐이다.

유형과 무형의 차이

그러므로 적을 드러나게 하고 아군을 드러나지 않게 하는 것은 아군은 집중하되 적은 분산되도록 하기 위함이다. 아군이 집중해 하나가 되고 적은 분산되어 열(十)이 되니, 이는 열의 힘으로 하나의 힘을 공격하는 것이다. 즉 아군은 많아지고 적군은 적어지는 것이다. [이렇듯] 많은 병력이 적은 병력을 공격하면 아군과 싸워야 할 적은 줄어들게 된다. 아군이 공격할 곳이 어디인지 적이 모르게 하면 적은 수비할 곳이 많아지게 되고, 적이 수비할 곳이 많아지면 아군과 싸워야 할 적은 줄어들게 된다.

故形人而我無形, 則我專而敵分. 我專爲一, 敵分爲十, 是以十攻其一也, 則我衆敵寡. 能以衆擊寡, 則吾之所與戰者約矣. 吾所與戰之地不可知, 不可知, 則敵所備者多, 敵所備者多, 則吾所與戰者寡矣.

【해설】

드러나지 않는 작전을 말하고 있는데, 이는 용병술의 영원한 화두이다. 무형無形과 무성無聲의 상태는 매우 은밀한 기동機動을 의미한다. 은밀하게 움직여 적의 눈에 띄지 않으면 적이 당황하게 되고, 그렇게 되면 전력의 우위가 생긴다. 그냥 생기는 정도가 아니라 수

직상승한다. 전쟁은 완벽한 전력상의 우위에서 시작해야 한다는 손자의 평소 신념이 잘 강조되어 있는 단락이다.

원문에서 앞의 '형形'은 동사이고, 뒤의 '형形'은 명사이다. 앞의 '형'은 모든 수단을 동원해 적정敵情을 관찰하고 적들을 확연히 드러나게 하라는 의미이며, 뒤의 '형'은 자신의 행동과 의도를 은폐해 적으로 하여금 아군의 행적을 살필 수 없게 하라는 것이다. 여기서 이 두 '형'을 모두 동사로 번역하는 번역본들이 많은데, 이는 손자의 원래 취지와 맞지 않는 것이다.

"적은 분산되어 열(十)이 된다"에서 열은 분산된 숫자가 많음을 지적한 것이지 구체적인 숫자 10을 의미하는 것은 아니다. 이어지는 "아군은 많아지고 적군은 적어지는 것이다. [이렇듯] 많은 병력이 적은 병력을 공격하면 아군과 싸워야 할 적은 줄어들게 된다(則我衆而敵寡; 能以衆擊寡者, 則吾之所與戰者, 約矣)"라는 구절은 간단히 짚고 넘어갈 것이 있다. 죽간본《손자》에서는 '중과衆寡'의 순서가 뒤바뀌어 있다. 그래서 이를 그대로 따르면 "아군은 적고 적군은 많아, 적은 숫자로 많은 적을 공격하니……"라는 식으로 번역된다. 이는 적지 않은 혼란을 야기하였다. 그런데 손자가 이 책 전체에서 일관되게 주장하고 있는 것은 늘 많은 아군으로 적은 적을 공격하는 안전 지향의 공격술이다. 이 점을 감안할 때 죽간본의 이 순서는 신빙성이 없다고 보아야 할 것이다.

상대의 허를 찌르는 계책은 언제나 유효하였다. 사마천도《사기》

〈제태공세가齊太公世家〉에서 "주周 서백西伯 희창姬昌은 유리羑里라는 곳을 빠져나와 돌아와서 여상(呂尙, 강태공)과 몰래 일을 꾸미고 덕을 닦아 상商나라 정권을 무너뜨렸으니, 그 일들은 대부분 용병술과 기묘한 계책이었다. 이에 후세에 용병술과 주나라의 권모를 말할 때 태공太公을 받들어 근본이 되는 권모가로 삼은 것이다"라고 지적하였다.

이뿐만이 아니다. 사마천은《사기》〈진승상세가陳丞相世家〉에서 진평陳平에 대해 "그는 항상 기이한 계책을 내어[8] 아귀다툼하는 어려움을 해결했고, 나라의 근심거리를 떨쳐냈다. 여후呂后 때에 이르러 사건이 매우 많았으나 진평은 끝내 스스로 화를 벗어났고, 사직을 안정시켜 영예로운 이름으로 죽어 어진 재상이라 일컬어지고 있다. 어찌 시작도 잘하고 끝도 잘 맺었다고 하지 않겠는가! 만일 지혜와 책략이 없었다면 누가 이와 같은 일을 감당할 수 있었겠는가?"라고 상당한 평가를 하였다.

8) 사마천의 논평 바로 위에 진평 스스로 한 말이 있다. "내가 은밀한 계책을 많이 세웠으니, 이는 도가道家에서 꺼리는 것이다. 만일 내 후손이 폐출된다면 끝난 것으로 결국 일어서지 못할 것이니, 내가 은밀한 계책을 많이 쓴 화를 입은 탓이다."

예상을 뒤엎어 공격하고 수비하라

그러므로 [적이] 전방을 수비하면 후방의 병력이 모자라고, 후방을 수비하면 전방의 병력이 모자란다. 좌측을 수비하면 우측이 모자라고 우측을 수비하면 좌측이 모자란다. 수비하지 않는 곳이 없으면 모자라지 않는 곳도 없게 된다. [적병이] 모자란다는 것은 적이 [아군을] 수비하기 때문이고, [아군이] 많다는 것은 적들로 하여금 아군을 수비하도록 하기 때문이다. 따라서 전쟁할 곳을 알고, 전쟁할 날짜를 알면 천 리를 행군해서도 전쟁을 할 수 있지만, 전쟁할 곳을 알지 못하고 전쟁할 날짜를 알지 못하면 좌측이 우측을 구할 수 없고, 우측이 좌측을 구할 수 없다. 전방이 후방을 구할 수 없고 후방이 전방을 구할 수 없는데, 하물며 먼 곳은 수십 리, 가까운 곳도 몇 리나 떨어져 있는 경우는 말해 무엇하겠는가? 내가 헤아려보건대, 월越나라의 병력이 비록 많다고는 하지만 또한 어찌 이기고 지는 것에 보탬이 되겠는가? 그러므로 승리란 만들어지는 것이니, 적이 비록 많을지라도 그들로 하여금 전투를 할 수 없게 만들면 되는 것이다.

故備前則後寡, 備後則前寡, 備左則右寡, 備右則左寡, 無所不備, 則無所不寡. 寡者備人者也, 衆者使人備己者也. 故知戰之地, 知戰之日, 則可千里而會戰. 不知戰地, 不知戰日,則左不能救右, 右不能救左, 前不能救後, 後不能救前, 而况遠者數十里, 近者數里乎? 以吾度之, 越人之兵雖多, 亦奚益於勝敗哉? 故曰: 勝可爲也. 敵雖衆, 可使無鬪.

【해설】

모든 것에는 틈이 있기 마련이다. 앞쪽에 병력을 집중시키면 뒤쪽이 약해지고, 뒤쪽에 병력을 집중시키면 앞쪽에 문제가 생긴다. 수비는 적게 할수록 좋다. 그래야만 병력이 분산되지 않으며 제대로 공격할 수 있게 된다. 충분한 병력으로 공격해야 전후좌우에 문제가 생겼을 때 구원병을 투입시킬 수 있다. 이것을 제대로 갖추지 않은 채 원정전쟁을 떠나는 것은 곧 섶을 지고 불로 뛰어드는 격이다.

"천 리를 행군해서도 전쟁을 할 수 있지만(則可千里而會戰)"에서 원문의 '회전會戰'은 병력의 집결을 예측해 적과 싸움을 벌이게 된다는 의미이다. 어떤 곳에서 싸우고, 언제 싸울 것인가를 정확하게 예측해본다는 의미를 담고 있다. 즉 '지地'와 '일日'을 제대로 아는 것은 바로 적을 제대로 알고 싸운다는 것이다. 천 리를 원정하든, 십 리를 원정하든 이 둘을 제대로 염두에 두는 것은 완전한 승리를 위한 최소한의 전제 조건으로서 이는 제10편의 편명인 〈지형地形〉과도 연관된다.

또한 "월越나라의 병력이 비록 많다고는 하지만 또한 어찌 이기고 지는 것에 보탬이 되겠는가?"라는 것은 춘추시대 말에 벌어진 오월吳越전쟁에서 나온 말이다. 월나라는 강성했던 시절 강소성江蘇

省·안휘성安徽省·강서성江西省·절강성浙江省 등의 지역을 모두 점령하고 있었지만, 결국 오나라에 패하였다. 오왕 합려는 월나라와의 전쟁 중에 전사했는데, 아들 부차에게 월나라에 반드시 복수할 것을 당부해 부차는 와신 끝에 월나라를 정벌하였다. 이후 부차의 신하가 된 월왕 구천勾踐은 3년 뒤 본국으로 돌아와 22년 만에 오나라를 멸망시키니, 결국 외부로 보이는 병력의 많고 적음이 승패의 절대적 요인이 되지 못한다는 의미다.

그러므로 묘책을 헤아려 [이해] 득실을 계산하고, [적을] 자극해 움직이고 멈추는 이치를 알며, [아군을] 드러내서 [그곳이] 사지인지 생지인지를 알고, 적과 다투어보아 [병력이] 남음이 있거나 부족한 곳을 알아야 한다.[9] 따라서 최상의 군대 배치는 그 형세를 드러내지 않아야 한다. 형태가 없으면 [아군] 깊숙이 들어온 간첩도 [실상을] 엿볼 수 없으며 지혜로운 자라도 모략을 세울 수 없다. 적의 형세에 따라 [잘 대응해서] 비록 백성들이 보는 앞에서 승리했더라도 그들은 아무도 [승리의 요인을] 알지 못한다. 사람들은 모두 [아군의] 형세 때문에 승리한 것으로 알지, 승리할 수 있는 형세를 만들었다고는 생각하지 못한다. 따라서 전쟁에서 한 번 승리한 방법은 되풀이하지 말고 끊임없이 변화시켜 형세에 대응해야 한다.

故策之而知得失之計, 作之而知動靜之理, 形之而知死生之地, 角之而知有餘不足之處. 故形兵之極, 至於無形; 無形則深間不能窺, 智者不能謀. 因形而錯勝於衆, 衆不能知. 人皆知我所以勝之形, 而莫知吾所以制勝之形. 故其戰勝不復, 而應形於無窮.

9) 이런 예를 들어볼 만하다. 기원전 628년 진秦나라의 대부 기자杞子가 정鄭나라에서 진秦나라로 사람을 보내 목공穆公에게 "정나라가 우리에게 북문의 열쇠를 관장하게 하였으니, 만일 군대를 은밀히 보내오면 정나라를 얻을 수 있습니다"라고 고하자, 목공이 건숙蹇叔과 상의하였다. 건숙이 반대하였으나 목공은 그의 말을 듣지 않고 군대를 출동시켰다. 이때 건숙의 아들도 그 군대에 속하여 출전하게 되었는데, 건숙이 울면서 아들에게 "진나라는 반드시 우리 군대를 효산에서 막을 것이다. 효산에 두 언덕이 있는데, 남쪽 언덕은 하후 고皐의 무덤이 있는 곳이고, 북쪽 언덕은 문왕이 비바람을 피했던 곳이다. 반드시 이 두 언덕 사이에서 죽을 것이니 내가 그곳으로 가서 네 유골을 거두리라"고 말했다. 그 후 과연 그의 말대로 되었다.(《좌전》 희공 32년)

【해설】

손자는 이미 공격의 두 가지 전제, 즉 '아전이적분我專而敵分'과 '형인이아무형形人而我無形'을 전제로 하였는데, 이 단락에서 이야기하고자 하는 것은 '책지策之'·'작지作之'·'형지形之'·'각지角之'라는 네 가지 전술이다. 이는 손자의 지피지기 전술과 전쟁이 일어나기 전에 승리하고 나서 싸우라는 원칙을 그대로 보여준다. 즉 전투를 시작할 때는 매우 신중하게 하여야 하며, 주도면밀한 상대 파악이 핵심이라는 것이다.

'책지'란 계책을 살펴보는 것으로, 아군과 적군이 취할 수 있는 행동의 장단점을 헤아려본다는 의미이다. 《사기》〈경포열전黥布列傳〉을 보면 경포가 반란을 일으키자 등공이 고조에게 설공을 추천하였는데, 설공이 말한 최상의 계책, 보통 계책, 낮은 계책 중에서 경포가 설공의 예측대로 낮은 계책을 따랐다가 패망한 것이 여기에 해당한다. '작지'란 적에게 어떤 제안을 하는 것으로도 볼 수 있는데, 고의적으로 정보를 흘리거나 선전해 적을 동요하게 만드는 것이다. '형지'란 형形을 파악한다는 의미로, 병력 배치를 살펴보아 공격과 수비시 어느 곳이 유리한지 불리한지를 판단하는 것이다. '각지'란 전통적인 해석으로 보면 적의 역량을 판단하는 것인데, 여기서는 적의 역량을 시험해본다는 의미가 강하다. 따라서 기동대를 보내 국지전을 벌이는 것이 이것에 해당된다. 《사기》〈회음후열전〉에 다음과 같은 일화가 전한다.

기원전 204년에 한나라 군대는 협공하여 조趙나라 군대를 크게 깨뜨리고 병사들을 사로잡았으며, 성안군을 지수泜水 부근에서 베고 조왕 헐歇을 사로잡았다. 이때 한신이 군중에 명령을 내렸다. "광무군을 죽이지 말라. 산 채로 잡아오는 자가 있으면 1000금으로 사겠다." 그러자 광무군을 묶어 휘하로 끌고 온 자가 있었다. 한신은 그 줄을 풀어준 뒤 동쪽을 향해 앉도록 하고 자기는 서쪽을 향하여 마주보며 그를 스승으로 모셨다. 장수들이 적의 머리와 포로를 바치고 축하한 뒤, 한신에게 물었다. "병법에는 '산과 언덕을 오른쪽에 두거나 등지고 물과 못을 앞으로 하거나 왼쪽에 두라'고 했는데, 오늘 장군께서 저희에게 도리어 물을 등지고 진을 치게 하여 승리를 거두었으니 이것은 무슨 전술입니까?" 한신이 대답했다. "이것도 병법에 있는데 여러분이 알아차리지 못했을 뿐이오. 병법에는 '죽을 곳에 빠뜨린 뒤라야 비로소 살릴 수 있고, 망할 곳에 둔 뒤라야 비로소 멸망하지 않을 수 있다'라는 말이 있잖소? 내가 평소부터 사대부를 길들여 따르게 할 수 있었던 것도 아니고 시장 바닥에 있는 사람들을 몰아다가 싸우게 한 것과 같으니, 그 형세가 죽을 땅에 두어 저마다 자신을 위하여 싸우게 하지 않고 살 수 있는 곳을 준다면 모두 달아날 텐데 어떻게 이들을 쓸 수 있겠소?"

네 가지 전술을 통해서 적의 허점을 발견해 그것에 공격을 집중할 수 있다.[10] 그리고 마지막 구절에 나와 있듯이 손자는 한 번 사

---

10) 《관자管子》〈칠법七法〉에도 나와 있듯이 전쟁을 하는 기본 원칙은 반드시 충분한 정보를 수집해 계산하고 그에 따른 준비를 한 다음 군대를 출동시키는 것이다. 만일 정보 수집이나 결과에 대한 계산을 무시한 채 전쟁을 하면 싸우기도 전에 무너지고 만다.

용한 형세를 되풀이하지 말고 늘 무궁무진한 형세 변화의 가능성을 살피며 임하라고 하였다. 왜냐하면 전쟁은 불확실성과 모호성의 연속이어서 어떤 것이 진짜이고, 어떤 것이 가짜인지 분간할 수 없다는 점을 깊이 인지해야 하기 때문이다.

무릇 용병의 형세는 물과 같은 형상(형태)을 띠어야만 한다. 물의 [흘러가는] 형상은 높은 곳을 피하고 낮은 곳으로 달려간다. 용병의 형상은 충실한 곳을 피하고 허약한 곳을 공격하는 것이다. 물은 땅의 형태에 따라 흐름[11]이 만들어진다. 용병은 적에 따라 승리가 만들어진다. 그러므로 용병은 영원한 형세가 없고, 물은 영원한 형태가 없다. 적의 변화에 따라 승리를 취하는 것을 일컬어 '신神'이라고 부른다. 따라서 오행五行[12]에는 [상생상극해] 항상 이기는 것이 없고, 사계절은 일정한 위치가 없으며,[13] 해에는 길고 짧음이 있고, 달에는 차고 기우는 것이 있다.

夫兵形象水, 水之形, 避高而趨下, 兵之形, 避實而擊虛. 水因地而制流, 兵因敵而制勝. 故兵無常勢, 水無常形, 能因敵變化而取勝者, 謂之神. 故五行無常勝, 四時無常位, 日有短長, 月有死生.

---

11) 원문의 '류流'를 번역한 것으로, 죽간본《손자》에는 '행行'으로 되어 있다. 행 대신 류가 들어간 것은 후대에 좀더 극적인 표현으로 만들기 위해 손을 댄 것이라 추론해볼 수 있다.

12) 오행, 즉 금金·목木·수水·화火·토土는 항상 오래 이김이 없으니 목木이 이기면 토土가 쇠하고 화火가 이기면 금金이 쇠하고 토土가 이기면 수水가 쇠하고 금金이 이기면 목木이 쇠하고 수水가 이기면 화火가 쇠함을 이르니 상생상극하며 하나의 물건이 다른 물건을 제압하는데, 마치 동그라미처럼 시작도 없고 끝도 없기 때문에 나온 말이다.《한서》〈예문지 병서략兵書略〉에 "음양이라는 것은 때에 따라 발생하고 형덕刑德을 미루어보며 투쟁을 따르고 오승五勝을 따르고 귀신을 빌려 돕는 것이다〔陰陽者, 順時而發, 推刑德, 隨鬪擊, 因五勝, 假鬼神而爲助者〕"라는 문장이 나온다.

13) 한 계절에 얽매이지 않고 순환한다는 말이다.

【해설】

'전략의 유연성flexibility in tactics'을 강조하고 있는 이 단락은 적을 다루고 병력을 운용하는 데 있어서 고정관념에서 벗어나서 정해진 유형을 피하라는 것이다. 여기서 손자는 용병을 물의 성질에 비유하고 있는데, 이는 물의 유동성과 물의 하향성을 핵심으로 이야기하면서 일정한 틀에 얽매이지 않고 변화하는 상황에 적응해 승리를 취해야 한다는 것이다. 이는 오행五行과 사시四時 등 자연의 이치에는 일정함이 없다는 것과 같다. 이러한 손자의 관점은 노자의 '상선약수'와도 연결지어 생각해 볼 수 있다.

천하에 물보다 부드럽고 약한 것은 없으나 단단하고 강한 것을 공격하기로는 그것(물)보다 나은 것이 없으니, 그 무엇으로도 물을 바꿀 수 있는 것은 없다.

약한 것이 강한 것을 이기고 부드러운 것이 굳센 것을 이긴다는 것은 천하에서 알지 못하는 사람이 없으나 아무도 행동하지 않는다(天下莫柔弱於水, 而攻堅强者, 莫之能勝, 以其無以易之. 弱之勝强, 柔之勝剛, 天下莫不知, 莫能行).(《노자》78장)

겸손과 유연의 상징이면서 세상의 모든 것을 이길 수 있는 강력한 힘을 가지고 있는 외유내강의 전형이 바로 물이다. 유연한 것처럼 보이는 물은 노자에게 있어 그 어떤 것보다도 소중히 다루어지고 존중되는 상징이었다. 겉보기와 달리 이런 물의 성질을 통치자도 염두에 두어 이 같은 속성이 병법에도 그대로 적용되고 있다.

| 전례 |

'피실격허避實擊虛'의 전략

— 적의 허를 찌르는 비책, 화우진火牛陳

기원전 284년 연燕나라 소왕昭王은 악의樂毅를 상장군으로 삼고 다섯 나라의 병사들을 이끌고 제齊나라를 공격해 제나라의 수도 임치臨淄와 70여 개의 성을 함락시켰다.

제나라는 거莒와 즉묵卽墨 두 성만을 지키고 있었고, 제나라 민왕湣王 또한 피살되었다. 이때 즉묵의 성안 대부들의 강력한 추천으로 추대된 제나라 장수 전단田單은 얼마 뒤 소왕이 죽고 왕위에 오른 혜왕惠王이 장군 악의와 사이가 좋지 않다는 사실을 알게 되었다. 이에 연나라로 간첩을 보내 악의가 제나라를 친다는 명분을 내세우지만 사실 속으로는 제나라 왕이 되려고 한다는 소문을 퍼뜨리게 하였다. 혜왕은 이 소문을 그대로 믿고 악의 대신 기겁騎劫을 장수로 임명하였다. 그리하여 악의는 혜왕에게 살해될지도 모른다는 두려움에 조趙나라로 망명했고, 연나라 군사들의 사기는 땅에 떨어졌다.

그렇다고 해서 즉묵의 백성들이 불안에 떨지 않은 것은 아니었다. 아무래도 외형상 연나라의 전력이 우세했기 때문이다. 더구나 연나라 군사들이 제나라 포로들의 코를 베어버리는 사건이 일어나자 성안 사람들은 더욱 두려움에 떨었다. 그런데 연나라 군사들이 즉묵 성안의 무덤을 파헤쳐 욕을 보이는 사건이 발생하자 제나라 사람들의 분노가 하늘을 찔렀다.

그러나 정공법으로는 도저히 승산이 없다고 생각한 전단은 전력을 철저히 숨기고 있다가 기습하는 전법을 구사하고자 하였다. 그래서 자신의 처와 첩도 군대에 편입시키고 무장한 병사들을 숨겨놓았으며, 노약자와 부녀자들만 성안에 오르게 하여 항복하자 연나라 군사들은 만세를 불렀다. 그 사이 2만 냥의 거금을 연나라 장수에게 보내 적군이 더욱 방심하게 만들었다.

이때 전단은 화우진火牛陳이란 전법을 구상하고 있었다. 소 1,000여 마리를 모아 붉은 비단에 오색으로 용무늬를 그린 옷을 만들어 입히고, 쇠뿔에는 칼날을 매달고 쇠꼬리에는 갈대를 묶어 기름을 붓고 그 끝에 불을 붙였다. 그러고는 성벽에 구멍을 수십 개 뚫어 밤을 틈타 그 구멍으로 소를 내보내고, 장사 5,000명이 그 뒤를 따르게 하였다. 꼬리가 뜨거워지자 소가 성이 나서 연나라 군대 진영으로 뛰어들어가니 연나라 군사는 한밤중에 크게 놀랐다. 쇠꼬리에 붙은 횃불이 빛을 내자 마치 용의 모습 같았다.

크게 놀란 연나라 군사들은 쇠뿔에 받혀 죽거나 부상을 당하였다. 게다가 장사 5,000명이 북을 울리며 함성을 지르자 노인과 아이들 모두 구리 그릇을 두들기며 성원을 보냈는데, 그 소리가 마치 천지를 뒤흔드는 것 같았다. 연나라 군사들은 소스라치게 놀라 우왕좌왕했고, 제나라 사람들이 마침내 연나라 장수 기겁을 죽이자 모두 정신없이 달아났다. 제나라 사람들은 도망가는 적을 뒤쫓았는데, 그들이 지나가는 성과 고을마다 모두 연나라에 반기를 들고 전단에게 귀순하였다. 제나라는 이 전투로 악의에게 빼앗겼던 70여 성을 모두 되찾았다. 전단은 안평군安平君에 봉해졌다.

《사기》〈전단열전〉에 나오는 화우진이라는 역사적인 이야기이다. 사마천은 전단이라는 전국시대 장수가 생사존망의 기로에 서 있던 당시의 제나라를 구하는 장면을 생생하게 묘사하였다. 또한 "용병用兵의 도道는 정공법으로 싸우고, 기이한 계책으로 [허를 찔러] 이기는 것이다. 싸움을 잘하는 사람은 기이한 계책을 무궁무진하게 낸다. 기이한 계책과 정공법이 서로 어우러져 쓰이는 것은 마치 끝이 없는 둥근 고리 같다. 대체로 기이한 병법은 처음에는 처녀처럼 약하게 보여 적군이 [얕잡아보고] 문을 열어두게 하지만, 나중에는 그물을 벗어난 토끼처럼 날래져서 적이 막으려고 하여도 막을 수 없다. 이는 전단의 용병법을 두고 한 말일 것이다"라고 총평하기도 하였다.

이처럼 전단이 적과 맞서 싸우면서 보여준 지혜와 계책은《손자병법》의 〈허실〉에서 취한 것이다.

제7편

군쟁軍爭

유리한 국면을 위한 군대 간의 다툼

〈군쟁軍爭〉 편은 죽간본《손자병법》하편의 '칠세七勢' 첫머리에 속하는 것으로, 앞의 여섯 편이 이론편이라면 이 편부터 제13편 〈용간用間〉까지는 실제적인 응용편에 해당된다고 할 수 있다. 즉, 이 편은《손자병법》의 차례에서 볼 때 정중앙에 놓여 있다. 제1편 〈계計〉에서 제6편 〈허실虛實〉까지가 주로 전쟁의 이론적인 측면을 다루었다면, 이 편부터 제11편 〈구지九地〉까지는 실제적인 문제를 다루고 있다. 그러므로 이 편은 〈군쟁〉부터 〈구지〉까지의 요약문 또는 총론 성격도 아울러 띠고 있다.

'군쟁軍爭'이란 적보다 먼저 유리한 위치를 차지하기 위해 서로 다투는 것이다. 즉 적군과 아군이 서로 승리를 다투어 전쟁에서 먼저 기회를 잡는 것, 유리함을 확보하는 것, 유리한 시간이나 유리한 위치를 차지하는 것이다. 적군과 아군 중에 누가 먼저 이러한 요충지에 도착할 수 있고, 유리한 시간에 공격할 수 있는지는 전쟁에서 매우 중요하다. 유리한 시간이란 사기가 충천한 군대로 이미 지친 적을 상대할 수 있는 시간을 말한다. 유리한 위치란 우세한 병력을 취약한 환경에 처한 적진에 투입하는 것을 말한다. 아군이 유리한 지형을 차지하게 되면 적을 견제하는 것은 쉽다. "어떻게 시간을 공간으로 바꾸고 공간을 시간으로 바꾸는가, 속도와 피로함을 어떻게 장악하는가"라는 것이 이 편에서 가장 중요한 해법이다.

이 편에서 손자는 우회의 전략을 중시했는데, 이것은 적이 예측한 방향과 정반대 방향으로 기동機動하는 것을 말한다. 상대가 보기에도 어렵고 힘든 것처럼 보이는 기동을 택하는 것이 결과적으로는 전쟁에서 승리할 수 있다는 것이다. 좀더 자세히 살펴보면 전투를 시작할 때 적보다 유리한 상황을 만들고, 승리하기 위한 조건들을 갖추면서 적군의 도발 혹은 기동을 미연에 방지하는 것 등에 대해 다루고 있다. 물론 기본적인 방침은 손자의 병법에서 핵심 개념인 '병이사립兵以詐立', 즉 용병이란 속이는 것을 토대로 성립한다는 것이다.

이 편을 통해 손자는 '군쟁'이 결코 쉽지 않다는 화두를 던지면서 '우직지계迂直之計'와 '환리지계患利之計'라는 개념을 등장시키고 있는데, 여기서도 이미 '묘산廟算'의 주요 방향타였던 장수와 군주의 역할 분담 문제를 거론하고 있다. 손자는 상식을 뛰어넘는 반어법과 특유의 역설적인 사유방식으로 병법을 효과적으로 설명하고 있다.

가기 좋은 길은 도리어 나쁜 길이다

손자는 말한다.

대체로 용병의 원칙[法]은 장수가 군주로부터 명을 받고[1], 군대를 징집하고 군중을 모아 편성해 [양측이] 서로 대치하는 데[2] 군쟁軍爭보다 어려운 것은 없다.

군쟁 중에서 어려운 점은 먼 길로 돌아가면서도 곧바로 가는 것처럼 하고, 근심거리를 [오히려] 이로움으로 삼는 것이다. 그러므로 그 길을 구불구불 가는 것처럼 하여 적을 미끼로 유인하면 나중에 출발한 군대가 먼저 도착하는 것이니, 이를 '먼 길로 돌아가면서도 곧바로 가는 것처럼'[3] 하는 계책을 안다고 하는 것이다.

孫子曰: 凡用兵之法, 將受命於君, 合軍聚衆, 交和而舍, 莫難於軍爭. 軍爭之難者, 以迂爲直, 以患爲利. 故迂其途而誘之以利, 後人發, 先人至, 此知迂直之計者也.

1) 원문의 '수명受命'을 번역한 것으로, 《좌전》 민공閔公 2년에 따르면 수명은 묘당에서 받는다고 하였다. 본래 나라에 재난이 생기면 군주는 궁궐에서 장수를 불러 그에게 조서를 내렸다. 그 조서의 내용은 "사직의 운명이 장군에게 달려 있는데, 지금 나라에 재난이 있어 원컨대 그대에게 청하노니 이에 응하라"라고 되어 있다. 장군이 명을 받으면 태묘에 가서 귀신에게 고하고 길일을 점쳐 깃발과 북도 함께 받는다.

2) '교화이사交和而舍'를 번역한 것으로, 여기서 '화和'는 바로 진영의 문을 의미하고, '사舍'는 주둔을 의미한다고 보아야 한다.(조조·두목·매요신 설) 한편, '교화'를 집결된 아군 병사들이 서로 친하게 되어 일체감을 형성한다는 의미로도 보는데, 이렇게 되면 뒤에 나오는 '막난어군쟁莫難於軍爭'과 어울리지 않는다는 반론이 제기된다. 여기서 군쟁軍爭이란 군이 유리한 고지를 차지하기 위한 전쟁을 의미한다.

3) 마이어는 '우직迂直'을 '빙 돌아가는 직진circuitous straight'이라고 번역하였다.

【해설】

장수가 군주의 명을 받아 군대를 출동시킬 때 우회의 전략을 구사하는 것은 바로 적이 예상하는 진격로를 벗어나기 위한 계책이다. 즉 적의 눈과 마음을 빼앗아 아군의 기동機動을 눈치채지 못하게 하여 나중에 출발해도 먼저 도착한다는 원리이니, 이것이 바로 '우직지계迂直之計'이다. "먼 길로 돌아가면서도 곧바로 가는 것처럼 하고, 근심거리를 [오히려] 이로움으로 삼는 것〔以迂爲直, 以患爲利〕"은 말은 쉬우나 결코 실행하기 쉽지 않은 방법으로, 이는 불리한 지형이나 상황을 상대가 예측하지 못하는 방향으로 유도해 아군에게 유리한 국면으로 바꾸는 전략이다. 《사기》〈손자오기열전〉에 이 같은 전략을 이용해 승리한 사례가 나온다.

위魏나라와 조趙나라가 함께 한韓나라를 공격하자 한나라는 제齊나라에 위급함을 호소하였다. 제나라에서는 전기田忌를 장군으로 임명해 내보냈다. 전기는 곧장 대량大梁으로 쳐들어갔다. 위나라 장군 방연龐涓은 이 소식을 듣고 한나라 공격을 멈추고 돌아갔으나, 제나라 군사는 [방연보다 한 발 앞서] 위나라 국경을 넘어 서쪽으로 들어가고 있었다. 손빈이 전기에게 말하였다.

"저 삼진三晉의 위나라 병사들은 원래 사납고 용감하며 제나라를 무시하고 제나라 군사들을 겁쟁이라고 부르고 있습니다. 싸움을 잘하는 사람은 그 형세를 잘 이용해 유리하게 이끌어나갑니다. (……) 우리 제나라 군대가 위나라 땅에 들어서면 첫날에는 아궁이 10만 개를 만들게 하고, 다음 날에는 아궁이 5만 개를 만들게 하며, 또 그다음 날에는 아궁이 3만 개를 만들게 하십시오."

방연은 제나라 군대를 뒤쫓은 지 사흘째가 되자 몹시 기뻐하며 말하였다.

"나는 일찍이 제나라 군사가 겁쟁이인 줄 알고 있었지만 우리 땅에 들어온 지 사흘 만에 달아난 병사가 절반이 넘는구나."

그러고는 보병들은 따로 남겨둔 채 날쌘 정예부대만을 이끌고 이틀 길을 하루 만에 달려 급히 뒤쫓아갔다. 손빈이 방연의 추격 속도를 가늠해보니 저녁 무렵이면 위나라 마릉馬陵에 이를 듯하였다. 마릉은 길이 좁은 데다가 길 양쪽에 험한 산이 많아 병사들을 매복시키기에 매우 좋은 곳이었다. 손빈은 길옆에 있던 큰 나무의 껍질을 벗기고 흰 부분에 이렇게 써놓았다.

"방연은 이 나무 아래에서 죽을 것이다."

그러고는 제나라 군사 중에서 활을 잘 쏘는 이들을 골라 쇠뇌(弩) 1만 개를 준비시켜 길 양쪽에 매복시키고 말하였다.

"밤에 불빛이 보이면 일제히 쏘도록 하라."

방연은 정말 밤이 되어서 껍질을 벗겨놓은 나무 밑에 이르렀다. 그는 흰 부분에 쓰여 있는 글씨를 발견하고는 불을 밝혀 비추어보았다. 방연이 그 글을 미처 다 읽기도 전에 제나라 군사들이 한꺼번에 수많은 쇠뇌를 쏘아댔다. 그러자 위나라 군사들은 우왕좌왕하며 뿔뿔이 흩어졌다. 방연은 자신의 지혜가 다하고 싸움에서 패한 것을 알고는 이렇게 말하였다.

"결국 어린애 같은 놈의 이름을 천하에 떨치게 만들었구나."

그러고는 스스로 목을 찔러 죽었다. 제나라 군대는 승리의 기세를 몰아 위나라 군대를 전멸시키고 위나라 태자 신申을 포로로 잡아 돌아왔다. 손빈은 이 일로 천하에 이름을 떨쳤으며, 그의 병법이 세상에 전해지게 되었다.

급한 군쟁은 삼가라

그러므로 군쟁은 유리한 것이 되기도 하고, 군쟁은 위험한 것이 되기도 한다.[4] [만일] 전군을 출동시켰으나 [요충지를 확보하려고] 이익을 다투다보면 목적을 달성할 수 없게 되고, 전군을 내버려두고 이로움을 얻기 위해 [적과] 다투면 전쟁 장비와 보급품(輜重)이 위험하게 된다. 이 때문에 갑옷을 말아 올리고 길을 달려 밤낮으로 쉬지도 않고 두 배의 속도로 행군해 모든 부대가 나아가 백 리에 걸쳐 이로움을 다투면 삼장군三將軍[5]이 사로잡히게 된다. 강한 자는 먼저 가고 피로한 자는 뒤처지게 되니, 이런 방법으로는 [병력의] 10분의 1만 [전쟁터에] 도착하게 된다. 50리에 걸쳐 유리함을 다툰다면 상장군을 잃게 되고, 이런 방법으로는 [병력의] 절반만이 도착하게 된다. 30리에 걸쳐 이로움을 다툰다면 3분의 2만 도착하게 된다. 이 때문에 군대는 장비가 없고 양식이 없어서 패망하며 남겨 쌓아둔 물자가 없어서 패망하게 된다.

故軍爭爲利, 軍爭爲危. 擧軍而爭利則不及, 委軍而爭利則輜重捐. 是故卷甲而趨, 日夜不處, 倍道兼行, 百里而爭利, 則擒三將軍. 勁者先, 疲者後, 其法十一而至; 五十里而爭利, 則蹶上將軍, 其法半至; 三十里而爭利, 則三分之二至. 是故軍無輜重[6]則亡, 無糧食則亡,

---

4) 원문의 '군쟁위위軍爭爲危'를 번역한 것으로, 여기서는 십가본十家本에 의거하였다. 무경본武經本《손자》에서는 '군軍'이 '중衆'으로 되어 있는데, 문맥적으로 의미가 통하지 않는다.

5) 삼군의 우두머리를 모두 장군이라고 하였다.

無委積則亡.

【해설】

군사를 출동시킬 때 무엇보다 중요한 것은 총체적인 시각의 확보이다. 여기서 '거군擧軍'이란 군 전체를 한 번에 출동시키는 것을 의미하고, '위군委軍'이란 군을 여럿으로 나누어 그 지휘권을 아래 지휘관들에게 위임하는 것을 말한다. 손자는 이 두 가지를 모두 경고하고 있다. 적보다 유리한 위치를 차지하기 위해 속도에만 집착해 보급품이 제대로 따라오는지, 적군의 상황은 어떠한지 등을 고려하지 않으면 심각한 위험에 처할 수밖에 없게 된다. 흉노족들이 멀리서 오는 한漢나라 군대를 유인해 피로하게 만드는 전략을 즐겨 사용한 것이 바로 그 예이다. 손자는 직권적인 통제방법인 '거군'과 분권적인 통제방법인 '위군'의 폐단이 나라의 존망을 좌우할 만큼 심각하다는 것을 이야기한 것이다.

"백 리에 걸쳐 이로움을 다투면 삼장군三將軍이 사로잡히게 된다"는 것은 전멸을 뜻한다. 손자가 살던 당시는 하루 30리 행군하는 것이 통상적인 거리였다. 30리를 행군하고 야행하는 것을 '사舍'라고 하였는데, '사'는 행군의 이정을 계산하는 단위로 쓰였다. 그러므로 아군과 적군이 만약 30리 이상 떨어져 있으면 서로 접촉할 수 있는 범위에서 벗어난 것이라고 할 수 있다. 그러므로 백 리는 정말 엄청난 강행군인 것이다. 손자는 하루 30리 행군하는 것도 너무 빠

---

6) 원문의 '치중輜重'이란 본래 물자를 싣는 수레를 말하는데, 여기서는 군용물자(군복과 무기 등)를 가리킨다. '치輜'는 치차輜車라는 의미이고, '중重'은 무거운 전차라는 의미로, 이것에서 '군대에서 옮겨가는 물자'라는 의미가 생겨났다.

르다고 생각하였다. 많은 장비를 싣고 앞으로 나아간다는 것은 어려운 일이며, 또한 후방의 보급부대가 미처 다 도착하지 못하기 때문에 무기 등이 부족한 사태가 발생한다는 점을 지적하고 있다.

그러므로 제후들의 모략을 알지 못하면 그들과 미리 외교관계를 맺을 수[7] 없다. 산림·험지·늪지의 지형을 알지 못하면 군대가 행군할 수 없고, 해당 지역의 길잡이를 활용하지 못하면 지리상의 이점을 파악할 수 없다.

따라서 용병이란 적을 기만함[8]으로써 성립하고 이로움을 보여줌으로써 적을 움직이며 [병력을] 분산하거나 집중시켜 변화를 만드는 것이다. 그러므로 그 [병력의 기동이] 빠르기가 광풍과 같고, 그 고요함은 숲속과 같으며, [적을] 공격하고 약탈하는 것이 불과 같고, 미동하지 않는 것이 산과 같다. 알기 어려움이 어둠에 있는 것 같고, 움직이는 것이 천둥과 벼락이 치는 것과 같다.

[적의] 고을(지방의 행정조직)을 빼앗고 그 병사들을 분산시키며 [점

7) 원문의 '예교豫交'를 번역한 것이다. 궈화뤄는 이 구절을 '제후와 교분을 맺다[與諸侯結交]'로 번역하면서 '예豫'는 '여與'와 통용되는 글자라고 교감하였다.(앞의 책, 146쪽) 아울러 그는 만일 제후들의 정치적 의도를 알지 못하면 자신의 외교 지침을 미리 정할 수 없다는 해설을 덧붙여 이 '예' 자의 축자적 의미도 고려했는데, 타당한 해석으로 보인다. 두목杜牧도 "'예'란 먼저라는 것이고, '교'란 교전하는 것이다[豫, 先也; 交, 交兵也]"라고 하면서 "만일 그 모략을 알지 못하면 진실로 전쟁을 치를 수 없다[若不知其謀, 固不可與交兵也]"는 말을 덧붙였다.

8) 원문의 '사詐'를 번역한 것으로, 이 대목의 축자적 번역은 '기만欺瞞'이라는 의미가 옳다. 마이어도 "전쟁은 기만에 입각해 고안된다War is premised upon deception"라고 보았다.(102쪽) 그러나 독자는 오해하지 말기 바란다. 역자가 이렇게 번역했다고 하여서 '사詐' 자에 내포되어 있는 다양한 변화와 기이한 계책이라는 긍정적 의미가 훼손되는 것은 아니다. 오히려 이 글자는 '기만하다'나 '사기치다'를 넘어서 '기이하고 변화무쌍한 방법'을 포괄적으로 지칭하는 말로 번역되어야 마땅하다.

령한] 땅을 확장해 이익을 나누고 권세를 저울질해 기동한다. '우직지계迂直之計'를 먼저 아는 장수가 승리하니 이것이 군쟁의 방법이다.

故不知諸侯之謀者, 不能豫交; 不知山林險阻沮澤之形者, 不能行軍; 不用鄕導者, 不能得地利. 故兵以詐立, 以利動, 以分合爲變者也. 故其疾如風, 其徐如林, 侵掠如火, 不動如山. 難知如陰, 動如雷震. 掠鄕分衆, 廓地分利, 懸權而動. 先知迂直之計者勝, 此軍爭之法也.

【해설】

군쟁에서의 확실한 기동방법을 제시하면서 이를 압축적으로 표현하고 있다. 특히 원문의 '병이사립兵以詐立'이라는 말은 먼저 적을 속여 아군의 의도를 오판하게 하고 유리한 점을 의도적으로 노출해 적을 그릇된 방향으로 움직이게 만든다는 뜻으로, 이는 '분합위변分合爲變'이라는 말과 함께 쓰인다. '분합위변'은 '기정분합奇正分合'이라는 말처럼 승리를 얻을 수 있는 상황을 조성하는 과정이다. 그러므로 손자는 빠른 기동을 중시하면서도 지나치게 속도만을 내세우지 말아야 할 것을 이야기하고 있으니, 용병이란 바람처럼 빠른 경우도 있지만 숲처럼 고요하게 이루어질 필요성도 있다.

손자는 제후들이 전략·지형·향도 등 세 가지를 운용하지 못하면 매우 무모한 싸움이 될 수밖에 없다고 하였다. 즉 외교관계, 지형적 조건 파악, 현지 사정에 능통한 자들의 도움이 있어야 정확하게 기동할 수 있다는 것이다. 손자가 지형을 강조하는 이유는 용병과 포진이 일정한 공간에서 이루어지기 때문이고, 병사들이 움직이는 장소가 바로 땅이기 때문이다. 자연조건은 공격과 수비에 결정적인 영향을 미치며, 이는 천天·지地·인人 세 가지를 아는 자는 승리하고 그렇지 못한 자는 패한다는 말에 이미 표현되어 있다.

소진蘇秦이 연燕나라 문후文侯를 만나 합종의 중요성을 설파하면서 한 말이 바로 이 지리적 조건이었다.

> 연나라 동쪽에는 조선과 요동이 있고, 북쪽에는 임호林胡와 누번婁煩이 있으며, 서쪽에는 운중雲中과 구원九原이 있고, 남쪽에는 호타하嘑沱河와 역수易水가 있습니다. 땅은 사방 2,000여 리가 되고, 무장한 병력이 수십만 명이며, 수레 600대에 말 6,000필이 있고 쌓아놓은 식량은 몇 년을 견딜 수 있습니다. 남쪽에는 갈석碣石이나 안문雁門 같은 물자가 풍부한 곳이 있고, 북쪽에는 대추와 밤에서 얻는 이익이 있어 백성은 밭을 갈지 않아도 넉넉하게 살 수 있습니다. 이것은 이른바 하늘이 만들어준 지역이라고 할 수 있습니다.
>
> 대체로 편안하고 별다른 일이 없어 전쟁에 패해 장수가 전사한 적이 없는 나라는 연나라 이외에는 없습니다. 왕께서는 이렇게 된 까닭을 아십니까? 연나라가 무장한 외적의 침입을 받지 않고 피해를 입지 않은 까닭은 조趙나라가 연나라의 남쪽을 가리고 있기 때문입니다. 진秦나라와 조나라는 다섯 번 싸워 진나라가 두 번 이기고 조나라가

세 번 이겼습니다. 그러나 그 때문에 진나라와 조나라는 서로 지쳤고, 왕께서는 연나라를 온전하게 하면서 그 배후를 누를 수 있었습니다. 이것이 이제까지 연나라가 적의 침입을 받지 않은 까닭입니다(《사기》 〈소진열전蘇秦列傳〉).

이런 요새와도 같은 땅에서 왜 진나라를 받들어 화를 자초하느냐는 것이 소진의 요지였다. 결국 문후는 소진의 말을 받아들여 합종의 대열에 동참하였다.

완급과 방향을 조절하는 것은 적으로 하여금 오판하게 만드는 좋은 방법이며, 아군의 병력을 분산 혹은 집중시켜 적의 허점을 찌를 수 있는 기반이 된다.

북과 징은 눈과 귀이다

《군정軍政》[9]에서 말한다. "말을 하여도 서로 들리지 않으므로 징과 북[10]을 만들었고, 보려고 하여도 서로 보이지 않으므로 깃발을 만들었다."

징과 북과 깃발은 병사들의 눈과 귀를 하나로 만드는 도구이다. 병사들이 지휘관의 뜻에 하나로 집중하면 용감한 자라도 혼자 앞서 나가는 일이 없고, 비겁한 자라도 혼자 물러나지 않는다. 이것이 많은 병력을 다루는 원칙이다.

그러므로 야간전투에서는 횃불과 북을 많이 사용하고 주간전투에서는 깃발을 많이 사용하니, 병사의 눈과 귀를 변화시키기 위한 까닭이다.

軍政曰: 言不相聞, 故爲金鼓; 視不相見, 故爲旌旗. 夫金鼓旌旗者, 所以一人之耳目也. 人旣專一, 則勇者不得獨進, 怯者不得獨退, 此用衆之法也. 故夜戰多火鼓, 晝戰多旌旗, 所以變人之耳目也.

【해설】

이 단락에서는 단일화된 명령체계를 위해 전투에서 사용하는 필

---

9) 《삼국지》〈촉서蜀書 양홍전楊洪傳〉에 "옛 병서로 지금은 실전되어 없다"라고 나오는데, 군사에 관한 옛 책이다.

10) 원문의 '금고金鼓'를 번역한 것으로, 그 당시 군대의 진퇴를 지휘할 때 쓰던 도구이다. 북을 울려 병사들을 나아가게 하고, 징을 울려 병사들을 거두어들였다.

수적 운용 도구인 징·북·깃발 등의 활용방법에 대해 이야기하고 있다. 장수는 이런 도구를 이용해 병사들을 엄격하게 통제함으로써 대부대가 일사불란하게 움직일 수 있는 내적인 통제장치를 마련해야 한다. 이런 장치가 잘되어 있으면 호랑이처럼 날랜 적을 순한 양처럼 다룰 수 있기 때문이다.

대개 병사들의 마음과 뜻이 전일한 것은 오직 징과 북, 깃발의 신호에서 마땅히 나아갈 때 모두 나아가고 마땅히 후퇴할 때 모두 후퇴하며, 마땅히 왼쪽으로 가야 할 때 모두 왼쪽으로 가고 마땅히 오른쪽으로 가야 할 때 모두 오른쪽으로 가니, 사람의 힘이 가지런하여 승리하기가 쉬운 것이다. 또 옛날 월나라와 오나라가 입택笠澤을 끼고 서로 대치할 때 월나라 군대가 좌우로 구졸진句卒陳을 치고 밤을 다투어 북을 치고 전진하니 오나라 군대는 둘로 나뉘어 방어하였다. 그러자 월나라 군대가 몰래 강을 건너가 오나라 중군을 향하여 기습 공격을 하였던 사례에서도 북으로 적의 이목을 교란시킨 것을 볼 수 있다.

장의張儀가 초楚나라 왕을 설득할 때 "호랑이처럼 용맹한 군사가 백만여 명 있고, 전차가 천 승乘이나 되며, 기마가 만 필이고, 식량은 산더미처럼 쌓여 있습니다. 법령이 엄격해 병사들은 어려운 것도 편안하게 여기고 죽는 것도 마다하지 않습니다. 임금은 현명하고도 준엄하며, 장수는 지혜롭고도 용감해 병력을 내지 않고도 상산常山의 요새를 석권해 천하의 척추를 꺾을 수 있습니다"《사기》〈장의열전張儀列傳〉)라고 하며 법령의 힘을 강조하였다. 여기서 법령이 표현되는 도구가 바로 징과 북, 깃발인 것이다.

네 가지를 장악하라

그러므로 삼군三軍은 [적의] 사기를 꺾을 수 있고, 장군은 [적의] 마음을 빼앗을 수 있다. 이 때문에 아침에 일어나는 사기는 왕성하고, 낮에 일어나는 사기는 나태해지며, 저녁에 일어나는 사기는 쉬고 싶어한다. [따라서] 용병을 잘하는 자는 그 왕성한 때를 피하고 [적이] 나태해지고 쉬고 싶을 때 공격하니, 이것은 기氣를 다스리는 원칙이다. 엄정하게 다스려진 군대로 혼란스러운 적을 상대하고 고요한 아군으로 시끄러운 적을 상대하니, 이것은 마음(心, 장수의 심리)을 다스리는 방법이다. [나는] 가까이 있으면서 멀리 있는 적을 상대하고 편안한 상태에서 피로한 적을 상대하며 배부른 상태에서 굶주린 적을 상대하니, 이것은 힘(力, 군대의 전투력)을 다스리는 원칙이다. 깃발이 정돈되고 부서가 치밀한 적은 맞아 싸우지 말고 당당한 진용을 갖춘 적은 공격하지 말아야 하니, 이것은 변화(變, 임기응변의 기동 전략)를 다스리는 원칙이다.

故三軍可奪氣, 將軍可奪心. 是故朝氣銳, 晝氣惰, 暮氣歸. 故善用兵者, 避其銳氣, 擊其惰歸, 此治氣者也. 以治待亂, 以靜待哗, 此治心者也. 以近待遠, 以佚待勞, 以飽待飢, 此治力者也. 無邀正正之旗, 勿擊堂堂之陣, 此治變者也.

【해설】

이 단락에서 알 수 있듯이 손자는 서서히 접전의 상황에서 적을 제압하는 본격적인 방법으로 들어가고 있다. 여기서 손자는 병사들의 기운과 장수의 심리를 이용하고 빼앗는 방식에 대해 이야기하고 있다. 용병에서 '기氣·심心·역力·변變'을 완벽하게 다룰 줄 알게 되면 아군은 적을 위축시키고 마음대로 조종할 수 있게 된다. 원문의 '치기治氣'는 고대 중국의 행기가行氣家 용어로, 행기行氣는 일종의 기공氣功이다. 옛사람들은 계절마다 천지의 기운이 다르기 때문에 좋기도 하고 나쁘기도 하다고 하였다. 이와 마찬가지로 하루에도 여러 가지 기운이 존재한다. 기를 운행하는 사람들은 어떤 기를 흡입하고 어떤 기를 피해야 하는지 잘 알고 있는데, 이것을 '치기'라고 하였다. 따라서 왕성한 기를 피하고 나태한 기를 공격하는 것도 같은 이치이다. 바로 여기서의 기세는 삼군의 사기를 말한다.

손자는 하루의 시간대를 아침, 낮, 저녁으로 나누어 아침에는 공격하지 말라고 하였다. 아침에는 기가 충천하고 저녁에는 기가 모두 빠진다.《좌전》장공莊公 10년에 장작長勺전투에서 조귀曹劌가 기운 다스리는 방법을 이용해 사기가 왕성한 제나라 군대를 패배시키는 장면이 나온다.

노魯나라 장공莊公은 조귀와 함께 전차를 타고 장작長勺에서 제齊나라와 전쟁하였다. 장공이 북을 두드려 공격하려고 하자 조귀가 "아직 안 됩니다"라고 하였다. 제나라 군대가 북을 세 번 두드리고 나서야 조귀는 "이제 됩니다"라고 하였다. 제나라 군대는 패하여 달아났다. 장공은 추격하려고 하였지만 조귀는 "아직 안 됩니다"라고 하였다. 조귀는 전차에서 내려 제나라 군대의 전차가 지나간 바큇자국을 자세히 살펴보고 다시 전차에 올라 수레 앞턱의 가로 나무를 잡고 제나라 군대가 도주하는 상황을 바라보고 나서야 "이제 추격해도 됩니다"라고 하였다. 드디어 제나라 군대를 몰아냈다.

이기고 나서 장공이 조귀에게 그 까닭을 묻자 조귀가 대답하였다. "무릇 전쟁이란 사기士氣에 의존하는 것입니다. 북을 처음 칠 때 사기가 일어나고, 두 번째 칠 때면 사기가 조금 쇠퇴하며, 세 번째 칠 때면 사기가 없어집니다. 적군은 북을 세 번 두드려 사기가 없어지고 아군은 사기가 왕성했으므로 이길 수 있었습니다. 제나라 같은 대국은 그 용병술을 예측하기 어렵기 때문에 매복이 있을까 염려하였습니다. 제가 도망친 바큇자국이 어지럽고 깃발도 쓰러진 것을 보았기 때문에 추격한 것입니다."

조귀의 제안은 기가 가장 약해졌을 때 공격해야만 승산이 있다는 것이다. 또한 원문의 '정정지기正正之旗', '당당지진堂堂之陣'은 통제가 잘된 부대를 말하는데, 그런 부대는 절대 공격해서는 안 된다는 것이다.

여기서 손자는 심리적 요소, 즉 상대를 공포에 떨게 하고 막연한 불안감에 휩싸이게 하는 것이 승부를 가를 수 있는 방법이라고 보았다. 적의 심리적 와해가 중요한 것은 바로 이 때문이다.

여덟 가지 금기사항

그러므로 용병의 원칙은 높은 언덕에 있는 적을 향해 싸우지 말고, 언덕을 등지고 있는 적은 맞이해 싸우지 말아야 한다. 거짓으로 패한 척하는 적은 추격하지 말고, 날카로운 병사가 있는 적을 공격하지 말아야 하며, 미끼를 던지는 부대는 공격하지 말고, 고향으로 돌아가는 부대는 가로막지 말며, 적을 포위할 때는 한쪽을 터주어야 하고, 궁지에 몰린 적은 추격하지 말아야 하니, 이것은 용병의 원칙이다.

故用兵之法, 高陵勿向, 背丘勿逆, 佯北勿從, 銳卒勿攻, 餌兵勿食, 歸師勿遏, 圍師必闕, 窮寇勿迫, 此用兵之法也.

【해설】

이 단락에서는 용병의 여덟 가지 금기 원칙을 다루고 있다. '고릉물향高陵勿向'과 '배구물역背丘勿逆'은 치력治力에 관계된 것으로, 쓸데없는 힘을 낭비하지 말라는 것이다. 위에서 아래로 공격하는 것은 형세를 따르는 것이지만, 아래에서 위로 공격하는 것은 형세를 거스르는 것이다. 높은 곳에 위치한 적은 마치 흐르는 물과 같아서 아래의 아군을 향해 덮쳐 내려올 것이기 때문이다.

'양배물종佯北勿從'과 '이병물식餌兵勿食'은 적의 작전이나 상황에 따라 대응을 달리하는 치변治變에 관계된 것이다. 적이 거짓으로 도망가는 척하는 것과 미끼를 던지는 것을 꿰뚫어볼 줄 알아야 한다. '귀사물알歸師勿遏'과 '위사필궐圍師必闕', '궁구물박窮寇勿迫'은 치심治心에 관계된 것이다. 고향으로 돌아가려는 병사들은 그 마음이 급하고 간절해 그들의 앞을 막아서면 화를 당한다는 것이고, 적을 포위하더라도 빠져나갈 구멍을 한 곳이라도 남겨두지 않으면 목숨을 걸고 덤비기 때문에 반드시 작은 구멍 하나는 만들어놓고 그 마음을 다스려야 한다는 것이다. '예졸물공銳卒勿攻'은 치기治氣에 관계된 것으로, 날쌔고 억센 병사들과 맞붙어 싸우면 이긴다 하더라도 그 과정이 매우 고생스럽기 때문에 피해야 한다는 것이다.

이 중 '위사필궐'과 '궁구물박'에서는 손자가 지나치게 소극적인 것이 아닌가 하는 의문을 제기할 수 있다. 왜냐하면 적을 섬멸할 수 있는데도 퇴로를 열어주는 것이 타당한가 하고 생각할 수 있기 때문이다. 손자의 생각은 적이 끝까지 도주할 경우 굳이 뒤쫓는 무리수를 둘 필요가 없다는 것으로 《사마법》〈인본人本〉에서 취한 것이다. 즉 "옛날에 달아나는 자는 백 보를 넘어서 쫓지 않았고, 물러나는 군대는 90리 이상 넘어서 뒤쫓지 않았다(古者, 逐奔不過百步, 縱綏不過三舍)"라는 말이 그것이다. 《주역·비》 괘에도 "왕이 사냥할 때 세 방향에서만 몰고 한 방향을 터주니, 사냥감을 놓쳐도 사람들이 경계하지 않는다(王用三驅, 失前禽, 邑人不誡)"라는 말이 있다. 엄격하면서도 아량이 있는 모습으로 백성이 자발적으로 따르게 하는 동시에 도망하는 자에게도 여지를 주는 너그러움을 말하고 있다. 적이 군대를 포위할 때 반드시 그 한쪽을 비워두어 살길을 보여주어 적으로 하여금 필사적으로 싸울 마음이 없게 하고 기회를 타는 공격법인 것이다.

《사기》〈소진열전〉에 나오는 사례를 살펴보자.

진秦나라의 상수向壽는 선태후宣太后의 외척으로 소왕昭王과는 어려서부터 함께 자라서 신임을 받은 인물이다. 이 때문에 상수가 초楚나라에 갔을 때 초나라에서 그를 극진히 대접하였다. 상수가 진나라를 위해 의양宜陽을 지키고 직접 나가서 한韓나라를 치려고 하자 한나라의 재상 공중치公仲侈는 소대蘇代를 시켜 상수에게 이렇게 말하였다.

"짐승도 궁지에 몰리면 수레를 뒤엎는다고 합니다. 공은 한나라를 무찌르고 공중치를 욕보이려고 합니다. 공중치는 지금 한나라를 근거로 다시 진나라를 섬기고 봉토를 받으려 생각하고 있습니다. 공은 지금 초나라에 해구解口 땅을 주고 초나라 소영윤小令尹을 두양杜陽에 봉하였습니다. 이렇듯 진나라와 초나라가 힘을 합쳐 다시 한나라를 친다면 한나라는 반드시 멸망할 것입니다. 그러나 한나라가 멸망하면 공중치는 자신의 사병을 이끌고서라도 진나라에 맞설 것입니다. 공께서는 이 점을 깊이 생각하십시오."

상수가 말하였다.

"내가 진나라와 초나라의 힘을 합치려는 것은 그것으로 한나라를 치기 위해서가 아니오. 그대는 나를 대신해서 공중치에게 진나라와 한나라는 화합할 여지가 있다고 전해주시오."

한나라는 진나라와 초나라 사이의 작은 나라로 늘 강대국의 시달림을 받았지만, 그 사직을 보호하지 못할 정도로 핍박을 받으면 목숨을 걸고서라도 대항할 수밖에 없다는 이야기이다. 상수는 그것을 이해하고 약간의 틈을 두어 한나라가 진나라의 행로에 거슬리는 행동을 하지 않게 만들었다.

| 전례 |

조조와 유비의 한중漢中 쟁탈전에서 유비의 우회 전략

정사《삼국지三國志》에 보면 적벽대전赤壁大戰 이후 유비劉備[1]는 형주荊州와 익주益州를 점거하고 황하유역을 근거지로 한 조조曹操, 강남江南을 근거지로 한 손권孫權[2]과 삼국정립의 형세를 이루었다. 215년 조조는 서북의 마초馬超와 한수韓遂 세력을 소멸시킨 뒤 직접 대군을 이끌고 한중漢中의 장로張魯를 공격해 한중을 점거하였다.

1) 유비(劉備, 161~223)의 일생은 세 단계로 나뉜다. 184년 황건적을 무찌르기 위해 일어나서 207년 제갈량을 얻기까지가 1단계이고, 208년 적벽대전赤壁大戰부터 221년 여름 4월 황제에 즉위하기까지가 2단계인데, 이때는 천하삼분의 형세가 이루어졌던 시기이다. 3단계는 221년 7월 오吳나라를 공격하면서부터 223년 4월 영안궁에서 병사하기까지이다. 그렇다면 조조와 비교하면 어떤가? 사실상 정사의 저자인 진수陳壽는 유비와 조조를 비교하면서 유비는 추켜세우고 조조는 깎아내렸다. 심지어 〈위서魏書 무제기武帝紀〉에 보면 조조의 출생에 대해서 그 본말을 알 수 없다고까지 하였으니, 유비의 출신이 전한前漢 경제景帝의 아들인 중산정왕의 후예라는 것과는 대조를 이룬다. 조조를 '임협방탕任俠放蕩'이라고 하였으나, 유비에 대해서는 '교결호협交結豪俠'이라고 호평한 것은 진수가 조조에 대한 비판적 시각을 지녔음을 보여준다.

사실 한중은 사방이 산으로 둘러싸여 있고 중간에 한수漢水가 가로 놓여 있어 작은 분지를 형성하고 있었지만, 토지는 비옥하고 물산이 풍부해 조조와 유비의 전략 요충지였다. 또한 한중은 익주로 들어가는 큰 관문으로 관중關中을 공략할 수 있고, 물러나 익주를 방어할 수 있는 지역이었다. 조조가 한중을 얻으면 익주는 수비할 방법이 없으므로 유비에게는 직접적인 위협이 될 수밖에 없었다. 즉 한중은 쌍방의 교두보였고, 유비 입장에서는 생사가 걸려 있는 전략지였던 셈이다. 말하자면 익주로 가는 관문이므로 유비는 형주 쟁탈에 골몰하면서도 이곳이 계속 신경이 쓰였다.

'오두미교五斗米教'의 지도자로 유명한 장로는 자신이 한중의 한 자락을 차지하고 있었으나 조조와는 상대가 되지 않는다고 생각해 조조에게 투항하였다. 그러나 그의 동생 장위張衛는 스스로를 과대평가해 1만여 명을 이끌고 성을 굳게 지키다가 사로잡혔으며, 한중뿐 아니라 파중巴中지역도 조조의 수중에 들어가게 되었다. 조조가 한중을 공격하자 유비는 자신의 통치권과 그 정권의 안정성에 심

2) 손권(孫權, 182~252)은 19세의 나이로 부영의 일을 계승한 노련한 정치가요, 뛰어난 외교 전략가였다. 그는 내정·외교·군사·경제 등의 방면에서 탁월한 업적을 이루었다. 천시·지리·인화 면에서 열세였으므로 촉나라를 무너뜨린다거나 위나라와 함께한다는 것은 생각하기도 어려운 일이었으나 그는 이 세 가지를 융합했는데, 특히 신구공신들과 노소장의 조화 등 인화를 내세웠다.

각한 위협을 느끼게 되었다. 특히 한중은 매우 중요한 지역이었으므로 결코 조조의 손아귀에 들어가서는 안 되었다. 결국 조조와 유비의 한중 쟁탈전이 벌어졌다.

유비는 한중과 파중이 조조의 손아귀에 들어가자 적지 않은 근심을 하며 황권黃權을 파견해 조조 군을 공격하고 그 일대를 장악하였다. 이때 조조의 군대는 한중에서 휴식을 취하고 있었는데, 조조의 승상인 사마의司馬懿가 조조에게 이 기회에 촉蜀의 수도인 익주를 공격하자고 건의하였다. 조조는 서촉지역의 공격이 만만치 않다고 생각했고, 후방을 비우는 것도 안심이 되지 않아 결국 그 건의를 받아들이지 않았다. 심지어 그는 장안長安의 대장 하후연夏侯淵을 한중에 주둔하게 하고 자신은 군대를 거느리고 중원으로 돌아가는 어리석음을 범하였다. 사실 이 당시 조조가 유비의 본거지를 공격했다면 유비를 몰락시켰을 것이다. 사마의 역시 시기를 놓치지 말라는 조언을 하였지만 조조는 철군을 감행하였다. 이때 조조는 "농우隴右를 얻었는데 무엇하러 촉을 얻으려 하는가"라고 하였지만, 어쨌든 후환을 남기게 되었다.[3)]

이 당시 유비는 성도成都에 있는 제갈량諸葛亮에게 긴급히 문서를 보내 지원병을 요청하였다. 제갈량은 신임하는 양홍楊洪[4)]을 불러 물으니, 양홍이 대답하였다.

"한중은 익주의 목구멍과 같아서 존망의 기회가 되는 곳입니다. 만일 한중을 잃는다면 촉군은 존재하지 못할 것이고, 이것은 각 가

문의 화근이 될 것입니다. 바야흐로 오늘날 일은 남자는 마땅히 싸워야 하고 여자는 나르는 일을 맡아야 하는데, 병사를 보냄에 무엇을 의심하십니까?"(《삼국지》〈촉서蜀書 양홍전楊洪傳〉)

그리하여 촉군 태수 법정法正이 유비를 따라 북쪽으로 갔다.

217년 유비는 주력부대를 직접 거느리고 한중을 공격하기로 결정하고 양평관陽平關까지 진격해 정병 1만여 명으로 한중을 여러 차례 공격했으나 1년이 지나도록 지루한 지구전만 지속되었다.

219년 정월, 유비는 충분한 준비 과정과 책략을 동원해 장기간의

---

3) 역사에서 이와 비슷한 상황을 또 찾아볼 수 있다. 《사기》〈항우본기項羽本紀〉에 나오는 이 이야기는 기원전 203년 가을 유방劉邦과 항우項羽의 싸움으로 거슬러 올라간다. 당시 한漢나라 군사는 식량이 풍부했지만 항우의 군사는 군량미도 떨어지고 매우 지쳐 있었다. 항우는 서초西楚의 패왕이었으나 모사 범증范增이 떠난 뒤로는 싸움이 훨씬 불리해졌다. 유리해진 한나라 왕 유방은 그 틈을 타 항우가 볼모로 데리고 있던 자신의 가족을 돌려달라고 요구하였다. 항우는 할 수 없이 천하를 둘로 나누어 홍구 서쪽을 한나라가 다스리고, 동쪽을 초나라가 다스리기로 약조하고 유방의 부모와 처자식을 돌려보낼 수밖에 없었다. 그러고는 군대를 철수해 동쪽으로 돌아갔다. 유방이 서쪽으로 돌아가려고 하자, 장량張梁과 진평陳平이 "한나라가 천하의 거의 절반을 차지했고 제후도 모두 귀의했습니다. 게다가 초나라 군사들은 지치고 군량미도 떨어졌으니, 이는 하늘이 초나라를 망하게 하려는 것입니다. 그러니 차라리 이 기회를 틈타 탈취하는 게 좋습니다. 지금 만일 놓아주고 공격하지 않는다면 이는 '호랑이를 길러 스스로 화를 남겨두는 것'입니다"라고 하였다. 이에 유방은 그들의 말에 따라 항우를 뒤쫓아가 겹겹이 포위해 멸망시켰다. 과연 이때 유방은 조조晁錯의 실패를 떠올리고 있었을까?

4) "양홍楊洪은 젊어서는 학문하기를 좋아하지 않았지만 충성스럽고 청렴하며 성실하고 명석한 인물이었으며, 공적인 일을 자신의 집안일처럼 걱정했고 계모를 섬김에도 효성이 지극하였다."(《삼국지》〈촉서 양홍전〉)

대치 국면을 전환시키기 위한 방안을 고안하였다. 그는 지세가 험준해 공격하기 쉽지 않은 양평관을 피하기로 마음먹었다. 그러고는 한수를 건너 남쪽 산악지대를 따라 정군산定軍山을 점거하였다. 정군산은 한중 서쪽의 관문으로, 한중으로 통하는 도로를 뚫기만 하면 양평관에 있는 조조의 안전을 위협할 수 있다는 판단에서였다. 결국 유비는 양평관에서 하후연과 결전을 치르게 되었다.

유비의 진군과 북상을 방어하기 위해 조조의 군대는 한수 남쪽과 정군산 동쪽에 진지를 구축하고 요새를 정비하며 방어용 목책도 설치하였다. 그러나 유비의 군대는 밤에 조조의 군영을 공격해 목책을 태워버렸다. 하후연은 장합張郃에게 동위東圍를 지키게 하고 자신은 날랜 기병을 거느리고 남위南圍를 구하러 갔다. 그러자 유비는 급히 동위를 공격하고 황충黃忠에게 정예병을 주어 황충은 동위와 남위 사이의 험준한 지역에 복병을 매복시켰다. 하후연은 다급히 동위를 구하러 갔으나 황충이 하후연을 공격하니 변변한 대응도 하지 못한 채 황충에게 참살되었다. 장합은 군대를 거느리고 물러나 양평관을 지켰다.

하후연이 죽은 뒤 장합이 군대를 거느리자 조조는 한중전이 유리하지 않다는 판단 아래 다시 주력부대를 이끌고 장안에서 야곡斜谷을 거쳐 신속히 양평관으로 가 한중을 구하고자 하였다. 이때 유비의 군대는 사기가 충천해 있었고, 유비는 심리적으로도 자신만만해 부장들에게 이렇게 말하였다.

"조조가 비록 다시 왔으나 능히 할 수 있는 일이 없을 것이오. 한중은 반드시 내 손에 들어올 것이오."

그러고는 조조의 군대가 한중에 들어오길 기다린 뒤 유리한 지형과 험준한 요새에 기대어 조조와 지구전에 돌입하였다. 이와 동시에 유비는 유병遊兵을 보내 조조의 후방을 기습해 군량미와 양초를 약탈하고 교통마저 끊어버렸다. 조조의 군대는 날이 갈수록 사기가 떨어지고 달아나는 병사들도 적지 않았다. 조조는 1개월여 만에 한중을 포기하고 철수해 관중으로 돌아갔다.

유비는 한중을 점거한 지 얼마 되지 않아 유봉劉封과 맹달孟達을 파견해 한중 동쪽의 방릉房陵과 상용上庸 등을 공략하고는 광대한 지역을 장악하면서 삼국정립의 구도를 확실히 다졌다.[5)]

손자가 〈전례〉 편에서 제시한 것처럼 전쟁의 가장 어려운 점은

---

5) 물론 그렇다고 해서 유비가 한중을 차지한 성취감이 오래간 것은 아니었다. 유비는 한중에서 왕으로 칭하고 난 뒤 승리에 도취되어 혼미해져갔다. 그는 제갈량과 북벌에 대한 전략에만 몰두한 나머지 전체를 바라보는 시각이 부족하였다. 221년 7월 유비는 오吳나라를 정벌하기 위해 8만의 대군을 이끌고 떠났다. 손권이 화해를 요청했으나 유비는 듣지 않았다. 221년 윤달인 6월 오나라의 육손陸遜은 유비를 이릉에서 대파해 유비는 겨우 1천여 명만 데리고 돌아올 면목이 없어 스스로 백제성에 의탁하였다. 그는 분을 이기지 못하고 223년 세상을 떠나니 그의 나이 63세였다. 말하자면 무모한 전쟁으로 인한 죽음이었던 셈이다. 그의 뒤를 이어 그의 아들 유선劉禪이 17세의 나이로 즉위하였다. 이로부터 정사는 모두 제갈량에 의해 좌우되었다.

승리를 얻을 수 있는 조건을 만드는 일이다. 이 한중 쟁탈의 과정을 보면 교전 초기 조조 군대의 유리한 국면은 결국 유비가 정군산을 점거하면서 완전히 역전되었다. 유비는 수동적이었다가 능동적으로 변했고, 조조의 군대는 오히려 수동적으로 변하고 동요되어 결국 절대 열세를 안고 물러날 수밖에 없었다.

여기서 중요한 것은 손자가 말한 "먼 길로 돌아가면서도 곧바로 가는 것처럼 하고, 근심거리를 [오히려] 이로움으로 삼는 것(以迂爲直, 以患爲利)"의 응용이다. 유비가 조조와의 정면 승부를 택하지 않고 우회 전략(정군산 점거) 카드를 꺼낸 것이 결국 이러한 성과를 얻는 핵심 관건이 되었다.

제8편

구변九變

아홉 가지 임기응변의 책략

《손자병법》13편 중 편폭이 가장 적은 〈구변九變〉 편은 240여 자에 불과하고, 문장의 전후 맥락도 이상하며 서술방식도 특이하고, 체계 또한 제대로 잡히지 않아 혼란스러운 편으로 알려져 있다. 심지어 '구변'이라는 제목 자체도 이상하다고 비판을 받았다. 그렇다고 해서 이 편의 내용이 모두 괴이한 것은 아니다. 이 편에서는 긴급 상황에 교묘하게 대처하는 법에 대해 다루고 있는데, 하고자 하는 말은 다하였다.

'변變'이란 용병의 융통성, 즉 시대와 상황에 따른 변화를 의미한다.* '구九'라는 숫자도 구체적인 아홉 가지를 의미하는 것이 아니라 무궁무진함을 뜻한다. 사실 손자가 여기에서 용병의 원칙을 아홉 가지로 예시하지는 않았다.** 〈구변九變〉은 제11편 〈구지九地〉와 내용적으로 밀접한 연관이 있어 학자들 사이에서는 〈구변〉을 〈구지〉의 부록 정도로 여기기도 하므로 반드시 〈구지〉와 함께 읽어야만 그 의미를 이해할 수 있다고 하였다.

우리가 염두에 두어야 할 것은 손자는 '지地', 즉 땅을 전쟁의 기본 틀로 전개했는데, 그 중심에 '인人'이 늘 개입되어 있다는 것이다. 물론 사람의 범주에는 장수와 병사 그리고 군주도 포함된다.

---

* '구변九變'이라는 말은 여러 문헌에 나온다. 《관자管子》에서는 〈구변九變〉을 두어 "무릇 백성이 전쟁을 치르다가 죽게 되면 그 군주에게 부덕하다고 하는 까닭은 여러 가지 원인이 있다〔凡民之所以守戰至死而不德其上者, 有数以至焉〕"고 하였다. 《장자莊子》 〈천도天道〉에서는 도道를 설명한 뒤 천天·도덕道德·인의仁義·분수分守·형명形名·인임因任·원성原省·시비是非·상벌賞罰을 구변이라고 하였다.

** 이 편의 맨 앞에서 용병의 원칙으로 제시한 것은 '비지무사圮地無舍·구지합교衢地合交·절지무류絶地無留·위지즉모圍地則謀·사지즉전死地則戰'과 '도유소불유塗有所不由·군유소불격軍有所不擊·성유소불공城有所不攻·지유소부쟁地有所不爭·군명유소불수君命有所不受' 등 모두 열 가지이다. 과연 여기서 손자가 말한 구변에 해당하지 않는 것은 무엇일까? 마지막의 '군명유소불수'가 제외되어야 할 것 같다. 혹자는 제9편 〈행군行軍〉의 끝과 〈구변〉의 첫머리에 착간(錯簡, 책장의 편篇이나 장章의 순서가 잘못된 것)이 있다고 주장하기도 하였는데 일리가 없는 것은 아니다. 한편, 리링 교수는 《병이사립》에서 최근 발굴된 한나라 죽간을 토대로 착간설을 부정하였다.

중국 고대에서 '변'은 전통을 의미하는 '통通'과 대비되는 말이다. 여기에는 권모술수적인 요소도 있고, 기회주의의 면모도 있어 유가儒家들은 별로 좋아하지 않았다. 그러나 유가와 반대편에 서 있는 법가法家의 한비자는 '수주대토守株待兎'라는 말로 변화에 능동적으로 대처하는 것을 강조하였다.[***]

무궁무진한 용병의 변칙 전술을 강조한 〈구변〉 편의 핵심은 임기응변이다. 임기응변과 결단력은 함께 가는 하나의 축이다. 이 편에서 손자는 '구변'의 개념과 '오리五利'의 문제 및 장수가 갖는 다섯 가지 위험성 등에 대해 설명하고 있다.

*** "송宋나라 사람으로 밭을 가는 자가 있었는데, 밭 가운데에 그루터기가 있었다. 토끼가 달려가다 그루터기에 부딪쳐 목이 부러져 죽었다. 그러자 농부는 쟁기를 버리고 그루터기를 지키며 다시 토끼 얻기를 기다렸다. 토끼는 다시 얻을 수 없었으며, 그 자신은 송나라 사람들의 웃음거리가 되었다. 지금 선왕의 정치를 좇아 현재의 백성을 다스리려고 하는 것은 모두 그루터기를 지키는 것과 유사한 것이다."(《한비자》 〈오두五蠹〉)

다섯 지형에 따른 용병법

손자는 말한다.

대체로 용병의 원칙은 장수가 군주로부터 명을 받고, 군대를 징집하고 군중을 모아 편성해 서로 대치하는데 움푹 꺼진 땅에는 주둔하지 말아야 하고, 사통팔달의 땅에서는 외교관계를 맺어야 하며,[1] 생존하기 어려운 땅[2]에서는 오래 머물지 말아야 하고, 포위되기 쉬운 땅에서는 [기묘한] 계책을 세워두어야 하며, 사지死地[3]에서는 결전을 벌여야 한다. 길에는 가지 말아야 할 길이 있고,[4] 군대에는 공격하지 말아야 할 군대가 있으며, 성에는 공략하지 말아야 할 성이 있고, 땅에는 빼앗지 말아야 할 땅이 있으며, 군주의 명령에는 받아들이지 않아야 할 명령도 있다.

그러므로 장수란 아홉 가지 지형 변화의 이로움에 통달해야만 용병을 안다고 할 수 있다. 장수가 아홉 가지 용병의 이로움에 통달하지 못하면 비록 지형을 알고 있다고 하여도 지리의 이점을 터득할 수

1) 원문의 '구지衢地'란 여러 나라의 국경이 접해 있는 전략적 요충지를 말한다.

2) 원문의 '절지絶地'를 번역한 것으로, 매요신梅堯臣은 절지가 '산지'와 '경지' 사이에 위치한 땅이라고 주석을 달았다. 〈구지〉 편에 "자기 나라를 떠나 국경을 넘어 군대를 움직이는 것을 '절지'라고 한다."라고 하였다.

3) 나아가도 길이 없고 물러나도 살아남을 수 없는 생존하기 어려운 땅을 말한다.

4) 후한 광무제 때 마원馬援은 무릉의 오랑캐를 토벌하러 갔는데 적지로 가는 길이 호두壺頭와 충도充道 두 갈래 길이었다. 호두로 가면 가까우나 물길이 험했고, 충도는 평탄하나 멀었다. 마원은 빨리 진격하느라 호두로 진출하니, 적들은 높은 곳에 올라 좁은 통로를 막고 전진을 방해하였으며 물살이 빨라 배로 오를 수도 없었다. 게다가 무더위로 전염병에 걸린 병사가 많았고 마원도 병사하였다. 이는 가지 말아야 할 길을 간 용례라 하겠다.

없을 것이다. 군대를 다스리는 데 아홉 가지 변화의 운용 원칙을 알지 못하면 비록 [위에 든] 다섯 가지 이로움(五利, 지智·신信·인仁·용勇·엄嚴)을 알고 있다 하더라도 그것들을 용병에 활용할 수 없을 것이다.

孫子曰: 凡用兵之法, 將受命於君, 合軍聚衆, 圮地無舍, 衢地交合, 絶地無留, 圍地則謀, 死地則戰. 塗有所不由, 軍有所不擊, 城有所不攻, 地有所不爭, 君命有所不受.

故將通於九變之利者, 知用兵矣; 將不通於九變之利者, 雖知地形, 不能得地之利矣; 治兵不知九變之術, 雖知五利, 不能得人之用矣.

【해설】

'구변九變'의 개념이 나오는 이 단락의 맨앞 세 구는 이미 제7편 〈군쟁軍爭〉에 나온 것으로 사람을 잘 이용하고 지리의 이점을 잘 이용하는 방법에 대해 다루고 있으나, 한편으로는 서지학적인 문제점이 있다.

똑같아 보이는 것일지라도 그 알맹이는 정반대인 경우가 특히 속고 속이는 전쟁터에서는 흔하게 일어난다. "군주의 명령에는 받아들이지 않아야 할 명령도 있다(君命有所不受)"라고 한 말은 변화하는 상황에 따라 군명 또한 유연하게 해석해야 한다는 것이다. 따를 수 없는 상황이 되면 따르지 않는 것, 이것이야말로 모든 것이 빠르게 변화하는 전쟁터에서 살아남을 수 있는 매우 중요한 용병 원칙이다. 음양학적인 시각에서 보더라도 지형이 낮고 습기가 많으면 오래 살기 어려운 땅이라고 하여 꺼리는 것처럼 군대도 마찬가지이다. 적게는 수일부터 많게는 수년에 걸쳐 주둔해야 하는 경우 지리적 상황을 가장 먼저 고려해야 한다.

한漢나라 이광李廣 장군의 손자인 이릉李陵은 흉노 토벌을 위해 출병할 때 한 무제武帝에게 기병 800명을 받아 "흉노 땅 안으로 2,000여 리나 깊숙이 들어가 거연현居延縣을 지나 지형을 살폈다."(《사기》〈이장군열전李將軍列傳〉) 그러나 이릉은 적진 깊숙이 들어갔지만 흉노는 보지도 못하고 돌아왔다. 두 번째는 궁사와 보병 5,000명을 이끌고 거연 북쪽에서 1,000여 리나 들어가 흉노와 맞섰다. 이때 흉노는 이릉을 기다리고 있다가 8만 명의 군사로 에워싼 뒤 공격해왔다. 이릉의 군대는 절반이 죽고 식량도 모두 떨어졌지만 적의 군사를 1만 명이나 죽였다. 5,000명의 군사로 8만 명의 군대를 맞아 1만 명을 죽였다는 것은 그리 못한 싸움은 아니다. 이는 어느 정도 지형을 잘 살폈기 때문이지만, 결국 사지死地에 몰렸기 때문에 지형을 완벽하게 살핀 것이라고는 볼 수 없다. 이릉은 결국 항복했고 병사들 중 살아 돌아온 자는 400명뿐이었다.[5)]

손자는 이 단락에서 실제 작전 과정에 대해 설명하고 있다. 장수란 용병을 할 때나 군대를 다스릴 때 상황과 지형 변화에 따라 변칙적으로 대응해야만 한다는 것으로, 이론과 실제에 두루 통달해야 함을 가리킨다. 《삼국지》〈위서 가후전賈詡傳〉에 순유荀攸와 가후賈詡

5) 이광李廣은 자신의 막부로 돌아와 부하들에게 다음과 같이 이야기한 뒤 자살했다고 사마천은 기록하고 있다. "나는 젊은 시절부터 흉노와 70여 차례 크고 작은 싸움을 하였다. 이제 다행히도 대장군을 따라 출전해 선우의 군사와 맞서 싸우려고 하였는데 대장군이 내 부서를 옮겨 길을 멀리 돌아가게 하였고, 더욱이 길을 잃기까지 하였다. 이것은 천명이 아니겠는가? 내 나이 예순이 넘었으니 지금에 와서 도필리의 심문에 대답할 수는 없다."(《사기》〈이장군열전〉)

에 대한 진수陳壽의 총평이 나오는데 이와 관련해 참고할 만하다.

> 순유와 가후는 잘못된 계획을 세우는 경우가 거의 없었다. 두 사람은 권모에 빈틈이 없었고, 변화에 따르는 융통성이 있었으니 아마도 장량張梁과 진평陳平에 버금간다고 할 수 있을진저!

특히 가후가 후한 말 군웅 중 한 명인 장수張繡 밑에서 책사를 하며 조조의 군대와 맞설 때 보여준 태도는 임기응변의 백미라고 할 만하다. 그는 조조의 군대가 두 번 퇴각할 때 한 번은 속임수임을 알아채고 추격하지 말 것을 주청했으며, 또 한 번은 조조의 국내에 생긴 변고에 따른 것임을 알고 추격해 싸울 것을 주청해 대승을 거두었다.

적이 오지 않으리라 믿지 말고 자신을 강하게 하라

이런 까닭으로 지혜로운 자의 생각은 반드시 이해관계를 함께 고려해야만 한다. [해로움을 생각할 때] 이로움을 함께 고려하면 더욱 믿을 수 있는 방향(전투 임무를 완성하는 것)으로 힘쓸 수 있으며, [이로움을 생각할 때] 해로움을 함께 고려하면 실로 근심을 풀 수 있다. 이런 까닭으로 [적국의] 제후를 굴복시킬 수 있는 것은 해로움을 보여줌으로써 [그것을 알게] 하기 때문이고, [적국의] 제후를 부리는 것은 [그로 하여금 쓸데없는 일에] 힘을 쓰게 하기 때문이며, [적국의] 제후를 달려오게 하는 것은 이로움을 보여주기 때문이다. 그러므로 용병의 원칙은 적이 공격해오지 않을 것이라고 믿지 않고 아군이 대적할 방책을 믿으며, 적이 공격하지 않으리라는 것을 믿지 않고 적이 나를 공격할 수 없게 하는 것을 믿는 것이다.

是故智者之慮, 必雜於利害. 雜於利, 而務可信也; 雜於害, 而患可解也. 是故屈諸侯者以害, 役諸侯者以業, 趨諸侯者以利. 故用兵之法, 無恃其不來, 恃吾有以待也; 無恃其不攻, 恃吾有所不可攻也.

【해설】

지혜로운 자는 기본적으로 얼핏 이익처럼 보이는 곳에 해로운 것을 섞어 넣어 적으로 하여금 오판하도록 하는 데에 힘쓴다. 즉 아군에게 해로운 점이 있다고 하여도 조금 이로워 보이는 것을 섞어 넣어 적이 그 이로움 때문에 아군을 함부로 공격하지 못하게 하는 것이다. 어찌 보면 손자가 제시한 제6편 〈허실虛實〉의 허虛와 실實의 관계가 이와 유사한 맥락에서 이해될 수 있다. 요컨대 손자는 적이 아군의 바람처럼 움직여줄 것이라는 막연한 환상이나 기대를 버리고 적을 조종해야 한다고 말한 것이다.

이 단락은 아주 미묘한 의미의 대비가 정교하게 짜여져 있어 이해하기가 쉽지 않다. 첫 문장의 이로움과 해로움을 함께 고려해야 한다는 점은 우리의 상식과 어느 정도 부합하는 면이 있어 쉽게 이해할 수 있다. 그런데 그다음 이어지는 제후의 이야기는 무슨 의미일까? 그것은 내가 '해로움'을 보여주며 위협하면 적국의 제후는 그 후환이 두려워 마지못해 굴복하며, 내가 '이로움'을 보여주며 달래면 적국의 제후는 자진해서 찾아와 외교관계를 맺거나 친하게 지내려고 한다는 것이다.

예를 들어 《사기》〈이사열전李斯列傳〉에 나오는 전국시대 한韓나라의 간첩인 정국鄭國이라는 자가 진秦나라로 건너가 유세객으로 지내면서 토목공사를 발의해 진나라가 토목공사에 매진해 국력을 소모하게 만들었던 이야기처럼 적국의 제후가 쓸모없는 일에 국력을 낭비하게 하는 것 역시 군주의 능력이다. 이것을 다른 말로 하면 적국의 제후를 부리는 것과 같다는 의미이다.

마지막으로 손자는 적의 공격에 대비해 항상 '준비'해야 한다고 강조하였다. 준비된 군주나 장수는 적이 침공해오지 않을까 전전긍긍하지 않고 침공에 대적할 충분한 방책을 갖추고 있다. 더 나아가 완벽하게 모든 것을 갖춘 군주나 장수는 선제공격의 결정권을 결코 적에게 빼기지 않는다. 손자는 내가 공격하지 않는 한 적이 나를 공격할 수 없도록 하는 것이 바로 완벽한 준비라고 말하고 있다.

장수가 경계해야 할 다섯 가지 위태로움

그러므로 장수에게는 다섯 가지의 위험한 일이 있으니, [장수가 용맹이 지나쳐] 반드시 죽음을 각오하고 [싸우면] 죽을 수 있고, 반드시 살기를 각오하고 [싸우면] 사로잡히게 되며, 분을 이기지 못해 성급하게 행동하면 모욕을 당할 수 있고, 성품이 지나치게 깨끗하면 치욕을 당할 수 있으며, 백성들을 지나치게 사랑하면 번민을 하게 된다.

무릇 이 다섯 가지는 장수의 허물이며, 용병의 재앙이다. 군대를 파멸시키고 장수를 죽게 하는 것은 반드시 다섯 가지 위험에서 비롯되니 살피지 않을 수 없다.

故將有五危: 必死可殺也, 必生可虜也, 忿速可侮也, 廉潔可辱也, 愛民可煩也. 凡此五者, 將之過也, 用兵之災也. 覆軍殺將, 必以五危, 不可不察也.

【해설】

여기서 말하는 '오위五危'는 제1편 〈계計〉에서 장수의 자질로 뽑은 지혜(智)·믿음(信)·어짊(仁)·용기(勇)·엄격함(嚴)과 상대되는 개념으로, 장수의 위험한 결격 사유를 들고 있다. 장수가 죽기를 각오하고 물러서지 않는 무모함을 부리면 군대를 심각한 위험에 빠뜨릴 수 있다. 장수는 언제나 균형 잡힌 이성으로 편견에 사로잡혀서는 안 되고, 자신의 판단을 지나치게 믿는 아집을 부려서도 안 된다. '필생가로必生可虜', 즉 반드시 전쟁에 용기 있게 임해야 하는데, 장수가 혼자 살고자 하면 도리어 포로가 된다는 것이다. 나머지 세 가지 역시 피해야 할 작전의 위험성을 경고하고 있다. 공자도 "주관적으로 판단하지 말고 반드시 그렇다고 편견을 가지지 말며 고집하지 말고 아집을 가지지 말라(毋意毋必毋固毋我)"(《논어》〈자한〉)고 손자와 비슷한 취지의 말을 하였다.

앞에서 임기응변을 강조했듯이 이번 단락에서 '반드시 ~을 하여야 한다'는 의미로 사용된 '필必'과 관련해 다시 한 번 '변통變通'의 의미를 되새겨볼 필요가 있다.[6] 막히면 돌아가고, 막으면 타협하며, 길이 끊어지면 잇지 않고 다음에 가면 된다. 굳이 무리해서 '필사必死'와 '필생必生'의 자세로 달려드는 것은 변통을 모르는 것이고, 그리되면 생사를 알 수 없게 된다는 말이다.

장수란 시시각각 변하는 전쟁 상황에 민감하게 반응하고 적절히 대처해야 하지 고집을 부리거나 지나치게 집착하면 모든 것을 허물어뜨린다는 뜻이다.

6) 1993년 궈뎬郭店에서 출토된 초나라 죽간본《어총삼語叢三》에 "행하지 못할 바가 있으면 이롭고, 반드시 행해야 하면 해롭다(有所不行, 益. 必行, 損)"라는 구절이 나온다. '행하지 못할 바가 있다(有所不)'는 것은 변통을 할 줄 아는 것이다.

| 전례 |

주아부周亞夫가 칠국의 난을 평정하다

— 구변의 전략적 활용

나라를 빼앗으면 군주가 되고 물건을 빼앗으면 도둑이 된다는 말이 있다. 혁명이란 쉽게 성공하는 것이 아니다. 신하 된 자가 군주를 죽이면 민심은 오히려 등을 돌리기 마련이다. 물론 탕왕湯王과 무왕武王은 걸왕桀王과 주왕紂王의 폭정에 반기를 들었지만, 이윤李尹과 여상呂尙이라는 명재상의 보필이 있었기 때문에 혁명이 가능했던 것이다.

기원전 154년 한漢나라 경제景帝 때 오吳나라와 초楚나라 등 일곱 제후국이 연합해 반란을 일으켰다. 반란의 규모는 대단했는데 주도자는 오왕吳王 유비劉濞였다. 그는 오나라의 광대한 땅과 풍부한 재력에 의지해 황제의 자리를 탈취하려고 모의하였다. 하지만 이 반란은 주아부周亞夫의 계책을 받아들인 한나라 경제에 의해 철저히 진압되었다. 이 과정에서《손자병법》〈구변九變〉에서 나온 작전이 잘 운영되었음을 알 수 있다. 그 과정을 살펴보자.

한漢나라 고조高祖 유방劉邦은 항우를 이기고 서한西漢 왕조를 세우면서 봉건적인 가족 중심의 통치 지위를 공고히 하였다. 이때 같은 성씨의 자제들을 왕으로 삼는 정책을 취했는데 그가 책봉한 같은 성씨는 주로 제齊나라·연燕나라·조趙나라·양梁나라·대代나라·회양淮陽·초楚나라·오吳나라 등이었다. 그들의 봉토는 아홉 개 군에 달했는데, 이는 한나라의 절반을 차지하는 것으로 황제가 직할하는 군은 겨우 15개에 지나지 않았다. 조정에서 규정하기를 봉토 내의 경제는 해당 지역의 제후가 지배하고, 법령과 군대는 조정에 의해 통일되고 관리되어야 하였다.

그런데 경제가 발전하면서 이러한 제후들의 부가 나날이 증가하고 세력이 강성해지자 점차 할거하는 국면을 맞이하게 되었다. 그러므로 한나라 경제 때 조정에 항거를 감행한 것은 어찌 보면 예고된 일이었다. 이때 한나라 조정의 관리들은 할거 세력의 주장을 배척해야 한다고 건의했고 경제는 이를 받아들였다.

경제는 먼저 조나라의 상산군常山郡, 초나라의 동해군東海郡, 오나라의 회계군會稽郡과 예장군豫章郡 등의 군현의 통치권을 빼앗고 이 지역을 조정의 직할지로 삼았다. 그러다보니 각 제후들의 조정에 대한 불만은 더욱 심해졌고, 급기야 기원전 154년 오나라와 초나라 등 일곱 제후들이 연합해 반란을 일으켰다. 오왕은 제후들에게 서신을 보냈다. "오왕 유비는 삼가 교서왕膠西王, 교동왕膠東王, 치천왕菑川王, 제남왕濟南王, 조왕趙王, 초왕楚王, 회남왕淮南王, 형산왕衡山王,

여강왕廬江王, 고 장사왕長沙王의 아들께 여쭙겠으니 과인에게 가르침이 있으시기 바랍니다. 생각하건대 한나라에 적신(賊臣, 조조를 말함)이 있어 천하에서 어떤 공로도 세우지 못했으면서 제후들의 땅을 침략해 빼앗고 형리들을 시켜 탄핵, 구금, 신문, 처벌하도록 하여 제후들을 모욕하는 것을 일삼고 있습니다."(《사기》〈오왕비열전吳王濞列傳〉)

일곱 나라 중에서 오왕 유비가 우두머리가 된 것은 그가 직접 교서로 가서 교서왕膠西王을 설득해 반란에 참여하도록 하였기 때문이다. 그런 뒤 다시 제나라 치천菑川·교동膠東·제남濟南 등 여러 제후들의 참여를 독려했으며, 교서膠西·교동·제남·초나라·조나라 등 다섯 나라는 기병해 조정에 반기를 들었다.[1]

오왕의 계획은 제후왕들의 군대가 남·북·동 방면에서 관중關中을 공격하는 것이었다. 그는 먼저 장사 이북의 땅을 공격하고 파촉巴蜀과 한중漢中, 낙양洛陽을 취했으며, 하간河間과 하내河內로 진입하는 등 전방위적으로 공격해 한나라의 장안長安은 그야말로 큰 위협

1) 세상 사람들은 오왕 비濞를 평하여 반란을 일으킬 사람이 아니라고 하지만, 그의 아들이 경제景帝에 의해 죽임을 당했으니 어찌 원망하는 마음이 없었겠는가? 더구나 경제는 제후의 봉토를 깎는 데만 열을 올렸으므로 오왕 비의 원망은 더욱 깊을 수밖에 없었다. 결국 오왕의 혁명은 성공하지 못했고 그 자신에게는 악평만 더해졌으니, 세속에서는 시비에 대한 혼란만 있을 뿐이다.

을 느꼈다. 기원전 154년 1월, 오왕은 20만 명의 군대를 이끌고 오나라 수도 광릉廣陵을 출발해 북쪽으로 회하를 건너 초나라 군대와 연합한 뒤 서쪽으로 진격, 양나라를 공격할 준비를 갖추었다. 한나라 경제는 오왕이 기병했다는 소식을 듣고 주아부에게 명령해 동쪽으로 오나라와 초나라를 공격함과 동시에 별도로 병력을 보내 조나라와 제나라에 대항하게 하였다. 주아부는 동쪽으로 진격하기 전에 경제에게 아뢰었다.

"오나라 군대는 사기가 왕성해 있고 날래고 민첩해 그들과 정면으로 싸우기는 어렵습니다. 우리는 잠시 양나라를 오나라에게 넘겨준 뒤 적군의 식량 보급로를 차단한 연후에 그들을 굴복시킬 수 있을 것입니다."

한나라 경제가 그의 계획에 동의하자 주아부는 군대를 거느리고 장안을 출발해 낙양으로 진군하였다. 주아부는 정예병을 보내 오나라와 초나라의 연합군을 크게 무찔렀다. 그 결과 초왕 유무劉戊는 자살하였고, 오왕 유비는 대부분의 군대를 잃고 몇천 명의 친위대만 이끌고 단도丹徒로 달아났다. 주아부는 승세를 몰아 추격해 오나라 장수들을 모두 사로잡는 한편, 황금 천 근을 내걸어 오왕을 잡아오라고 하였다. 1개월 만에 동월왕東越王은 한나라 군대의 위협과 꼬임을 견디지 못하고 오왕을 유인해 죽였다. 주아부는 석 달 동안 반란군의 주력부대를 무찌르고 난도 평정하는 등 큰 공을 세웠다.

이러한 주아부의 전략은 손자가 말한 '지유소부쟁地有所不爭, 군명유소불수君命有所不受'를 전략적으로 잘 활용한 예이다. 주아부는 양쪽의 병력 상황을 면밀히 검토한 뒤 진격과 수비를 기밀하게 처리하면서 먼저 방어를 한 뒤 공격으로 전환하는 전략을 빈틈없이 수행하였다. 이는 손자가 말한 구변의 이치에 의한 성과라고 할 수 있다.

제9편

행군行軍

군대의 행군 원칙

'행군行軍'은 기동起動·전투·행군·주둔 등 군사작전 행위를 총괄하는 것으로, 오늘날 통용되는 행군보다 훨씬 포괄적인 개념이다. 이 편에서는 첫째, 산지·하천·진펄·평지 등 지형에 따른 군대의 작전 운용과 특별한 지형에서의 군대 운용법에 대해 다루고 있다. 둘째는 적의 행동을 통해 그들의 의도와 상황을 파악하는 33가지 방법을 제시하고 있으며, 마지막으로 적의 전력 못지않게 아군의 내부 단속이 얼마나 중요한지도 설명하고 있다.

구체적으로 〈행군〉 편에서는 행군 중에서 주둔(처군處軍)과 적군의 정세 살피기(상적相敵)라는 두 가지 문제를 중점적으로 다루고 있는데, 주둔은 처산處山·처수處水·처척택處斥澤·처평륙處平陸 등 네 가지이고, 적군의 정세 살피기는 33가지 상황을 포괄한다.

제9편 〈행군〉부터 제13편 〈용간用間〉까지의 다섯 편은 주로 손자가 말하는 용병의 실질적인 기본 축인 용병 · 치병 · 지형의 세 가지 측면을 구체적이고 세밀하게 다루고 있다. 특히 중요한 쟁점은 어떻게 '문文'과 '무武'를 효율적으로 결합해 효과를 내는가 하는 문제이다. 즉 손자는 문무를 적절히 활용하는 지휘관(장수)의 통솔력을 매우 중요한 요소로 삼고 있는데, 이는 '사군지리四軍之利'를 필두로 하여 이 편의 마지막 단락에서 볼 수 있듯이 군대를 관리하는 기본 자질이기 때문이다.

상황에 따른 전투의 네 가지 방식

손자는 말한다.

무릇 군대를 주둔시키고 적의 동향을 살필[1] 때에는 산을 넘어 계곡에 의지하고,[2] 살 수 있는 땅(탁 트인 곳)을 보고 높은 곳에 주둔해야 하며, 급경사가 있는 지형에서는 그 지역을 올려다보며 싸우지 않으니, 이것이 산악지대에서 주둔하는 군대의 전쟁 원칙이다.

강을 건너서는 반드시 물에서 멀리 떨어진 곳에 주둔해야 한다. 객(客, 적군)이[3] 물을 건너 쳐들어오면 물가에서 맞아 싸우지 말고, 절반을 건널 때까지 기다렸다가 공격하면 이롭다. [강을 건너는 적과] 싸울 때에는 아군이 강에 근접해서 객을 맞아 싸우지 않아야 한다. 살 수 있는 땅을 보고 높은 곳에 주둔해 물의 흐름을 거스르지 말지니,[4] 이것이 강물에서 주둔하는 군대의 용병 원칙이다.

척택(斥澤, 염분이 많은 땅과 늪지대)을 통과할 때는 오직 신속히 지나가 머무르지 않아야 한다. 만일 척택 가운데에서 교전하게 된다면

---

1) 첫 문장에서 '군대를 주둔시킨다'는 것은 '처군處軍'을 번역한 것으로, 이는 군대를 행군시키고 주둔하고 배치하는 군의 작전과 관련된 모든 대책을 말한다. 또 '적의 동향을 살피는' 것은 '상적相敵'을 번역한 것이다.

2) 원문의 '절산의곡絶山依谷'을 번역한 것이다. 마원馬援이 무도武都의 오랑캐 강羌을 토벌하려는데 그곳의 편리한 지역을 점거하여 물과 풀을 빼앗고 적들과 싸우지 않자, 오랑캐들이 곤궁하여 모두 항복하였다.(유인劉寅, 《손무자직해孫武子直解》) 이에 관한 이야기는 《후한서後漢書》〈마원열전馬援列傳〉에 나온다.

3) 고대 병법에서는 쌍방이 교전할 때 수비하는 쪽을 주인主人 혹은 주主라고 하였으며, 공격하는 쪽을 객客이라고 하였다.

반드시 수초에 의지하고 우거진 나무를 등지고 있어야 하니, 이것이 척택에서 주둔하는 군대의 용병 원칙이다.

평평한 지대에서는 [이동이] 쉬운 곳에 주둔하고 오른쪽이 높은 곳을 되도록 등지며, 앞쪽은 죽을 수 있고 뒤쪽은 살 수 있는 지형에 의지하라.[5] 이것이 평평한 지대에서 주둔하는 군대의 용병 원칙이다.

무릇 이 네 가지 용병의 유리함은 황제黃帝가 사방의 우두머리(사제四帝)를 이긴 까닭이다.[6]

孫子曰: 凡處軍相敵, 絶山依谷, 視生處高, 戰隆無登, 此處山之軍也. 絶水必遠水; 客絶水而來, 勿迎之於水內, 令半濟而擊之利; 欲戰者, 無附於水而迎客; 視生處高, 無迎水流,

4) 강물 하류에 주둔하지 말라는 것으로, 군대가 강물 하류에 주둔하게 되면 적들이 둑을 터뜨리거나 물에 독을 풀 수 있기 때문이다. 반대로 지형이 높기만 하고 물이 없어서 패한 경우도 있다. 건흥 6년(228)에 제갈량은 기산으로 출병했다. 논의하는 자들은 경험이 풍부한 장수 위연魏延과 오일吳壹 등을 선봉으로 삼아야 한다고 주장했으나 제갈량은 마속馬謖을 뽑아 병사들을 이끌고 맨 앞에 서서 위나라 장수 장합과 가정街亭에서 싸우게 했는데 [마침 식수가 떨어져] 장합에게 격파되어 병사들이 뿔뿔이 흩어졌다. 제갈량은 나아가 의지할 곳이 없으므로 군대를 물려 한중으로 돌아왔다.(《삼국지》〈촉서蜀書 동유마진동여전董劉馬陳董呂傳〉)

5) 원문의 '전사후생前死後生'을 번역한 것이다. 앞의 '전사'는 싸움하는 장소이고, '후생'은 내가 머무는 곳으로 앞은 낮고 뒤는 높다는 뜻이다. 즉 높은 곳이 살 수 있는 땅이고, 낮은 곳이 죽을 수 있다는 말로 생지生地와 사지死地라는 개념이다. 그렇게 본다면 평원지대에서의 작전에는 등 위로 험준한 산을 배경으로 평지를 향하고 있어야 된다는 것이다.

6) 치우蚩尤와 관련된 것 중 하나인 《산해경山海經》〈대황북경大荒北經〉에 "치우는 군대를 이끌고 황제를 토벌하였다. 황제는 이에 응룡應龍에게 명령을 내려 기주 들판에서 그를 공격하도록 하였다"라는 기록이 있고, 《상서尙書》〈여형呂刑〉에도 "치우는 군대를 일으켜 황제를 토벌하였다"라는 기록이 보인다. 물론 《상서》의 기록이 보다 역사적 사실에 가깝다. 《위료자》〈천관天官〉에, 양梁나라 혜왕惠王이 위료자에게 물었다. "황제는 형덕刑德으로 백번 이길 수 있다고 하니 그러한 것이 있는가?" 위료자가 대답했다. "형刑으로써 벌伐하고 덕德으로써 지키는 것이지 천관의 시일時日과 음양의 향배向背를 말하는 것이 아닙니다. 황제는 사람의 일을 했을 뿐입니다(梁惠王問尉繚子曰: 黃帝刑德, 可以百勝, 有之乎? 尉繚子對曰: 刑以伐之, 德以守之, 非所謂天官時日陰陽向背也, 黃帝者, 人事而已矣.)."

此處水上之軍也.

絶斥澤, 惟亟去無留; 若交軍於斥澤之中, 必依水草, 而背衆樹, 此處斥澤之軍也. 平陸處易, 而右背高, 前死後生, 此處平陸之軍也. 凡此四軍之利, 黃帝之所以勝四帝也.

【해설】

이 단락은 실전 경험이 많은 손자가 주로 지형과 관련한 용병법에 대해 상당히 구체적으로 이야기하고 있는 대목이다. 손자는 지형을 네 가지로 나누었다. 산지에서는 '절산의곡絶山依谷'·'시생처고視生處高'·'전륭무등戰隆無登'의 세 가지를, 하천에서는 '절수원수絶水遠水'·'영반제격令半濟擊'·'무부어수無附於水'·'무영수류無迎水流'의 네 가지를, 늪지대에서는 '극거무류亟去無留'·'의수초배중수依水草背衆樹'의 두 가지를, 평지에서는 '평륙처이우배고平陸處易右背高'·'전사후생前死後生' 등을 언급하고 있다.

좀더 구체적으로 살펴보면 손자는 산악·강물·척택(늪지)·평지 등 네 가지 조건 아래에서 주둔하는 요령에 대해 설명하고 있다. 먼저 시야를 확보하기 위해서는 높은 곳에 주둔해야 하는데, 이는 전력의 우위는 아군이 주둔하고 있는 곳의 위치가 좌우한다는 것이다. 즉 상대를 파악하기에 좋고 상대가 나를 파악하기는 어렵게 하라는 말이다. 둘째 문단에서는 강물에서 전개되는 수전에 대해 설명하고 있는데, 여기서 '반제半濟'라는 말의 의미를 잘 알아야 한다. 이 말은 먼저 건너간 병사들은 뒤의 병사들을 돌보지 않고, 뒤에서 강을 건너는 병사들 중 반쯤 건넌 병사들은 먼저 건너간 병사들을 부러워할 뿐 뒤에 처진 병사들은 돌보지 않는다. 따라서 뒤에 있는 병사들 역시 앞선 병사들을 원망하며 전쟁을 쉽게 포기할 수 있다. 그러므로 한 군대가 이렇게 나뉘면 전의를 상실하게 되니 이때 공격하는 것이 이롭다는 의미이다.

손자는 어떤 경우에도 적에게 인의를 베푸는 것에 찬성하지 않았다. 적군이 전열을 가다듬지 않았을 때 가차 없이 공격해 승리를 쟁취하는 것이 중요하다고 보았기 때문이다. 자신이 이기지 않으면 자신이 죽게 되는 것이 바로 전쟁의 속성이라고 보았다. 널리 알려진 송宋나라 양공襄公의 '송양지인宋襄之仁'이라는 어짊에 관한 고사성어가 '반제'의 의미를 잘 대변해준다.[7)]

이 '반제' 공격은 당시 병법가들에게는 널리 알려져 있어 손자뿐만 아니라 오기吳起도 늘 이 전법을 구사한 것으로 유명하다.

"무릇 이 네 가지 용병의 유리함은 황제黃帝가 사방의 우두머리(사제四帝)를 이긴 까닭"에 대해 유인劉寅은 이 네 가지 군軍의 편리한 지역이 황제가 사방 제후 중에 '황제(帝)'라고 칭한 자를 이긴 까닭이라고 하였다(黃帝所以取勝於四方諸侯之稱帝者也). 《사기史記》〈오제본기

7) 사마천의 《사기》〈진문공세가〉에서 상세히 다루고 있다. 13년 겨울 11월, 양공은 초나라 성왕成王과 홍수泓水에서 싸움을 벌였는데 초나라 군사가 미처 강을 다 건너지 못했을 때 목이가 초나라 군사를 공격하자고 하였으나, 양공은 듣지 않고 초나라 군사가 전열을 갖춘 다음 공격했다가 크게 패하였다. 송나라 사람들이 양공을 원망하자 양공은 "군자는 다른 사람이 어려움에 빠져 있을 때 그를 곤궁에 빠뜨리지 않고, 다른 사람이 전열을 갖추지 못했을 때 북을 두드리지 않는 법이다"라고 하였다. 그 말을 듣고 사마자어司馬子魚가 말하였다. "전쟁이란 승리하는 것을 공으로 삼아야 하거늘, 어찌 일상적인 말을 하십니까? 당신 말처럼 하면 [틀림없이] 노예가 되어 다른 사람을 섬기게 될 뿐이니, 또한 무엇 때문에 전쟁을 하십니까?" 결국 양공은 쓸데없는 어짊을 베풀다가 전쟁에서 패했고 결국 상처가 덧나 죽어 천하의 비웃음거리가 되었다.

五帝本紀〉에 "황제가 판천阪泉의 들판에서 염제와 싸웠는데, 세 번 싸운 뒤에야 뜻을 이루었다. 치우가 다시 난을 일으키고는 황제의 명령을 듣지 않았다. 이에 황제는 제후들을 불러 모은 후 치우와 탁록涿鹿의 들판에서 염제와 싸웠는데, 세 번 싸운 뒤에야 뜻을 이루었다"라고 한 기록이 보인다. 태사공 또한 이렇게 말했다. "황제가 70번 싸워서 천하를 평정하였다"라고 하였으니, 이것이 이른바 '사방의 제후가 황제라고 칭했다'라는 것이다. 황제는 곧 헌원軒轅이니, 그 토덕土德으로 천하의 왕 노릇한 자다. 그러므로 '황제'라고 칭한 것이니 병가의 법은 이로부터 시작된 것이다. 또 제갈량諸葛亮은 "산과 언덕에서의 전쟁은 그 높은 곳을 오르지 않고, 물에서의 전쟁은 그 흐름을 거스르지 않고, 풀 위에서의 전쟁은 그 깊은 곳을 건너지 않고, 평지에서의 전쟁은 그 빈터를 거스르지 않으니 이것은 군사의 유리함이다"라고 하였다.

병사들의 건강과 환경을 고려하라

무릇 군대란 높은 곳을 좋아하고 낮은 곳을 싫어하며, 볕이 드는 곳을 귀하게 여기고 그늘진 땅을 천하게 여긴다. 생명을 보양하고 단단한 땅에 주둔하면 군대에는 온갖 질병이 없어지니, 이를 '필승必勝'이라고 한다.

언덕과 제방이 있는 곳에서는 반드시 볕 드는 곳에 주둔하고, 오른쪽 등 뒤에 두어야 한다. 이것이 용병의 유리함이고 지형의 도움을 받는 것이다.

상류에 폭우가 내려 [강물에] 물거품이 떠내려오면 건너려는 자는 그것이 가라앉을 때까지 기다려야 한다.

凡軍好高而惡下, 貴陽而賤陰, 養生而處實, 軍無百疾, 是謂必勝. 邱陵隄防, 必處其陽, 而右背之. 此兵之利, 地之助也. 上雨, 水沫至, 欲涉者, 待其定也.

【해설】

지형의 우위를 선점해야 한다는 논지는 이 단락에서도 강조하고 있다. 이것은 병사들의 건강과 환경이 전투력을 향상시키는 데 중요하기 때문이다. 높은 곳을 택해 건조한 상태를 유지하고, 음지보다 양지를 택해 방어가 쉽도록 하여야 한다. 양지에 주둔하라는 말은 병사들이 전투하기 이전에 쾌적한 장소에서 만반의 전투 준비를 갖추게 하기 위한 조건이다. 특히 햇볕이 잘 드는 것은 병사들의 위생에 유리하고, 온갖 질병에서 벗어나 전투력을 향상시키는 데 절대적으로 유리하다.

절대적으로 해로운 여섯 가지 지형

무릇 [행군하는] 지형에는 절간(絶澗, 험한 절벽 사이의 골짜기)·천정(天井, 사방이 높고 복판이 푹 꺼진 지형)·천뢰(天牢, 들어가기는 쉬우나 빠져나오기 어려운 지형)·천라(天羅, 가시덤불 등이 우거져 군대가 진입한 뒤 빠져나오지 못해 그물에 걸린 모양이 되는 지형)·천함(天陷, 지세가 낮고 진흙탕 모양으로 쉽게 빠지는 지형)·천극(天隙, 좁은 계곡 사이에 장애가 많아 행군하기 어려운 골짜기)이 있으니, 이런 곳은 반드시 빨리 벗어나 가까이하지 말아야 한다. 아군은 이런 곳을 멀리하되 적군은 가까이 오게 하여야 한다. 아군은 이런 지형을 마주 보고 적군은 이런 지형을 등지게 하여야 한다.

행군하는 길가에 험하고 막힌 골짜기나 질펀한 소택지, 갈대가 우거진 늪지, 산림, 초목이 무성한 곳이 있을 때에는 반드시 조심해서 거듭 그곳을 수색해야 한다. 이런 곳은 복병이나 간첩이 숨어 있기 때문이다.

凡地有絶澗天井天牢天羅天陷天隙, 必亟去之, 勿近也. 吾遠之, 敵近之; 吾迎之, 敵背之. 軍行, 有險阻潢井葭葦, 山林蘙薈者, 必謹覆索之, 此伏姦之所處也.

【해설】

손자는 이 단락에서 군대가 가까이하지 말아야 할 절간絶澗·천정天井·천뢰天牢·천라天羅·천함天陷·천극天隙 등 해로운 여섯 가지 지형(六害)에 대해 매우 세분화해 이야기하고 있다. 얼핏 보면 일반적이기도 하지만 손자의 말은 매우 구체적이다. 특히 이 여섯 지형의 경우 기동이 불편하고 적의 공격에 취약하므로 이런 곳은 반드시 피할 것을 주문하고 있는데, 육지전이 대세였던 당시에는 꼭 숙지해야 하는 것이었다.

적이 가까운 곳에 있는데도 고요한 것은 그들이 험준한 지형을 믿고 있기 때문이다. [적이] 먼 거리에 있으면서 싸움을 걸어오는 것은 아군을 끌어내기 위함이다. 적이 [험준한 지형이 아니라] 평지에 진을 쳤다면 그곳에 [진퇴에 용이한] 이점이 있다는 것이다.

많은 나무들이 움직이는 것은 적이 오고 있다는 것이다. 풀숲에 장애물을 많이 만들어놓는 것은 [우리의] 의심(미혹)을 불러일으키려는 것이다. 새들이 날아오르는 것은 [그 아래에] 복병이 있다는 것이다. 짐승들이 놀라 달아나는 것은 [적군이] 기습해오기[8] 때문이다. 흙먼지가 높고도 날카롭게 일어나면 [적군의] 전차가 진격해오는 징후이고, 흙먼지가 낮고 퍼지듯 일어나면 [적군의] 보병이 진격해오는 징후이며, 흙먼지가 흩어져서 일어나면 [적이] 땔감을 채취하는 징후이다. [흙먼지가] 적게 왔다 갔다 하는 것은 진영을 구축하고 있다는 것이다.

[적군이] 겸손하게 말하면서도 전비戰備를 갖추는 것은 진격하려는 뜻이다. [적군이] 강경하게 말하면서도 진격하려고 하는 것은 퇴각하려는 뜻이다. 가벼운 전차가 먼저 나와 그 측면에 머무르는 것은 진을 구축하고자 하는 것이다. 약속도 없이 강화를 청하는

8) 수색한다는 의미도 있다.

것은 음모를 꾸미고 있기 때문이다.[9] [적들이] 분주하게 뛰어다니며 전차를 정렬시키는 것은 [공격 시기를] 기다리고 있는 것이다. 반쯤 진격했다가 반쯤 퇴각하는 것은 [아군을] 유인하기 위해서이다.

[적이 병기를] 지팡이처럼 기대고 서 있는 것은 굶주리고 있기 때문이다. 물을 길어 먼저 마시려고 하는 것은 목이 마르다는 것이다. 이익을 보았는데도 진격하지 않는 것은 피로해 있다는 것이다. 새가 모여든다는 것은 [적의 병력이] 비어 있다는 것이다.[10] 한밤중에 [큰소리로] 부르는 것은 두려워하고 있다는 것이다. 군대가 소란스러운 것은 장수가 진중하지 않기 때문이다.[11] 깃발이 흔들리는 것은 [부대가] 혼란스럽다는 것이다. 지휘관이 노여워하는 것은 [병사들이] 게으르다는 것이다. 말을 죽여 고기를 먹는 것은 [군대의 식량이 없다는 것이다.] 군영에 질장군을 걸어놓지 않고[12] 막사로 돌아가지 않는

---

9) 한왕漢王이 역이기酈食其로 하여금 중요한 보물을 진秦나라 장수 가유賈孺에게 주었는데, 가유가 화친하고자 하였으나 한왕이 그들의 위기를 틈타서 공격하였다〔如漢王, 使酈食其, 將重寶, 啗秦將賈孺, 孺欲和, 漢王因其怠而擊之〕.(유인 설) 이 일화는 《사기史記》 〈유후세가留侯世家〉에 보인다.

10) 초楚나라가 정鄭나라를 정벌하려는데 정나라 사람이 장차 달아나려고 하니, 첩자가 이를 보고하였다. "초나라 막사에 까마귀가 있어서 초나라 병사들이 달아난 것이다."(《좌전》 장공莊公 28년) 진晉나라가 제齊나라를 정벌하려는데 숙향叔向이 말하였다. "성 위에 새가 있으니, 제나라 군사가 도망한 것이다."(《좌전》 양공襄公 18년) 이는 새가 모여든 것으로 적의 병력이 빈 것을 알아차린 예들이다.

11) 주아부周亞夫의 군중에서 한밤중에 놀라서 장막 안까지 소란하였는데, 주아부가 굳건히 누워 일어나지 않으니 조금 뒤 진정이 되었고, 장료長遼가 장사長社에 주둔하였는데 밤에 군중이 갑자기 소란하였으나, 장료가 진영 안에 서 있으니, 잠시 뒤에 진정이 되었다. 이는 장수가 진중함을 지켰다는 것이다〔如周亞夫軍中夜驚, 擾亂至帳下, 亞夫堅臥不起, 俄頃而定, 張遼屯長社, 夜軍中忽亂, 遼中陳而立, 有頃卽定, 此將能持重者也〕.(유인 설)

12) 원문의 '군무현부軍無懸缻'를 번역한 것으로, 유인은 《손무자직해》에서 "부缻란 밥 짓는 도구〔炊器〕이다. 부缻를 밖에 걸어놓고 다시 밥 짓지 않는 것을 보여서 밖에서 노숙하며 다시 막사로 돌아가지 않는 것은 궁지에 몰려 있는 적이다〔缻, 炊器也. 懸缻於外, 示不復炊, 暴露於外, 不復返舍者, 窮寇也〕"라고 하였다.

것은 적이 궁지에 몰려 있다는 것이다. 간절하면서도 타이르는 모습으로 천천히 병사들과 말하는 것은 뭇 병사들의 믿음을 잃었기 때문이다. 상을 자주 내리는 것은 궁색하기 때문이다. 벌을 자주 내리는 것은 곤경에 처했다는 것이다. [장수가] 이전에는 난폭하다가 나중에는 그 병사들을 두려워하는 것은 지극히 정명精明하지 못하다는 것이다. [아군에게] 사람을 보내 사죄하는 것은 [병사를] 쉬게 하고 휴전을 원하고 있기 때문이다. 적병이 성내며 진격해왔음에도 서로 마주했는데도 오랫동안 싸우지 않고, 또 서로 물러나지도 않는 것은 반드시 삼가 살펴야만 하는 것이다.

敵近而靜者, 恃其險也; 遠而挑戰者, 欲人之進也; 其所居易者, 利也.

衆樹動者, 來也; 衆草多障者, 疑也; 鳥起者, 伏也; 獸駭者, 覆也; 塵高而銳者, 車來也; 卑而廣者, 徒來也; 散而條達者, 樵採也; 少而往來者, 營軍也.

辭卑而益備者, 進也; 辭强而進驅者, 退也; 輕車先出居其側者, 陳也; 無約而請和者, 謀也; 奔走而陳兵車者, 期也; 半進半退者, 誘也.

杖而立者, 飢也; 汲而先飮者, 渴也; 見利而不進者, 勞也; 鳥集者, 虛也; 夜呼者, 恐也; 軍擾者, 將不重也; 旌旗動者, 亂也; 吏怒者, 倦也; 粟馬肉食, [無糧也,] 軍無懸缻, 不返其舍者, 窮寇也; 諄諄翕翕, 徐與人言者, 失衆也; 數賞者, 窘也; 數罰者, 困也; 先暴而後畏其衆者, 不精之至也; 來委謝者, 欲休息也. 兵怒而相迎, 久而不合, 又不相去, 必謹察之.

【해설】

이 단락에서는 적의 동태 33가지 항목을 세밀하고 구체적으로 제시하고 있는데, 적의 외적인 행동을 관찰해 그들의 정황을 살피라는 것으로 이를 '상적相敵'이라고 한다. 아주 사소한 단서도 적의 동태를 파악하는 데 유효하다면 적을 일거에 섬멸할 수 있는 중요한 역할을 한다.

바람·먼지·풀·새·들짐승 등 자연적인 것에서부터 적군의 동태나 말·전차 등의 움직임, 심지어 지팡이를 짚고 서 있는 적군의 모습과 병사들의 신음 소리 등 전장의 모든 것을 하나하나 관찰하고 분석하는 지혜가 요구된다는 것이다. 제6편 〈허실虛實〉에서 말한 네 가지 '책지'·'작지'·'형지'·'각지'가 전략적 차원의 문제라면 이 33가지 항목은 구체적인 전술이다. 모든 것은 상대방을 통해 간파할 수 있다는 이야기다.

병력이 더 많아야 하는 것은 아니며, 오직 무모하게 진격만 하여서도 안 되고, 병사들의 힘을 하나로 집중시켜 적을 헤아려 판단하고 인재를 취하기만 하면 될 뿐이다. 단지 깊은 생각 없이 적을 얕잡아 보면 반드시 적에게 사로잡힐 것이다.

兵非益多也, 惟無武進, 足以併力料敵, 取人而已. 夫惟無慮而易敵者, 必擒於人.

【해설】

이 단락은 〈행군行軍〉이란 편명과 동떨어진 것으로 보일 수 있으나, 총지휘자인 장수의 자세에 대해 이야기하고 있다. 이 단락의 핵심은 '병비익다兵非益多'로, 소수의 병력으로 적을 이길 수 있다는 말을 함축하고 있기는 하지만 많은 병력이 필요하지 않다는 말은 아니다. 단순하게 병사 수의 많음을 중시하지 않은 것으로 해석해야 한다. 용병에서는 기본적으로 치병治兵을 매우 중요하게 보기 때문이다. 문제는 병력의 많음이 아니라 그런 병력을 잘 다스릴 수 있는 장수의 역량에 있다. 오합지졸烏合之卒은 아무 의미가 없다. 전쟁에서 중요한 것은 바로 적에게 승리를 쟁취하는 것이다.

《사기》〈회음후열전淮陰侯列傳〉에 나오는 '다다익선多多益善'을 예로 들어 살펴보자. 이 말이 어떤 맥락에서 사용되고 있는지 손자의 관점과 대비하여 살펴볼 필요가 있다.

고조는 일찍이 한신과 함께 여러 장수의 능력을 마음 터놓고 이야기하면서 각각 등급을 매긴 일이 있었다. 고조가 물었다.

"나 같은 사람은 얼마나 되는 군대를 이끌 수 있겠소?"

한신이 대답하였다.

"폐하께서는 그저 10만 명을 이끌 수 있을 뿐입니다."

고조가 물었다.

"그대는 어떻소?"

한신이 대답하였다.

"신은 많으면 많을수록 더욱 좋습니다(多多益善)."

고조가 웃으면서 말하였다.

"많으면 많을수록 더욱 좋다면서 어째서 나에게 사로잡혔소?"

한신이 대답하였다.

"폐하께서는 많은 병사를 거느릴 수는 없지만 장수는 잘 거느릴 수 있습니다. 이것이 바로 신이 폐하께 사로잡힌 까닭입니다. 또 폐하는 이른바 하늘이 주신 바이니 사람의 힘으로는 어쩔 수 없습니다."

한신의 마지막 말은 고조에 대한 아부이지만, 고조는 이미 마음속으로 한신을 위험인물로 간주하고 있었다. 사실 한신이 고조의 능력을 10만 명이라고 답한 것 자체가 매우 과대평가한 것이지만 고조는 그것을 그대로 받아들이지 못하였고 한신을 결국 토사구팽 兎死狗烹 하였다.

너무 친하지도 거리를 두지도 말라

병사들이 [장수와] 아직 친해지거나 기대려고 하지도 않는데 그들에게 벌을 주면 복종하지 않게 된다. 복종하지 않으면 다루기가 어렵다. 병사들과 이미 친해졌다고 하여서 벌을 행하지 않으면 다룰 수 없게 된다. 그러므로 병사들에게는 문으로써 명령하고, 무로써 통제하면 반드시 승리할 수 있는 군대라고 말한다. 명령이 평소에 잘 시행되고, 그 사졸(民)들을 가르치면 사졸들은 복종하게 된다. 명령이 평소에 잘 시행되지 않았는데 그 사졸들을 가르치려고 하면 사졸들은 복종하지 않는다. 명령이 평소에 잘 시행된다는 것은 모든 사졸들과 서로 친화하기 때문이다.

卒未親附而罰之, 則不服, 不服則難用也. 卒已親附而罰不行, 則不可用也. 故令之以文, 齊之以武, 是謂必取. 令素行以教其民, 則民服; 令不素行以教其民, 則民不服. 令素行者, 與衆相得也.

【해설】

이 단락에서도 강조하고 있는 것은 훈련의 권위 확보와 장수의 리더십이다. '친밀감(親)'이라는 단어가 반복해서 사용되고 있는데, 병사들을 통솔할 때 친밀도는 매우 중요하다. 이는 상벌을 시행할 때 부하가 내면적으로 복종하는 것이 중요하기 때문이다. 즉 겉으로 복종하는 척하면서 속으로 불복해서는 안 된다. 제갈량의 읍참마속泣斬馬謖과 같은 결단력을 보여야지, 만일 사적으로 친밀하다고 하여서 벌을 엄히 행하지 않으면 병사들을 통솔하기 어렵다.

손자는 엄격한 명령체계와 짝을 이루는 친밀함과는 별도로, 개인적인 친소관계가 자칫 병사들의 불만을 불러일으킬 수 있음을 아울러 경고하고 있다.

| **전례** |

행군시 지리적 여건의 중요성

춘추시대 이전에 오吳나라는 지리적 여건 때문이기도 하지만 수전水戰에 강하였다. 그러나 수몽壽夢 2년(기원전 584) 전투에 수레를 사용하면서 군사 배치에 상당한 지식이 쌓여 오나라 군사들은 전쟁에서 승리하는 경우가 많았다.

《삼국지》에서 적벽대전이 벌어졌을 때 제갈량이 손권을 설득하며 조조의 군대가 북방 출신이라 수전에 약할 것이라고 한 것도[1)]지리적 조건이 용병에 얼마나 중요한 작용을 하는지 보여주는 한 예이다. 《삼국지》 〈위서 왕랑전王朗傳〉에 보면 다음과 같은 내용이 나온다.

태화太和 4년(230) 대사마 조진曹眞이 촉蜀을 정벌하려고 하자, 왕숙王肅이 조예曹叡에게 상소를 올렸다.

"옛날 책에 '천 리 밖에서 군량미를 운송해오면 병사들에게는 굶주린 기색이 있고, 땔나무를 베고 풀을 모아 밥을 지어도 배부르지 않다'라는 말이 있습니다. 이것은 평탄한 길에서 행군할 때의 상황을 말한 것입니다. 하물며 험한 곳으로 깊숙이 들어가고, 길을 내어 가며 진군하는 경우라면 그 힘겨움은 반드시 백배가 될 것입니다. 게다가 지금은 장마철이고 산과 비탈은 험하니 병력이 긴급하게 나가지 못한다면 멀리서 식량을 실어오기 어렵습니다. 이런 점들은 행군하는 자가 크게 기피해야 하는 것입니다.

조진은 출발한 지 벌써 한 달이 지났지만 자오곡子午谷 중간 정도밖에 행군하지 못했고, 병사들을 길을 내는 데 모두 동원했다고 들었습니다. 이는 적군이 그저 편안하게 우리 군대의 수고로움을 기

---

1) 제갈량諸葛亮이 말하였다. "유예주劉豫州의 군대가 비록 장판長坂에서는 졌지만, 현재 군대로 돌아온 병사와 관우의 수군 정예병사 만 명이 있습니다. 유기가 강하의 병사들을 합친 것이 또한 만 명보다 적지는 않을 것입니다. 조조의 군대는 먼 길을 왔으므로 지쳐 있습니다. 듣건대 유예주를 뒤쫓아 날랜 기병이 하루 낮, 하루 밤 동안 300여 리를 달려왔다고 합니다. 이것은 이른바 '제아무리 강한 활에서 떠난 화살이라도 그 마지막은 노魯나라의 명주조차 뚫을 수 없다'라고 하는 상태입니다. 따라서 병법에서는 이와 같이 하는 것을 꺼리며 '반드시 상장군이 다치게 된다'라고 하였습니다. 게다가 북방 사람들은 수전水戰에 익숙하지 않으며, 형주荊州 백성이 조조에게 의탁하고 있는 것도 병력에 압박당한 결과일 뿐 마음으로 복종하는 것은 아닙니다. 지금 장군께서 진실로 용맹한 장수에게 명해 병사 수만 명을 이끌도록 하여 유예주와 힘을 합친다면 틀림없이 조조 군을 무찌를 수 있습니다. 조조 군이 지면 반드시 북쪽으로 돌아갈 것이고, 이와 같이 되면 형주와 오나라의 세력이 강대해져 셋이 정립하는 상황을 이루게 될 것입니다. 성공과 실패의 관건이 오늘에 달려 있습니다." 손권은 매우 기뻐하며 곧장 주유周瑜, 정보程普, 노숙魯肅 등 수군 3만 명을 보내 제갈량을 따라 유비가 있는 곳으로 가서 힘을 합쳐 조조에게 맞서도록 하였다.(《삼국지》〈촉서 제갈량전諸葛亮傳〉)

다리기만 하면 되는 것으로 병가兵家에서 기피하는 바입니다. 이전 시대에 무왕武王이 주왕紂王을 정벌해 성문을 열고서도 돌아와버렸고, 최근에는 무황제와 문황제께서 손권을 정벌하고도 장강을 앞에 두고 건너지 못하였습니다. 어찌 하늘에 순응해 때를 알고, 임기응변에 통하는 것이 아니겠습니까?

모든 백성은 성상께서 비와 고달픔을 이유로 정벌을 중지시키고 휴식하도록 하였던 일을 알고 있습니다. 이는 훗날 계기가 있을 때 그 기회를 틈타 그들을 쓰기 위함입니다. 이것은 이른바 '기쁜 마음으로 어려움을 극복하면 백성들은 그 죽음을 잊는다'는 말입니다."

결국 정벌 계획을 그만두었다.

이 이야기에서 왕숙은 행군의 상황을 지적하며, 험지나 산비탈 등 구체적인 지형에 따른 난관을 잘 분석해 정벌 계획의 무모함을 부각시키고 있다.

제10편

지형地形

지형과 전쟁의 관계

〈지형地形〉 편은 군대의 행군방법을 다룬 앞의 제9편 〈행군行軍〉과 아홉 가지 지형에 대해 논한 제11편 〈구지九地〉와 더불어 자매편이라고 할 수 있을 정도로 내용 전개상 일관된 면모를 보여준다. 이 편에서는 군대를 적군에 보내는 원리에 대해 설명하고 있다. 지형학이 매우 중요한 요소이고 지형에 따른 전략을 얼마나 유용하게 세우는가 하는 문제를 중심으로 다루고 있는데, 주로 수비보다는 공격을 위한 전략에 대해 논하고 있다.

손자는 특정한 지리 조건에서 전쟁하는 방법과 병사들을 어떻게 효과적으로 관리하는지도 함께 이야기하고 있다.

지형地形은 땅의 형상이란 뜻이다. 손자는 땅의 여섯 지형인 '통형通形'·'괘형挂形'·'지형支形'·'애형隘形'·'험형險形'·'원형遠形' 등 '육형六形'에 따른 용병 원칙에 대해 설명했는데, 이를 첫 번째 단락에서 다루고 있다. 두 번째 단락에서는 '주병走兵'·'이병弛兵'·'함병陷兵'·'붕병崩兵'·'난병亂兵'·'배병北兵' 등 '육패병六敗兵'을 지적하고 있다. 손자는 외적 요소와 내적 요소가 서로 일치해 에너지를 발휘하는 용병술을 고수했는데, 지형 문제를 다루고 있는 이 편에서도 장수가 자신의 역량을 발휘해 병사들의 심리를 읽고 다루는 법을 강조하고 있다.

요컨대 〈지형〉 편을 통해 손자는 여섯 유형의 지형을 비롯해 전쟁에서 지형이 얼마나 중요한 것인지를 설명하였다. 또한 매우 중요하게 다루고 있는 것이 '안다(知)'라는 단어이다. 이 단어는 다섯 번째 단락에서 13차례나 반복되면서 현 상황을 인식하는 것이 얼마나 전쟁의 중요한 요소인지를 밝히고 있다. 장수라면 마땅히 '사지四知', 즉 네 가지를 알아야 하는데 적을 알고 나를 아는 '지피지기知彼知己'와 하늘도 알고 땅도 아는 '지천지지知天知地'가 매우 중요한 것임을 거듭 강조하였다. 그러나 손자가 궁극적으로 이야기하고자 하는 병법의 축은 결국 사람이 먼저이고, 지형이 그다음이라는 점이다.

여섯 지형으로 판단을 달리하라

손자는 말한다.

지형[1]에는 '통형通形'이라는 것이 있고, '괘형挂形'이라는 것이 있으며, '지형支形'이라는 것이 있고, '애형隘形'이라는 것이 있으며, '험형險形'이라는 것이 있고, '원형遠形'이라는 것이 있다.[2]

아군이 진격할 수 있고 적군이 쳐들어올 수 있는 지형을 '통형'이라고 한다. 통형이란 [아군이] 먼저 높고 양지바른 곳을 점거해 식량의 보급로를 확보한 뒤 전쟁을 하게 되면 이롭다는 것이다. 진격할 수는 있으나 물러나기는 어려운 지형을 '괘형'이라고 한다. 괘형이란 적군이 방비하고 있지 않을 때 진격하면 그들에게 승리할 수 있다는 것이다. 만일 적군이 방비하고 있으면 진격해도 승리하지 못하고, 돌아오기도 어려워 불리하다. 아군이 진격해도 이롭지 못하고, 적군이 진격해도 이롭지 못한 곳을 '지형'이라고 한다. 지형이란 비록 적군이 이익으로 아군을 유인해도 아군은 진격해서는 안

---

1) 지형이란 "산천험이지형야山川險易之形也"라 하여 산천의 험하고 평이한 형세를 말한다.

2) 유인은《손무자직해》에서 "애형隘形"의 땅에 대해 "왼쪽과 오른쪽에 높은 산이 있고 가운데에 평평한 골짜기가 있는 것을 이르니, 아군이 먼저 지형을 점령하되 반드시 산골짜기에 가득 채워 [배치하여] 진영을 삼아서 적군으로 하여금 앞으로 진격할 수 없게 하는 것이 좋다(謂左右高山中有平谷, 我先居之, 必盈滿山谷以爲陣, 使敵不得前進可也)"라고 하였고, "험형險形"의 땅에 대해 "산골짜기 시냇물과 구덩이가 있어서 험하고 막혀 나아가기가 어려운 곳이다(險者, 澗壑坑坎, 上下艱險也)"라고 하였으며, "원형遠形"의 땅에 대해 "아군과 적군의 거리가 서로 멀고 아군과 적군의 세력이 또 비슷한 것을 이른다(遠形之地, 謂彼此相去遙遠, 我與敵勢力又均)"라고 하여 아군이 먼저 많이 이동하여 적의 진지로 가는 것은 세력을 불리하게 하는 일임을 말하였다.

되고, [적군을] 유인해 그들을 물러나게 하고 적군으로 하여금 반쯤 진격해 나오게 하였을 때 그들을 공격해 유리함으로 삼는다. '애형'이란 아군이 먼저 점령해 [그 양측에] 반드시 병력을 가득 채우고 적군을 기다린다. 만약 적군이 먼저 그곳을 점령해 [양측에] 병력을 채워놓고 있으면 이 지역을 지나가지 않아야 한다. 병력을 채워놓지 않고 있으면 그곳을 따라 지나가면 된다. '험형'이란 아군이 먼저 그곳을 점령하는 것이니, 반드시 높고 양지바른 곳을 점령해 적군을 기다린다. 만약 적군이 그곳을 먼저 점령하고 있으면 [아군은] 병력을 이끌고 그곳을 떠나 [적들을] 따라가지 말아야 한다. '원형'이란 [양측의] 세력이 비슷하면(勢均) 싸움을 걸기 어려우며 싸워도 불리하다. 무릇 이 여섯 가지는 지형을 이용하는 기본 원칙이며, 장수된 자의 중요한 임무이니, [반드시] 살피지 않으면 안 된다.

孫子曰: 地形有通者, 有挂者, 有支者, 有隘者, 有險者, 有遠者. 我可以往, 彼可以來, 曰通. 通形者, 先居高陽, 利糧道以戰則利. 可以往, 難以返, 曰挂. 挂形者, 敵無備, 出而勝之, 敵若有備, 出而不勝, 難以返, 不利. 我出而不利, 彼出而不利, 曰支. 支形者, 敵雖利我, 我無出也, 引而去之, 令敵半出而擊之利. 隘形者, 我先居之, 必盈之以待敵. 若敵先居之, 盈而勿從, 不盈而從之. 險形者, 我先居之, 必居高陽以待敵; 若敵先居之, 引而去之, 勿從也. 遠形者, 勢均, 難以挑戰, 戰而不利. 凡此六者, 地之道也, 將之至任, 不可不察也.

【해설】

손자는 이 단락에서 실제 전투를 가정하고 여섯 유형의 지형에 대해서 이야기하고 있다. 하늘과 땅, 사람에게 도道가 있는데, 이 중 땅의 도가 지도요, 지형이다.

여섯 가지를 쉽게 풀이해보면, '통형通形'은 적군과 아군 모두 쉽게 왕래할 수 있는 트인 지형으로, 지대가 높고 햇볕이 잘 드는 양지쪽이다. 손자는 '통通'이란 글자를 중시했는데, 이 글자의 의미는 《주역周易》〈계사전繫辭傳〉에도 나오듯이 "오고 가는 것이 끝이 없다〔往來無窮〕"는 의미로 막힘없이 잘 통한다는 뜻이다. 물론 이 지형에서 승리하기 위해서는 높은 지역을 우선적으로 장악해 적의 동태를 살펴야 한다. '괘형掛形'은 전진하기는 쉽지만 돌아오기는 어려운 지형이다. 매요신梅堯臣은 "그물에 걸린 땅〔網羅之地〕"이라는 매우 적절한 주석을 달기도 하였다. '지형支形'은 아군이나 적군에게 모두 불리한 지형이다. 여기서 '지支'는 '구久'와 통하므로 적군과 아군이 오랫동안 서로 대치해 불편한 땅을 가리킨다. '애형隘形'은 지키기는 쉬우나 공격하기는 어려운 땅으로, 먼저 입구를 점령하는 쪽이 유리한 지형이다. '험형險形'은 지형이 험한 곳으로, 싸워서 빼앗기보다는 먼저 점령해야 할 지형이다. 적이 먼저 차지하게 되면 재빨리 빠져나와야 하는 위험한 지형이다. '원형遠形'은 적군과 아군이 멀리 떨어져 진을 칠 수밖에 없는 곳으로, 서로 전쟁하기에 부담이 있는 지형이다. 아군이 우위에 있어야 공격해볼 수 있는 지형인 것이다.

이런 지형 분석은 땅의 도에 대한 세심한 탐구를 통해 가능한 것으로, 사실 손자가 이같이 분석한 것은 보병이 주력이었던 당시의 상황에서 지형을 얼마나 분석하고 연구하느냐가 전쟁의 성패를 좌우할 수 있는 관건이 되었기 때문이다. 그런 면에서 뒷부분의 '세균勢均'이라는 말은 보충설명이 필요하다. 이는 아군과 적군의 세력이 비등할 때 어느 곳의 지형을 차지하느냐에 따라 유불리를 따질 수 있다는 말을 함축하고 있다.

두목杜牧의 주석을 빌리면 "비유하자면 내가 적의 진지와 30리인데 만일 내가 적의 진지로 가서 전쟁을 하면 나는 피곤하고 적은 날카로워 전쟁을 하는 데 불리하다. 그러나 만일 적이 나의 진지로 와서 싸움을 걸면 나는 편안하고 적은 피로하니 적이 불리하다. 그러므로 '세균'이라고 하는 것이다. 그렇다면 어떻게 하여야 하는가? [나는] 말한다. 반드시 싸우려는 자는 이동하는 것이 가까워야 한다"는 의미이다.

그러므로 군대에는 '주병走兵'이라는 것이 있고, '이병弛兵'이라는 것이 있으며,[3] '함병陷兵'이라는 것이 있고, '붕병崩兵'이라는 것이 있으며, '난병亂兵'이라는 것이 있고, '배병北兵'이라는 것이 있다. 무릇 이 여섯 가지는 하늘과 땅의 재앙이 아니라 장수의 허물이다.

[양측의] 세력이 균등한데도 하나의 힘으로 열의 힘을 치는 군대를 '주병'이라고 한다.[4] 병사들은 강한데 지휘관이 나약한 군대를 '이병'이라고 한다. 지휘관은 강한데 병사들이 약한 군대를 '함병'이라고 한다. 비장裨將[5]이 노하여 [주장主將의 명령에] 복종하지 않고 적과 마주치면 원망하여 [명을 거슬러] 독자적으로 출전하며 장수가 그의 능력을 알지 못하는 군대를 '붕병'이라고 한다. 장수가 나약해 엄하지 못하고 이치를 가르치는 것이 분명하지 못하며 지휘관

3) 유인은《손무자직해》에서 "주走란 그 힘을 헤아리지 않고 적은 병력으로 많은 병력을 치는 것이고, 이弛는 장수가 법령으로 제지하여 그 수하를 통솔함이 없는 것이다(走者, 不量其力, 以少擊衆也, 弛者, 將無法制, 以馭其下也)"라고 하였다.

4) 전국시대의 추鄒나라는 약소국이고 초楚나라는 강대국이다.《맹자》〈양혜왕 상〉에 이러한 일화가 나온다. "맹자가 제나라 선왕에게 물었다. '추나라 사람과 초나라 사람이 싸우면 왕께서는 누가 이길 것이라고 생각하십니까?' [선왕이] 답했다. '초나라 사람이 이깁니다.' [맹자가] 말했다. '그렇다면 작은 것(나라)은 본래 큰 것(나라)을 대적할 수 없고, [백성이] 적은 나라는 [백성이] 많은 나라에 대적할 수 없으며 약한 나라는 강한 나라에 대적할 수 없습니다'(鄒人與楚人戰 則王以爲孰勝 曰 楚人勝 曰 然則小固不可以敵大 寡固不可以敵衆 弱固不可以敵强)."

5) 원문의 '대리大吏'를 번역한 것으로, 조조는 "소장이다小將也"라고 주석을 달아 주장主將 아래에 있는 중상층 군관의 의미로 보았다.

과 병사들이 정해진 규칙 없이 병력을 배치함에 있어 멋대로 하는 군대를 '난병'이라고 한다. 장수가 적군의 적정을 헤아리지 못하고, 적은 병력으로 많은 적군과 싸우며 약한 병력으로 강한 적군을 공격하며 병사들 중에서 선발된 정예병(選鋒)[6]이 없는 군대를 '배병'이라고 한다. 무릇 이 여섯 가지는 패배하는 길이며 장수 된 자의 중요한 임무이니, 살피지 않으면 안 된다.

故兵有走者, 有弛者, 有陷者, 有崩者, 有亂者, 有北者. 凡此六者, 非天之災, 將之過也. 夫勢均, 以一擊十曰走. 卒强吏弱曰弛. 吏强卒弱曰陷. 大吏怒而不服, 遇敵懟而自戰, 將不知其能曰崩. 將弱不嚴, 敎道不明, 吏卒無常, 陳兵縱橫曰亂. 將不能料敵, 以少合衆, 以弱擊强, 兵無選鋒曰北[7]. 凡此六者, 敗之道也, 將之至任, 不可不察也.

【해설】

앞 단락의 지형 분석에 이어 여기서는 장수의 허물에 대해 이야기하고 있다. '비천지재非天之災', 즉 자연재해에서 비롯된 재앙이 아니라 장수라는 '사람(人)'에 의해 조성된 '장지과將之過'의 위험을 이야기하고 있는데,[8] 앞의 단락에 이어 육패六敗의 문제를 거론하고 있다. 물론 장수의 자질은 아무리 강조해도 지나침이 없다는 것이 이 논의의 출발선이다.

---

6) 조선시대의 조희순은 《손자수孫子髓》에서 선발된 정예병(選鋒)으로 제나라의 기격技擊과 위魏나라의 무졸武卒 등을 들었다(選鋒, 如齊技擊, 魏武卒也). 기격은 치고 찌르는 무예의 일종으로 이러한 무예를 구사하는 군대를 말한다. 위나라의 무졸은 위나라의 상비군으로, 위나라는 문후 때 상비군 제도를 도입하여 이를 무졸제라 하였다.

7) '배北'는 갑골문과 전문에 보면 두 사람이 등을 마주하고 있는 자형으로, 전쟁을 하다가 등을 보이면서 달아난다는 의미이다.

8) 장예張預는 주석을 달아 "무릇 여기서의 육패六敗란 허물이 인사에 있다는 것이다"라고 하였다.

'주병走兵'은 곧 장수의 무모함이요, '이병弛兵'은 햇병아리 소대장이 백전노장의 부대원을 이끄는 격이다. 로마 군대에서도 소대 병력을 이끄는 백부장이나 대대병력을 이끄는 천부장들은 일종의 돌격대장으로서 매우 강인하고 노련해야 했다. '함병陷兵'은 병사들의 훈련이 덜 되었거나, 오합지졸을 모아 수를 늘려놓은 군대와 비슷한 것으로 판단된다. '붕병崩兵'은 그야말로 무너지기 직전의 군대이며, 명령이 통하지 않는 상태를 말한다. '난병亂兵'은 장수가 전장을 정확하게 이해하지 못할 경우 혹은 우유부단해 어느 한쪽으로 확실히 결정짓지 못하거나 복잡한 진법에 익숙하지 못해서 잘못된 명령을 남발했다가 거두어들이는 상황을 의미한다. '배병北兵'은 몸을 돌려 뒤로 달아나는 것을 말한다. 패배의 원인은 장수가 적의 상황을 파악하지 못해 결국 적은 병력으로 많은 병력과 대적하고 약한 병력으로 강한 적을 공격하며, 또 선봉에 설 정예병이 없기 때문이다. 이와 같은 육패 중에서 '붕병'이 가장 큰 문제이다. 마치 산이 무너지듯 모든 것이 무너지는 군대이기 때문이다.

원문의 '선봉選鋒'은 정선해서 뽑은 정예병으로, 주로 선봉부대라고 할 수 있다. 춘추시대 때 맨 앞에 선봉부대를 두어 적의 예봉을 꺾고 아군이 진격하는 길을 터주는 역할을 하였는데, 선발된 사병들로 조성된 부대를 선봉이라고 한다. 즉 대진大陣·소진小陣·대대大隊·소대小隊 등이 모두 선봉인 셈이다.

진정한 전쟁은 지형 파악이 관건이다

무릇 지형이란 용병을 도와주는 것이다. 적군의 적정을 헤아려 승리를 이끌며, 지형의 험난하고 평탄하며 멀고 가까운 것을 계산하는 것이 상장上將[9]의 길이다. 이것을 알고 싸우는 자는 반드시 이기고, 이것을 알지 못하고 싸우는 자는 반드시 패한다. 그러므로 전쟁의 이치상 반드시 이길 수 있으면 군주가 싸우지 말라고 하여도 반드시 싸우는 것이 옳고, 전쟁의 이치상 이길 수 없으면 군주가 반드시 싸우라고 하여도 싸우지 않는 것이 옳다. 그러므로 진격하는 것은 명예를 추구하지 않고 퇴각하는 것도 죄를 피하지 않으며, 오로지 백성을 보호하고 이익이 군주에게 부합되는 것만을 생각하니 [이런 장수는] 나라의 보배이다.

夫地形者, 兵之助也. 料敵制勝, 計險厄遠近, 上將之道也. 知此而用戰者必勝; 不知此而用戰者必敗. 故戰道必勝, 主曰無戰, 必戰可也; 戰道不勝, 主曰必戰, 無戰可也. 故進不求名, 退不避罪, 惟民是保, 而利合於主, 國之寶也.

【해설】

첫 문장에서 '지형'이 병력의 운용에서 중요한 것임을 강조한 뒤 군주의 명령과 뛰어난 장수 사이에서 의견이 일치되지 않을 때 어

9) 여기서는 장군 중에서 가장 존경받는 자이지 상군上軍의 통수는 아니다. 즉 여기서 말하는 상장上將이란 상장군上將軍의 개념이 아니라 '주장主將'의 의미로 쓰였다.

떻게 처신해야 하는지를 밝히고 있다. 이 단락 뒷부분에서도 이야기하고 있듯이 지형을 잘 파악했더라도 장수는 늘 자신보다 백성과 군주를 먼저 생각하고 전쟁터에 나가야 떳떳하며 승리의 가능성도 높아진다고 강조하고 있다.

제8편 〈구변九變〉에서 군주의 명령을 받아들이지 않을 수도 있다고 하였는데, 항명은 목숨을 걸고 하는 일이다. 원문에서 "유민시보惟民是保, 이합어주利合於主"라고 이야기한 것처럼 장수는 오직 아래로는 백성을 보호하고 위로는 군주, 즉 공적인 것을 생각해야지 사적인 명예나 명분 등을 생각해서는 안 된다. 특히 '유민시보'는 백성을 최우선시하는 인간 본위의 사고에서 나온 말이다.

때로는 자애롭게 때로는 엄격하게 다루어라

병사들을 마치 어린아이 대하듯이 하여야 하니, 그들과 함께 깊은 계곡을 달려가기 때문이다. 병사들을 자식을 사랑하는 것처럼[10] 하여야 하는 것이니, 그들과 함께 죽을 수도 있기 때문이다. 〔그러나 병사들을〕 너무 후하게 대하면 부릴 수 없으며, 아끼기만 하면 명령할 수 없게 된다. 어지러우면 다스릴 수 없으니, 비유하건대 교만한 자식과 같아서 아무 소용이 없다.

視卒如嬰兒, 故可與之赴深谿; 視卒如愛子, 故可與之俱死. 厚而不能使, 愛而不能令, 亂而不能治, 譬如驕子, 不可用也.

【해설】

손자는 장수가 병사들을 인간적이고 인격적으로 대우하면서 그들과 함께 전쟁할 것을 주문하고 있다. 장수가 '인仁'으로 대하면 병사들은 '의義'로 답하기 마련이다. 병사들이 의로우면 용맹스럽게 되는 것은 시간문제이니 이것이 묘미이다. 그러나 모든 것이 지나치면 병사들은 명령에 따르지 않고 군기도 해이해져 마치 되바라진 자식처럼 변한다는 것이다. 즉 병사들을 훈련하기 위한 전제로 그들을 어떻게 대하느냐가 훈련의 성과를 좌우하게 된다. 한 예로

---

10) 유인은 《손무자직해》에서 《위료자尉繚子》의 "병사의 마음을 기쁘게 하지 못하는 자는 내가 쓸 수 없고, 병사들의 마음을 엄하게 하고 두렵게 하지 못하는 자는 내가 출동하여 이용할 수 없다"는 구절을 인용하여 병사를 잘 다스릴 수 있는 것은 '사랑과 두려움〔愛與畏〕'뿐이라고 하였다.

초楚나라 장수 자발子發이 진秦을 공격할 때의 일화를 들 수 있다. 사자使者를 보내 어머니에게 안부를 전했는데 병사들은 쭉정이만 먹으나 장군은 아침저녁으로 좋은 음식을 먹으며 잘 지낸다고 알렸다. 장군이 돌아왔을 때 어머니가 아들을 꾸짖으며 월왕越王 구천句踐이 오吳나라를 치기 위해 병사들과 한 통의 술을 나누어 먹으며 일희일비하던 일을 들려주어 깨우친 적이 있다. 《사기史記》〈월왕구천세가越王句踐世家〉에 보면 오나라 왕이 월나라를 뒤로하고 제나라를 정벌하려고 하자, 오자서가 이렇게 간언한다. "안 됩니다. 신이 듣건대, 구천은 두 가지 이상 맛있는 음식을 먹지 않으며, 백성과 더불어 힘들거나 즐거운 일을 함께한다고 합니다. 이 사람이 죽지 않으면 반드시 우리 나라에 근심이 됩니다. 오나라에 월나라가 있는 것은 배 속의 큰 병과 같으며, 제나라와 오나라의 관계는 옴과 같은 작은 병일 뿐입니다. 원컨대 왕께서는 제나라를 놔두고 우선 월나라를 공격하십시오." 또한 우리에게 널리 알려진 비정한 야심가 오기吳起와 관련된 이야기가 《사기》〈손자오기열전〉에 나온다.

오기는 장수가 되자 신분이 가장 낮은 병사들과 똑같이 옷을 입고 밥을 먹었다. 잠을 잘 때에도 자리를 깔지 못하게 하고, 행군할 때에도 말이나 수레를 타지 않고 자기가 먹을 식량은 자신이 직접 가지고 다니는 등 병사들과 함께 고통을 나누었다.

한번은 종기가 난 병사가 있었는데, 오기는 그 병사를 위해 자신의 입으로 직접 고름을 빨아주었다. 병사의 어머니가 그 소식을 듣고 소리내어 울자 어떤 사람이 그 까닭을 물었다.

"당신의 아들은 졸병에 지나지 않는데 장군께서 직접 고름을 빨아주셨소. 그런데 어찌하여 그토록 슬피 소리내어 우시오?"

그의 어머니가 대답하였다.

"그렇지 않습니다. 예전에 오공(吳公, 오기)께서 우리 애아버지의 종기를 빨아준 적이 있는데, 그 사람은 자기 몸을 돌보지 않고 용감히 싸우다가 적진에서 죽고 말았습니다. 오공이 지금 또 제 자식의 종기를 빨아주었으니 이 아이 또한 어느 때, 어디서 죽게 될지 모릅니다. 그래서 소리내어 우는 것입니다."

오기는 공자의 제자인 증자曾子의 문하에 들어가 공부하였다. 그는 노魯나라에서 벼슬해 장군에 임명되었으며, 제齊나라와 싸워 크게 이겼으나 오히려 인정받지 못하다가 위魏나라에서 중용되었다. 그는 76번 싸워서 64번 완승을 거둘 정도로 뛰어났는데, 그 원동력이 바로 병사들을 대하는 장수로서의 태도에 있었다.

적을 알고 나를 알면 위태롭지 않다

아군이 공격할 수 있는 것만을 알고, [적을] 공격할 수 없다는 것을 알지 못하면 절반의 승리만 있게 된다. [이와는 반대로] 적을 공격할 수 있다는 것을 알고 아군이 공격할 수 없다는 것을 알지 못하면 [이 또한] 절반의 승리만 얻을 뿐이다. 적을 공격할 수 있다는 것을 알고 아군이 공격할 만한 능력을 가지고 있다는 것을 알아도 지형이 싸울 수 없다는 것을 알지 못하면 절반의 승리만 있을 뿐이다. 따라서 용병을 아는 자는 출동해도 미혹되지 않고, [군대를] 일으켜도 궁지에 몰리지 않는다. 그러므로 적을 알고 나를 알면 승리는 곧 위태롭지 않으며, 하늘을 알고 땅을 알면 승리는 곧 온전해질 것이다.

知吾卒之可以擊, 而不知敵之不可擊, 勝之半也; 知敵之可擊, 而不知吾卒之不可以擊, 勝之半也; 知敵之可擊, 知吾卒之可以擊, 而不知地形之不可以戰, 勝之半也. 故知兵者, 動而不迷, 擧而不窮. 故曰: 知彼知己, 勝乃不殆; 知天知地, 勝乃可全.

【해설】

마지막의 '지피지기知彼知己, 지천지지知天知地'라는 이 유명한 문장은 제3편 〈모공謀攻〉에서 비슷한 논조로 나온 것이기도 한데, 손자가 말하는 병법론의 핵심이다. 물론 여기서 말하는 '지知'란 지형만을 가리키는 것이 아니라 해당 전쟁의 지형과 상황, 주변 제후국의 정황과 적장의 심리까지 모두 포괄하고 있다. 즉 전장을 둘러싼 모든 상황을 알아야 하는 것을 가리키는 말이다.

전쟁에서 이기기 위해서는 적군의 역량을 파악하는 것 못지않게 자신의 상황을 잘 파악해야 한다. 노자도 "남을 아는 자는 지혜롭고〔知〕, 자신을 아는 자는 명철하다〔明〕"고 하였다.

사람은 남의 허물은 보면서 자신에게는 관대하다. 한비는 《한비자》〈유로喩老〉에서 이 점을 지적하였다.

초楚나라 장왕莊王이 월越나라를 정벌하려고 하자 두자杜子가 간언하였다.

"왕께서는 무엇 때문에 월나라를 정벌하려고 하십니까?"

왕이 말하였다.

"월나라는 정치가 어지럽고 병력이 약하기 때문이오."

두자가 말하였다.

"저는 사람의 지혜가 눈과 같은 것이 될까 두렵습니다. 지혜는 눈과 같아 백 보 밖은 볼 수 있지만 자신의 눈썹은 볼 수 없습니다. 왕의 병사는 진秦나라와 진晉나라에 패배해 수백 리의 영토를 잃었는데, 이것은 병력이 쇠약한 것입니다. 장교莊蹻가 국내에서 도적질을 하고 있지만 벼슬아치들은 이를 금지할 수 없는데, 이것은 정치가 어지러운 것입니다. 왕의 병력이 쇠약하고 정치가 어지러운 것은 월나라보다 더한데도 월나라를 정벌하려고 하니, 이것은 지혜가 눈과 같은 것입니다."

왕은 월나라를 공격하려는 계획을 멈추었다.

| 전례 |

제갈각, 난공불락의 단양丹楊을 얻다

— 지리 파악과 병사의 마음 헤아리기로 승리하다

《삼국지》〈오서 제갈각전諸葛恪傳〉에 따르면, 제갈각諸葛恪은 재능과 민첩한 사고로 널리 알려져 당시 손권은 그의 재주를 시험해보고자 군대의 식량을 관장하는 절도節度의 직책을 대행하게 하였다. 그러나 그 일은 제갈각이 좋아하는 일이 아니었다. 그는 주로 야전에서 전쟁에 나서기를 좋아하였다.

제갈각은 단양丹楊 관리로 나가기를 여러 차례에 걸쳐 요청하였다. 단양은 산이 험하고 백성 대부분이 과감하고 강인한 지역이었다. 이전에 병사들이 공격했지만 일부의 평민만 얻었을 뿐 깊고 먼 산속에 있는 자들은 붙잡지 못했는데, 그는 3년 만에 이곳을 진압하고 병사 4만 명을 얻을 수 있다고 장담하였다. 그러나 사람들의 중론은 모두 다음과 같았다.

"단양군은 지세가 험준하고 오군吳郡, 회계會稽, 신도新都, 파양鄱陽 네 군과 인접해 있으며, 주위 수천 리에 산과 계곡이 무수히 포개져 있습니다. 또한 외지고 깊은 산속에 살고 있는 사람들은 일찍이 성읍으로 들어오지 않았으며, 장리長吏를 보지도 못했고 모두 들녘에서 무기를 들고 있으며 마지막에는 수풀 속에서 늙어 죽습니다. 도망자나 오랫동안 사악한 행위를 한 자들은 모두 이곳으로 달아나 숨어 있습니다. 산속에서는 구리와 철이 생산되므로 직접 병기를 만듭니다. 그곳 습속은 무예를 좋아하고 싸움을 익히며 기력氣力을 높이 숭상합니다. 그들이 산을 오르고 험난한 곳을 넘으며 가시덤불을 뚫고 지나가는 것은 마치 물고기가 연못 속에서 질주하고, 원숭이가 나무에 오르는 것과 같습니다. 그들은 때때로 틈을 살펴 나와서 소란을 일으키고 약탈하므로 번번이 병사들이 출정해 토벌하려고 그들이 숨어 있는 소굴을 찾습니다. 그들은 싸울 때는 벌이 이르는 것처럼 하고 패하면 새처럼 사방으로 달아나버립니다. 그래서 이전 시대부터 지금까지 제어할 수가 없었습니다".

말하자면 지형학적으로는 도저히 평정할 수 없는 곳이라고 생각했던 것이다. 결국 제갈각의 아버지 제갈근諸葛瑾도 제갈각이 무모한 일을 행하려고 한다는 말을 듣고 탄식하였다.

"제갈각은 우리 집안을 크게 일으키지 못하고 앞으로 우리 종족을 망하게 할 것이다."

그러나 이런 우려에도 불구하고 제갈각의 입장은 단호하였다. 결국 손권은 제갈각을 무월장군撫越將軍, 즉 산월족山越族 토벌 담당자로 임명하고 단양 태수를 겸하도록 하였으며, 적흑색 비단으로 싼 나무창을 쥔 기병 300명을 내주었다. 그때 제갈각은 서른두 살이었다.

제갈각은 임지에 이르러 네 군에 딸린 성의 장리들에게 편지를 보냈다. 각자 자신들이 관할하는 지역을 지키고 군대를 정돈해 세우며, 평민들을 복종시키고 교화해 모두 안정되게 머물러 거주하도록 하였다. 그리고 관소의 장수들을 나누어 보내고 병사들을 험난한 곳에 배치해 오직 방어 진지만을 수리하고 그들과의 교전을 금했으며, 곡식이 장차 익으려고 할 때를 기다렸다가 병사들을 풀어 베게 하여 씨앗조차 남기지 않게 하였다. 산속에 있는 자들은 이전 곡식을 이미 다 소비했지만 새 곡식을 얻지 못하게 되었다. 평민들은 안정되게 거주했으며 약탈해 손에 넣는 이가 없었다. 그리하여 산속의 백성들은 굶주리고 곤궁해지자 하나둘씩 산속에서 나와 투항하였다. 제갈각은 다시 수하들에게 명령을 내렸다.

"산속의 백성들은 악을 버리고 복종해 교화되었으니 모두 마땅히 위로해야 한다. 그들을 바깥 현으로 옮겨 살게 하고 의심해 잡아다 가두지 말라."

구양臼陽현의 장 호항胡伉이 항복한 백성 주유周遺를 체포하였다. 주유는 예전의 사악한 백성으로 상황이 어려워져 핍박을 받게 되자 잠시 산을 나왔지만 속으로는 반역을 꾀하고 있었다. 호항이 그를 붙잡아 제갈각의 관소로 보냈다. 제갈각은 호항이 명령을 어겼으므로 목을 베어 사람들에게 돌려 보이고는 표를 만들어 이 일을 조정에 보고하였다. 백성들은 호항이 사람을 체포하는 죄를 범해 주살당했다는 소식을 듣고 관에서 산속의 백성들을 나오게 하려는 것임을 알게 되었다. 그리하여 노인과 어린아이들이 서로 손을 잡고 산속에서 나오게 되었다. 1년이 지나자 사람들 수는 모두 제갈각이 원래 생각했던 것과 같아졌다. 제갈각은 직접 1만 명을 거느리고, 그 밖의 사람들은 여러 장수에게 나누어주었다.

손권은 기뻐하며 그의 공로를 치하하고 상서복야 설종薛綜을 보내 제갈각의 군대를 위로하도록 하였다.

제갈각이 지리적으로 험하고 백성들도 사납고 민심도 이반된 당시 상황을 뒤집어 그곳을 안정시킨 힘은 어디에 있었을까? 지리적 조건 못지않게 중요한 것이 바로 장수의 자질이요, 백성들을 어린 자식처럼 대하는 마음이 아니었을까?

제11편

구지九地

아홉 가지 지형의 작전 원칙

《손자병법》에서 가장 긴 〈구지九地〉 편은 1,000자 정도의 분량이다. 제목에서도 알 수 있듯이 아홉 가지 지형을 분석하고, 그런 지형에서의 공격과 방어 전술에 대해 이야기하고 있다. 물론 다른 편과 달리 손자는 이 편에서 지형에 대한 평면적인 서술보다는 그 지형을 어떻게 운용할 것인지를 주로 논하고 있는데, 사실상 〈구지〉 편은 제7편 〈군쟁軍爭〉, 제9편 〈행군行軍〉, 제10편 〈지형地形〉과 긴밀한 연계관계를 맺고 있다고 볼 수 있다. 손자는 당시 전쟁이 땅 위에서 전개되는 점에 유의해 지형의 유형을 상세히 분류하면서 실제 전술의 원칙을 지형에 맞게 적용해야 한다고 설명하고 있다.

손자는 '구지九地'를 세 종류로 구분하였다. 먼저 주객主客의 형세를 다루고 있는데, 자국自國을 '주主'라 하고 적국敵國을 '객客'으로 보아 논의를 펼치고 있다. 첫 번째는 산지(散地, 흩어져 도망가기 쉬운 지역)·경지(輕地, 쉽게 퇴각할 수 있는 지역)·교지(交地, 사방이 만나는 지역)·구지(衢地, 사통팔달의 지역)·중지(重地, 군대의 보급 문제를 해결하는 곳) 등이다. 두 번째는 행군의 관점에서 비지(圮地, 움푹 꺼진 땅)가 있다. 세 번째는 전쟁하는 관점에서 쟁지(爭地, 양측이 싸우는 땅)·위지(圍地, 사방이 포위되기 쉬운 땅)·사지(死地, 죽을 수밖에 없는 꽉 막힌 땅) 등이다.

〈구지〉 편은 편폭이 길어 모두 13개의 단락으로 구분하는 학자도 있는데, 대표적인 경우가 리링이다. 그런데 자세히 살펴보면 13개 내용 사이의 짜임새와 각 단락 사이의 연관성이 부족하다. 더러는 중복되어 나오는 구절도 있어 역자는 8단락으로 구분하였다. 또한 '구지九地'라는 말 이외에도 '절지絶地'라는 말이 나오고 있어 다른 편과 비교해볼 때 판본상의 문제가 다소 있기도 하다.

전쟁터의 상황에 따라 싸우는 방식이 다르다

손자는 말한다.

용병의 원칙에는 '산지(散地, 흩어져 도망가기 쉬운 지역)'가 있고, '경지(輕地, 쉽게 퇴각할 수 있는 지역)'가 있으며, '쟁지(爭地, 양측이 싸우는 땅)'가 있고, '교지(交地, 사방이 만나는 지역)'가 있으며, '구지(衢地, 사통팔달의 지역)'가 있고, '중지(重地, 군대의 보급 문제를 해결하는 곳)'가 있으며, '비지(圮地, 움푹 꺼진 땅)'가 있고, '위지(圍地, 사방이 포위되기 쉬운 땅)'가 있으며, '사지(死地, 죽을 수밖에 없는 꽉 막힌 땅)'가 있다.

제후가 자신의 땅에서 [적과] 전쟁하는 곳을 '산지'라고 한다. 적의 땅에 들어갔으나 깊지 않은 곳을 '경지'라고 한다. 아군이 점거해도 유리하고 적군이 점거해도 유리한 곳을 '쟁지'라고 한다. 아군이 갈 수 있고 적군도 올 수 있는 곳을 '교지'라고 한다. 제후국의 땅이 세 나라와 국경을 접하고 있어서 먼저 이르는 쪽이 천하의 백성을 얻을 수 있는 곳을 '구지'라고 한다. 적의 영토 깊숙이 들어가서 많은 성과 읍을 등지고 있는 곳을 '중지'라고 한다. 산림 · 험준한 곳 · 늪지 등이 있어 행군하기 어려운 곳을 '비지'라고 한다. 진입하는 길은 좁고 돌아 나오는 길은 멀어 소수 병력의 적군이 다수 병력의 아군을 공격할 수 있는 곳을 '위지'라고 한다. 빨리 싸우면 생존할 수 있으나, 빨리 싸우지 못하면 멸망하는 곳을 '사지'라고 한다.

이 때문에 '산지'에서는 전쟁을 벌여서는 안 되고, '경지'에서는 멈추어서는 안 되며, '쟁지'에서는 [주동적으로] 공격하지 말아야 하고, '교지'에서는 [부대의 앞뒤가] 끊어져서는 안 되며, '구지'에서는 [널리] 외교관계를 맺어야 하고, '중지'에서는 [사방으로] 약탈해야 하며, '비지'에서는 [신속하게] 통과해야 하고, '위지'에서는 모책을 써야 하며, '사지'에서는 [죽기를 각오하고] 싸워야 한다.

孫子曰: 用兵之法, 有散地, 有輕地, 有爭地, 有交地, 有衢地, 有重地, 有圮地, 有圍地, 有死地. 諸侯自戰其地, 爲散地. 入人之地不深者, 爲輕地. 我得則利, 彼得亦利者, 爲爭地. 我可以往, 彼可以來者, 爲交地. 諸侯之地三屬, 先至而得天下之衆者, 爲衢地. 入人之地深, 背城邑多者, 爲重地. 行山林險阻沮澤, 凡難行之道者, 爲圮地. 所由入者隘, 所從歸者迂, 彼寡可以擊吾之衆者, 爲圍地. 疾戰則存, 不疾戰則亡者, 爲死地. 是故散地則無戰, 輕地則無止, 爭地則無攻, 交地則無絶, 衢地則合交, 重地則掠, 圮地則行, 圍地則謀, 死地則戰.

【해설】

손자는 상대와의 위치에 근거해 지형을 아홉 가지로 나누어 구체적으로 설명하면서 작전 원칙을 제시하고 있다. 특히 산지·경지·중지가 중요한 지형임을 밝히고 있다. 이 단락에서 이야기하고 있는 전투란 모두 야전 상황을 의미하는 것으로, 성을 공격하는 전쟁은 아니다.

'쟁지'에서 실패한 오왕吳王의 이야기가 《사기史記》 〈오왕비열전吳

王濞列傳〉에 나온다. 한漢나라 효경제孝景帝 때 오吳나라와 초楚나라가 반란을 일으켰는데, 오나라의 젊은 장수 환장군桓將軍이 왕을 설득하였다. "오나라에 보병이 많은데 보병에게는 험난한 지형이 유리합니다. 한나라 군대에는 전차와 기병이 많은데 전차와 기병에게는 평탄한 땅이 유리합니다. 원컨대 대왕께서는 지나가는 성읍 중에서 손에 넣지 못하는 곳이 있으면 그대로 내버려두고, 재빨리 서쪽으로 가서 낙양의 무기고를 점령하고 오창의 양곡을 먹으면서 산하의 험난한 지형에 의지하여 제후들에게 명령을 내리십시오. 이렇게 하면 함곡관에 들어가지 않더라도 천하는 진실로 평정될 것입니다. 만약 대왕께서 서서히 진군하여 머물면서 성읍을 항복시키고 있는 사이에 한나라 군대의 전차와 기마병이 이르러 양나라와 초나라의 들판으로 달려온다면 일은 실패할 것입니다." 그러나 오왕은 환 장군의 계책을 받아들이지 않아 결국 패하였다.

손자는 '산지즉무전散地則無戰', 즉 자국의 영토에서는 절대 싸우지 말라는 당부를 시작으로 마지막에서는 '사지死地'에서는 죽기를 각오하고 싸워야 한다고 하였다. 또한 손자는 바로 이 아홉 가지 지형의 개념을 이야기하면서 이 같은 지형을 이용해 전쟁을 효율적으로 치러야 함을 설명하고 있다. 이런 지형을 판단하는 것은 훌륭한 장수의 기본적인 자질에 관한 문제이니, 이런 유형을 제대로 파악하지 못하고 전쟁을 하게 되면 승패는 이미 결정난 것이나 다름없다는 것이다.

이른바 옛날에 용병을 잘하는 장수는 적으로 하여금 [적의] 전방과 후방이 서로 따르지 못하게 하고, 대부대와 소부대가 서로 의지하지 못하게 하며, 신분이 귀한 자와 낮은 자가 서로 구원하지 못하게 하고, 상급자와 하급자가 서로 [마음으로] 돕지 못하게 하며, 사졸들이 흩어지면 모일 수 없게 하고, 병사들이 모여도 결집하지 못하게 하였다.[1] 이익에 부합되면 행동하고 이익에 부합되지 않으면 멈추었다. 감히 묻건대 "적군이 정비된 대군으로 장차 공격해온다면 어떻게 대처할 것인가?" 대답하기를 "그들이 소중히 여기는 곳을 먼저 탈환하면 그들은 순종하게 될 것이다"라고 할 것이다. 용병의 정세 파악은 신속함을 위주로 하여야 한다. 적이 [나의] 속도에 미치지 못하는 틈을 이용해 [적이] 미처 생각하지 못한 길을 거쳐 경계하지 않는 곳을 공격하는 것이다.

所謂古之善用兵者, 能使敵人前後不相及, 衆寡不相恃, 貴賤不相救, 上下不相收, 卒離而不集, 兵合而不齊. 合於利而動, 不合於利而止. 敢問: "敵衆整而將來, 待之若何?" 曰:

1) 이러한 사례가 유인의 《손무자직해》에서 보인다. 초楚나라가 진晉나라 군대를 업신여기어 수레를 달리고 병사들도 진격하였는데 순림보가 대비함이 없다가 어쩔 줄 모르고 중군中軍과 하군下君은 배를 다투어 황하를 건너고 상군上君은 굳게 지켜서 서로 구원하지 못하였으며 병사들은 뿔뿔이 흩어져 밤새도록 [시끄러운] 소리가 들렸다(如楚薄晉兵, 車馳卒奔, 荀林父無備, 不知所措, 中軍下軍爭舟濟河, 上軍固守, 不能相救, 士卒散亂, 終夜有聲). 《좌전》 선공宣公 12년 여름 6월에 진나라 순림보荀林父가 군대를 통솔하여 초나라와 [정鄭나라 땅인] 필邲에서 전쟁을 하였는데, 진나라 군대가 전패하였다는 기록이 전한다.

"先奪其所愛, 則聽矣." 兵之情主速, 乘人之不及, 由不虞之道, 攻其所不戒也.

【해설】

옛날부터 전쟁에 능한 장수나 지략가들의 용병법은 부대 상호간에 소통을 하지 못하게 함으로써 전력을 약화시키며〔前後不相及〕, 적의 부대끼리 서로 믿지 못하게 하는〔衆寡不相恃〕 일종의 이간책을 사용하였다.

원문의 '귀천불상구貴賤不相救'는 장수와 병사의 상하관계를 무너뜨리는 심리전이며, '상하불상수上下不相收'는 상급자와 하급자가 서로 의지하지 못하게 하는 전술이다. '졸리이부집卒離而不集'은 병사들을 분산시켜 한곳에 집결하지 못하게 하는 것이며, '병합이부제兵合而不齊'는 진영을 흐트러뜨리는 것이다. '합어리이동合於利而動'은 유리한 전세가 되었을 때 즉각 공격하는 것인데, 이는 객관적인 조건이 갖추어지고 상황이 유리하게 바뀌면 곧바로 행동에 옮긴다는 의미이다. '불합어리이지不合於利而止'는 [이로울 때 나아가고] 불리하면 물러나는 상황 판단법이다. '선탈기소애先奪其所愛'는 적이 가장 중시하는 것을 빼앗는 것이다.

이러한 요소들은 용병의 속도와 기만술, 기습, 심리적 타격 등 전쟁의 다양한 방식을 모두 거론한 것으로서, 심리전의 모든 것이라고 할 수 있다.

무릇 객客의 입장으로 용병하는 길은 [적진] 깊숙이 침투해야 [전쟁에만] 전념하므로 적이 이길 수 없다. 그들의 기름진 들판에서 약탈하면 삼군이 충분히 먹을 수 있고, 삼가 [병사들을] 잘 먹이고 피로하지 않게 하며 사기를 높이고 힘을 축적하며 병사들을 다루고 묘책을 헤아리면 [적이] 예측할 수 없다.

갈 곳 없는 곳으로 투입하면 죽는 한이 있어도 달아나지 않는다. 죽음도 불사하지 않는데 어찌 병사들이 온 힘을 다하지 않겠는가? 병사들은 깊은 함정에 빠지면 오히려 두려워하지 않으며 달아날 길이 없게 되면 굳세어지니, [적진] 깊숙이 들어가면 [군심軍心이] 결집되어 부득이 싸울 수밖에 없다. 이 때문에 그런 군대는 훈련하지 않아도 경계심을 갖게 되고, 요구하지 않아도 알아서 하며, 약속하지 않아도 [내부가] 친하게 되고, 명령을 내리지 않아도 믿게 된다. 미신을 금하고 의심스런 생각을 없애면[2] 죽음에 이르러도 도망가려고 하지 않는다. 우리 병사들이 넉넉한 재물이 없다고 생각하는 것은 재물을 싫어해서가 아니다. 남은 목숨이 없다고 생각하는 것

2) 이런 두 가지 일을 하는 자는 술사術士와 방사方士로 대략 군대에 각 2명씩 두어 심리적으로 동요할 수 있는 병사들을 치료했는데, 그 당시에도 군대의 사기진작 혹은 사기동요 등 다양한 장치를 두었던 것이다. 그래서 묵자도 "그들이 드나들어 유언비어를 일삼아 병사와 백성을 놀라게 하고 두렵게 하였으므로 삼가 그들을 상세히 관찰해 죄를 처단하고 용서하지 않았다〔其出入爲流言, 驚駭恐吏民, 謹微察之, 斷罪不赦〕"(《묵자》 〈영적사迎敵祠〉)라고 하였던 것이다.

은 장수하는 것이 싫어서가 아니다. 명령이 내려지는 날 병사들 중 앉아 있는 자는 눈물로 옷깃을 적시고, 누워 있는 자는 눈물이 턱으로 엇갈려 흐른다. 그들을 갈 곳이 없는 곳에 투입하면 [모두] 전제專諸와 조귀曹劌의 용기를 보여준다.[3)]

凡爲客之道, 深入則專, 主人不克. 掠於饒野, 三軍足食. 謹養而勿勞, 併氣積力, 運兵計謀, 爲不可測. 投之無所往, 死且不北. 死焉不得, 士人盡力. 兵士甚陷則不懼, 無所往則固, 深入則拘, 不得已則鬪. 是故其兵不修而戒, 不求而得, 不約而親, 不令而信. 禁祥去疑, 至死無所之. 吾士無餘財, 非惡貨也; 無餘命, 非惡壽也. 令發之日, 士卒坐者涕沾襟, 偃臥者涕交頤. 投之無所往者, 諸劌之勇也.

【해설】

이 단락에서는 적지에 들어가 전쟁하는 방법에 대해 다루고 있는데, 손자가 강조하고 있는 것은 '심深'·'약掠'·'양養', 모謀' 등 네 글자이다. 이러한 예는 《사기》 〈백기왕전열전〉에도 나온다. 진시황의 장수 왕전王翦[4)]이 이신李信을 대신해 형荊나라를 공격할 때의

3) 이 말은 전제專諸와 조귀曹劌처럼 용감하게 전투에 임한다는 의미로, 기원전 515년 오나라 공자였던 광(光, 오왕 합려)이 자객 전제를 고용해 조카인 오왕 요僚를 시해하고 왕위에 오른 사건을 말한다. 전제는 오왕 요가 생선구이를 좋아한다는 것을 알고 요리법을 익혀 그를 연회에 초대한 뒤 고기 뱃속에 검을 숨겨 시해하였다. 전제는 그 자리에서 호위병들에게 난도질당해 죽었지만, 이 덕분에 공자 광은 왕위에 오를 수 있었다. 조귀曹劌에 대한 여러 설이 존재한다. 유인은 "[조귀曹劌의] '극劌'은 '말沫' 자가 되어야 한다. 조말은 용력勇力으로 노나라 장공을 섬겨 비수를 잡고서 제나라 환공을 위협한 자로 만약 '조귀'라면 지사智士이지, 용사勇士는 아니다(劌當作沫, 曹沫以勇力事魯莊公, 執匕首以劫齊桓公者, 若曹劌, 乃智士, 非勇士也)"라고 하였다.(《손무자직해》) 조말은 춘추시대 노魯나라 장공莊公 때의 장수이다. 제나라 환공桓公 5년에 노나라를 치자, 노나라 장수가 이끄는 군대들이 패배했다. 노나라 장공이 수읍遂邑을 바쳐 화해를 청하니 환공이 허락하여 가읍柯邑에서 노후魯侯와 회맹하게 되었다. 노후가 맹세하려고 할 때 조말이 단상에서 환공을 비수로 위협하여 노나라 땅을 되돌려받았다.(《사기》 〈제태공세가齊太公世家〉)

일이다.

형나라는 왕전이 병사를 늘려 쳐들어온다는 소식을 듣고 곧바로 나라 안의 병사를 총동원해 진秦나라 군대에 대항하였다. 왕전은 도착해 보루를 굳게 지키기만 할 뿐 싸우려고 하지 않았다. 형나라 군대가 자주 나와 싸움을 걸어도 끝내 나가지 않았다. 왕전은 매일 병사들을 쉬게 하고 목욕을 시키고 잘 먹여 정성껏 보살피며 자신도 병사들과 함께 음식을 먹었다. 시일이 오래 지나자 왕전은 사람을 보내 진중을 둘러보게 한 뒤 물었다.

"무엇을 하고 놀던가?"

대답하였다.

"돌 던지기와 멀리뛰기 시합을 합니다."

왕전이 말하였다.

"됐다. 병사는 이제 쓸 만하다."

형나라 군대는 싸움을 자주 걸어도 진나라 군대가 나오지 않자 군사를 이끌고 동쪽으로 물러났다. 왕전은 바로 모든 군사를 동원해 뒤쫓고 장사들을 시켜 형나라 군대를 크게 무찔렀다.

이 이야기에서 보듯이 병사들의 심리 상태를 철저히 분석해 병사들을 억지로 싸우게 하는 것이 아니라 싸울 수밖에 없도록 만들

4) 사마천에 따르면 왕전王翦은 빈양頻陽 동향東鄕 사람이다. 젊어서부터 병법을 좋아해 진나라 시황제를 섬겼다. 시황제 11년에 왕전은 장군이 되어 조趙나라 연여閼與를 무찌르고 아홉 개 성을 함락시켰다. 18년에 왕전은 장군이 되어 1년 남짓 조나라를 공략해 무찌르고 조나라 왕을 항복시켜 조나라 땅을 모두 평정해 진나라 군으로 만들었다.(《사기》〈백기왕전열전白起王翦列傳〉)

고, 서로 협력하지 않을 수 없게 만드는 것이 병법의 기본이다. 특히 유언비어 등을 이용하여 전쟁에 대한 공포심을 조성하거나 두려움을 제거하는 것 역시 승리에 이르는 주요한 과정이다.

그러므로 용병을 잘하는 자는 마치 '솔연率然'[5]처럼 부대를 지휘한다. '솔연'은 상산常山[6]의 뱀으로 그 머리를 치면 꼬리가 달려들고, 그 꼬리를 치면 머리가 달려들며, 그 허리를 치면 머리와 꼬리가 함께 달려든다. 감히 "군대를 '솔연'처럼 부릴 수 있는가?"라고 물으면, "가능하다"라고 답한다. 무릇 오吳나라 사람과 월越나라 사람은 서로 미워하는데, 그들이 한배를 타고 강을 건너다가 바람을 만났을 때에는 서로를 구하려고 [마치 한 몸에 붙은] 왼손과 오른손처럼 하는 것과 같다.

이 때문에 바야흐로 [전투가 시작될 때] 말을 [나란히] 매어두고, 수레를 땅속에 묻어놓는 것은 [병사들을] 충분히 믿지 않는 것이다. 통제해 용맹하게 하나로 일치시키는 것이 군정軍政[7]의 이치다. 강함과 부드러움[8]을 모두 깨닫는 것이 지형을 운용하는 이치이다. 그러므로 용병을 잘하는 자가 손을 잡고 한 사람을 부리는 것처럼 하는

5) 솔率에 빠르다는 뜻이 있으므로 '솔연'을 뱀의 이름으로 보지 않고, 뱀이 신속히 대응하는 것을 뜻한다는 의미도 내포하고 있다.

6) 오악五嶽 중 하나로, 항산恒山을 말하는 것이 아니라 허베이河北 성의 취양曲陽에 있는 항산을 가리킨다고 보인다. 서한 시기에 한漢나라 문제文帝 유항劉恒의 '항'자를 피휘하기 위해서 상산常山으로 고쳤다.

7) 리링은 원문의 '정政'을 군대를 통어하는 방법〔御兵之術〕으로 보았다.(《손자십삼편종합연구》)

8) 원문의 '강유剛柔'를 번역한 것으로, 대부분의 주석가들은 군사의 강약으로 풀이하기도 한다. 물론 주지하는 바처럼 이 강유의 개념은《주역周易》에서 자주 보이는 '음양陰陽'의 개념, 즉 음효와 양효의 대립과 상대적인 변화에서 파생되어 나온 것이다.

것은 [병사들로 하여금] 어찌할 수 없게 하기 위한 것이다.

故善用兵者, 譬如率然. 率然者, 常山之蛇也. 擊其首則尾至, 擊其尾則首至, 擊其中則首尾俱至. 敢問 "兵可使如率然乎?" 曰 "可." 夫吳人與越人相惡也, 當其同舟而濟遇風, 其相救也, 如左右手. 是故方馬埋輪, 未足恃也. 齊勇若一, 政之道也, 剛柔皆得, 地之理也. 故善用兵者, 携手若使一人, 不得已也.

【해설】

상산常山에 사는 솔연率然이라는 뱀을 비유로 들어 용병에 뛰어난 장수는 각 부대가 유기적으로 융합해 서로의 우군이 되도록 한다고 강조하였다. 또한 평소 사이가 원만하지 않은 병사들이라도 적의 침략으로 위기 상황에 처하게 되면 바로 오월동주吳越同舟처럼 원수와도 서로 협력해야 한다는 것이다. 춘추시대의 오나라와 월나라는 평소에는 원수처럼 지내다가도 강을 건널 때 풍랑을 만나면 언제 그랬느냐는 듯이 함께 배를 저어 그 위기를 극복하였다.

원문의 '방마매륜方馬埋輪'은 말을 매어두고 수레바퀴를 땅속에 묻어두어 병사들의 흐트러짐을 방비한다는 뜻으로, 군대의 협동이야말로 용맹스러운 군대가 되기 위한 필요충분조건이라는 것이다. 즉 아군이 한마음으로 응집하면 적을 흩어지게 하며 승리하기 위한 전제가 된다. 이런 심리적인 문제를 고려하는 장수만이 전쟁을 승리로 이끌 수 있다.

군대를 지휘하는 일[9]은 고요하고 드러내지 않으며, 엄정하고 조리가 있어야 한다. 병사들의 눈과 귀를 어리석게 만들어 그들로 하여금 [장군의 작전 의도를] 알아차리지 못하게 하고, 그 계획을 바꾸고 그 계략을 변경함에 병사들로 하여금 인식하지 못하게 하며, 그 주둔지를 바꾸고 그 행군로를 우회하여 병사들의 생각이 미치지 못하게 한다.

장수가 병사들과 함께 결전을 벌이고자 한다면 마치 높은 곳에 올라가 그 사다리를 치워버리는 것처럼 한다. 장수가 병사들과 제후의 땅에 깊이 들어가는 것은 [마치] 쇠뇌를 격발하는 것처럼 하고, 배를 불사르고 솥단지를 깨뜨려버려 무리지은 양을 몰고 가듯 [저쪽으로] 몰아갔다가 이쪽으로 몰면서 아무도 그 방향을 알지 못하게 하여야 한다. 삼군의 무리를 모아서 그들을 험준한 지역에 투입시키니, 이것이 장군의 일을 일컫는 것이다.

아홉 가지 지형의 변화에 따라 [군대를] 물러났다가 진격시켰다가 하는 이로움과 병사들의 정서의 이치에 대해서 살피지 않으면 안 된다.

將軍之事, 靜以幽, 正以治. 能愚士卒之耳目, 使之無知. 易其事, 革其謀, 使人無識. 易

---

9) 원문의 '장군지사將軍之事'를 번역한 것이다. 쑨샤오링은 여기서 '장將'을 지휘한다는 뜻의 동사로 보아 이 구절을 군대가 전쟁하는 일을 지휘한다고 해석하였다.

其居, 迂其途, 使人不得慮. 帥與之期, 如登高而去其梯. 帥與之深入諸侯之地, 而發其機, 焚舟破釜, 若驅群羊, 驅而往, 驅而來, 莫知所之. 聚三軍之衆, 投之於險, 此謂將軍之事也. 九地之變, 屈伸之利, 人情之理, 不可不察也.

【해설】

장군이 작전을 수립할 때 아랫사람이 속내를 쉽게 알지 못하도록 하여야 한다는 것이다. 즉 전쟁을 앞둔 병사는 싸움에서 아무 생각 없이 명령에 따라 움직일 수 있어야 한다.

손자는 병사들을 마치 리모컨 버튼에 따라 전진과 후진을 하는 장난감처럼 취급하였다. 만약 병사들이 전체 작전을 머릿속에 그리고 있으면 어떻게 될까? 아마 그 효용에 대해 생각해볼 것이고, 그렇게 싸워서 이길 수 있는지 주판알을 튕겨보지 않을까.

만약 어느 병사가 자신을 적군에게 던지는 미끼라고 생각한다면 대열에서 이탈할지도 모른다. 무엇보다 병사들 개개인이 모두 각자의 생각을 가지고 전쟁에 임한다면 명령에 반응하는 속도는 급격히 떨어질 것이다. 손자는 이 점을 경계하였다. 그래서 적지에 진입할 때 군대를 마치 양 떼를 모는 것처럼 변화무쌍하게 움직이라고 한 것이다. 말하자면 용병은 사병들이 예측할 수 없는 방향으로 이루어져야 한다는 것이다. 《삼국지》〈위서魏書 왕관구제갈등종전王毌丘諸葛鄧鍾傳〉에 다음과 같은 일화가 전한다. 등애鄧艾가 음평으로 달릴 때에 장수의 생각을 몰라 사람들은 기뻐하지 않았다. 등애는 자가 사재士載이고, 의양군義陽郡 조양현棗陽縣 사람이다. 위魏나라 장수가 되어 경원 4년(263) 겨울에 음평陰平 길로부터 사람이 없는 땅을 700여 리나 행군했다. 선두 진영이 강유江由에 도착하자, 촉나라 수비대장 마막馬邈이 항복했다. 촉나라의 위장군衛將軍 제갈첨諸葛瞻은 부성에서 면죽綿竹으로 돌아와 진영을 나란히 정렬하고 등애를 기다렸다. 등애는 아들인 혜당정후惠唐亭侯 등충鄧忠에게 적의 오른쪽에서 출격하도록 하고, 사마 사찬師纂에게는 적의 왼쪽에서 출격하도록 했다. 그러나 등충과 사찬은 전세가 불리해지자 퇴각하여 돌아왔다. 등애가 화를 내며 등충과 사찬의 머리를 베려고 하자, 둘은 급히 돌아가 다시 싸워 크게 격파시키고 제갈첨과 상서 장준張遵 등의 머리를 베고, 낙雒까지 진군했다. 유선劉禪이 사자를 보내 황제의 옥새와 인수를 받들고, 등애에게 편지를 써서 투항하기를 청했다.

포위되면 방어하고 어쩔 수 없으면 싸운다

무릇 객이 되어[10] 전쟁을 하는 이치는 다음과 같다. [적국에] 깊숙이 들어가면 [병사들이] 전념하지만, 얕게 들어가면 흩어진다. 자기 나라를 떠나 국경을 넘어 군대를 움직이는 것을 '절지絶地'라고 한다.[11] 사방으로 통하는 곳을 '구지衢地'라고 한다. [적지] 깊숙이 들어간 곳을 '중지重地'라고 한다. [적지에] 얕게 들어간 곳을 '경지輕地'라고 한다. 뒤가 견고하고 앞이 좁은 곳을 '위지圍地'라고 한다. 갈 곳이 없는 곳을 '사지死地'라고 한다.

그래서 '산지散地'라면 나는 장차 병사들의 뜻을 단결시키고, '경지'라면 나는 장차 병사들로 하여금 결속하게 하며, '쟁지爭地'라면 나는 장차 적의 후방으로 달려나갈 것이고, '교지交地'라면 나는 장차 그 지키는 것을 삼가게 할 것이며, '구지'라면 나는 장차 제후들과의 결속을 굳게 할 것이고, '중지'라면 나는 장차 그 군대의 식량을 계속 공급할 것이며, '비지圮地'라면 나는 장차 그 길을 나아가게 할 것이고, '위지'라면 나는 장차 그 트인 곳을 막도록 할 것이며, '사지'라면 나는 장차 그들에게 살아남을 수 없다는 것을 보여줄 것

10) 원문의 '위객爲客'을 번역한 것으로, 여러 차례 나오는 말이다. 객의 입장이란 바로 적진에서 전쟁을 치르는 것을 의미하는데 먼 곳에 나가서 전쟁을 하는 상황이므로 다양한 지형을 적절히 이용해 최상의 전쟁을 하여야 한다는 것을 이야기하고 있다.

11) 《사마법司馬法》에는 "편지와 친척의 왕래를 끊는다(書親絶)"라고 하고 《위료자尉繚子》에는 "집으로 돌아가는 자가 있으면 죽인다(遇有還者, 誅之)"라고 하여 고향에 가고 싶은 생각과 몸을 끊게 하기 위해서라고 했다. 그러므로 '절지絶地'가 '구지九地'에 들어가지 않는 이유를 모르겠다고 하였다.

이다.

따라서 병사들의 정서란 포위당하면 방어하게 되며 어쩔 수 없으면 싸우게 되니, [위급함이] 지나치면 [명령에] 따르게 된다.

凡爲客之道, 深則專, 淺則散. 去國越境而師者, 絶地也; 四達者, 衢地也; 入深者, 重地也; 入淺者, 輕地也; 背固前隘者, 圍地也; 無所往者, 死地也. 是故散地, 吾將一其志; 輕地, 吾將使之屬; 爭地, 吾將趨其後; 交地, 吾將謹其守; 衢地, 吾將固其結; 重地, 吾將繼其食; 圮地, 吾將進其涂; 圍地, 吾將塞其闕; 死地, 吾將示之以不活. 故兵之情圍則禦, 不得已則鬪, 過則從.

【해설】

앞에서 이야기한 구지九地가 다시 나오는데, 모두 병사들의 심리를 고려한 것이다.

원문의 '위객지도爲客之道'는 다른 나라로 원정을 떠나 전쟁을 치르는 방법을 말한다.

'산지'는 자국에서 싸우는 것이므로 불안을 해소하고 병사들의 마음을 하나로 단결시키는 데 주력해야 한다. 왜냐하면 오랫동안 전쟁을 하게 되면 병사들은 집과 고향 생각으로 마음이 흩어지기 때문이다. '경지'에서는 적국 깊숙이 들어가지 않은 곳이라 가능한 주둔하지 말고 신속히 이동해야 하는데, 이는 병사들이 전쟁을 두려워할 가능성과 사기가 떨어질 우려가 있기 때문이다. '쟁지'에서는 적의 뒤쪽으로 돌아가 후방을 공격하거나 교란시키는 것이 중요하며, 또한 전쟁에서 반드시 차지해야 하는 곳이다. '교지'에서는 수비를 견고히 하는 것이 중요하다. '구지'는 중심 지역으로, 사절단을 보내 이웃나라와의 외교력에 힘을 쏟아야 한다. '중지'에서는 식량 등 군수물자를 확보하는 것이 중요하고, '비지'에서는 신속히 이동해 벗어나야 한다. 그리고 '위지'에서는 퇴로가 없다는 생각으로 죽음을 각오하고 싸워야 한다. 손자가 가장 중시한 '사지'에서는 싸워서 적을 전멸시키지 않으면 모두 죽는다는 상황을 인식시켜 죽을 각오로 필사적으로 싸움에 임해야 한다. 이는 병사들의 전투심에 대해 이야기한 것으로, 병사가 죽기를 각오하고 싸운다면 승리할 수 있기 때문이다.

이상은 기본적으로 병사들의 심리를 활용한 용병술이다. 특히 마지막 구절에서 어떤 전쟁이든 병사들을 궁지로 몰아 몸부림치는 상황으로 몰고 가야 한다는 논리가 인상적이다.

이 때문에 제후들의 계책을 알지 못하는 자는 미리 외교를 펼칠 수 없으며 산림, 험준한 지역, 늪지대 등과 같은 지형을 알지 못하면 행군할 수 없다. 향도(鄕導, 해당 지역을 잘 아는 길 안내자)를 활용하지 않는 자는 지형의 이로움을 얻을 수 없다. 이 네다섯 가지[12] 중 하나라도 알지 못하면 패왕의 군대가 될 자격이 없다. 무릇 패왕의 군대가 강대국을 정벌하면 그 [적국의] 무리들은 모여서 대항할 겨를도 얻지 못하고 위세가 적에게 가해져 적의 외교력이 연합할 겨를을 얻지 못한다. 이 때문에 천하 제후들과의 외교를 다투지 않고, 천하의 권력을 장악하려고 하지 않으며, 자신의 소신만을 펼쳐 적에게 위세를 가하면 그 성을 함락시킬 수 있고 그 나라를 무너뜨릴 수 있다.[13] 법령에도 없는 상을 내리고 군정에도 없는 명령을 내리면 삼군을 마치 한 사람 부리듯 할 수 있다. 그들을 통제함에 있어 일(事)로써 하고 말로써 말해주지 않는다. 그들을 통제함에 있어 이익으로써 하지 해로움으로써 말해주지 않는다. 그들을 망할 땅에 집어넣은 이후에 생존하게 되고, 그들을 죽을 땅에 빠지게 한 이후에 살아나게 된다.[14] 무릇 군중은 해로움에 빠진 연후에 능히 승패

---

12) 아홉 가지의 지리적 이해관계를 말한 것이다. 네다섯 가지란 원문의 '四五'를 번역한 것으로, 포괄적으로 지칭하는 말이다.

13) 원문의 '휴隳'를 번역한 것으로《좌전》정공定公 12년에 "[노나라에서] 중유가 계씨의 가신이 되어 장차 세 도읍을 허물려고 했다(仲由爲季氏宰, 將墮三都)"라는 기록이 보인다. 여기서 세 도읍이란 삼환三桓의 비읍費邑·후읍郈邑·성읍成邑을 말한다.

를 결정지을 수 있다.

是故不知諸侯之謀者, 不能預交. 不知山林險阻沮澤之形者, 不能行軍. 不用鄕導者, 不能得地利. 四五者, 不知一, 非霸王之兵也. 夫霸王之兵, 伐大國, 則其衆不得聚; 威加於敵, 則其交不得合. 是故不爭天下之交, 不養天下之權, 信己之私, 威加於敵, 故其城可拔, 其國可隳. 施無法之賞, 懸無政之令, 犯三軍之衆, 若使一人. 犯之以事, 勿告以言. 犯之以利, 勿告以害. 投之亡地, 然後存; 陷之死地, 然後生. 夫衆陷於害, 然後能爲勝敗.

【해설】

이 단락에서 손자는 군대를 동원할 때 전장의 상황을 파악하는 것이 얼마나 중요한지를 설명하고 있다. 전략 전술을 펼칠 때 가장 중요한 것이 지형에 대한 숙지이다. 그러기 위해서는 해당 지역을 잘 알고 있는 길잡이를 이용해 지형의 모든 상황을 파악하는 것이 적에게 승리할 수 있는 필요조건인 셈이다.

거시적으로 본다면 제후국의 전략과 그 형세 및 외교 상황 등을 알아야 하고, 특히 지형에 대한 파악 및 세부적인 작전 계획 등이 모두 '패왕지병霸王之兵'이 되기 위한 필수불가결한 요소임을 이야기하고 있다. 손자는 미시적인 전쟁을 지양하고 천하를 두루 안 다음에 승부를 낼 수 있다고 보았다.

14) 항우項羽가 배를 잠기게 하고 [밥 짓는] 시루를 깨뜨려서 반드시 죽을 것을 보이자, 병사 한 명 100명을 감당하지 않음이 없어서 마침내 진秦나라 장군을 사로잡았고, 한신韓信이 1만 명으로 하여금 배수진을 치게 하고, 거짓으로 군기軍旗와 북을 버리고 물가에 주둔한 군대로 달려가자, 물가의 군사들이 모두 죽음을 무릅쓰고 싸워서 마침내 조趙나라 군대를 무너뜨린 것은 모두 이러한 예에 해당한다.

그러므로 전쟁에서 중요한 일은 적의 의도를 상세히 파악하는 데 있다. 적과 한 방향으로 이동하다가 천 리 밖의 장수도 죽일 수 있다. 이를 일컬어 '교묘하게 일을 성사시킬 수 있는 자'라고 한다. 그러므로 결전이 임박한 날은 관문을 봉쇄하고 부절(符節, 신분증)을 꺾어버려 그 사신이 왕래하지 못하게 한다. 조정에서는 대신들이 모여 의논해 적국에게 전쟁의 책임을 묻는 데 힘쓴다. 적군이 성문을 여닫을 때 반드시 빠르게 그곳으로 진입한다. 적이 소중히 여기는 곳을 먼저 공략할 틈을 은밀히 기다리면서 묵묵히 적정에 따라 행동하다가 전쟁의 승패를 결정짓는다. 그러므로 처음에는 마치 처녀처럼 [조용히 움직이기] 시작하지만 적군이 문을 연 뒤에는 도망가는 토끼처럼 적군이 항거할 수 없게 하여야 한다.

故爲兵之事, 在於順詳敵之意, 并敵一向, 千里殺將, 此謂巧能成事者也. 是故政擧之日, 夷關折符, 無通其使; 厲於廊廟之上, 以誅其事. 敵人開闔, 必亟入之, 先其所愛, 微與之期. 踐墨隨敵, 以決戰事. 是故始如處女, 敵人開戶, 後如脫兎, 敵不及拒.

【해설】

이 단락에서는 원정할 때의 전쟁 원칙에 대해 설명하고 있는데,

승리를 위해서는 수단과 방법을 가리지 않는 '교능성사巧能成事'의 전술에서처럼 교묘함이 핵심이다. 적의 의도에 방향을 맞추는 것 같지만, 궁극적으로는 적지 깊숙이 진입해 타격을 입힌다는 것이다. 이는 처음에는 처녀처럼 조용히 행동하다가 적이 빈틈을 보이면 우리에서 빠져나와 달아나는 토끼처럼 재빠르게 공격하라는 것으로, 기만술과 속도술이 분명하게 드러난다.

| **전례** |

한신의 배수진으로 승리를 거두다

— 사지死地를 활용한 전략적 승리

지형을 활용한 전쟁은 심리전이라고 하여도 과언이 아니다. 빠져나올 수 없는 극단적 상황에 몰아넣게 되면 죽어도 물러설 도리가 없다.

'사지死地'와 관련해 한신韓信이 배수진背水陣으로 승리를 거둔 정형전투井陘戰鬪가 시사하는 바는 매우 크다. 이때 한신은 불과 1만 명의 군사로 조趙나라의 20만 대군을 격파하였다. 그는 어떤 병법을 사용하였을까? 《사기》〈회음후열전〉에 그 내용이 실려 있다.

때는 한漢나라 원년 9월이었다. 한나라 왕은 장이張耳를 보내 한신과 함께 병사를 이끌고 북동쪽으로 진격해 조나라와 대代나라를 치도록 하였다. 이에 조나라의 광무군廣武君 이좌거李左車는 성안군成安君에게 정형井陘의 협도狹道 공격을 청하였다. 그러나 유자儒子였던 성안군은 속임수를 쓰지 않겠다며, 답하기를 "병법에 의하면 '병력이 열 배가 되면 적을 포위하고, 두 배가 되면 싸우라'고 하였소. 지금 한신의 군사는 수만 명이라고 하지만 실제로는 수천 명에 지나지 않소. 게다가 천 리나 되는 먼 길을 달려와 우리를 치는 것이니 역시 지칠 대로 지쳐 있을 것이오. 지금 이러한 적을 피하고 공격하지 않는다면 나중에 대군이 쳐들어올 때는 어떻게 대처하겠소?"
라며 이좌거의 청을 거절하였다. 한신은 간첩을 통해 이좌거의 계책이 받아들여지지 않았다는 말을 듣고 매우 기뻐하며 과감히 병사를 이끌고 정형의 협도로 내려왔다. 정형 어귀에서 30리 못 미친 곳에 머물러 야영하고, 그날 밤 군령을 전해 가볍게 무장한 병사 2,000명을 뽑아 저마다 붉은 기를 하나씩 가지고 샛길로 가 산속에 숨어 조나라 군사를 살피게 하고는 명령을 내렸다.

"조나라 군사는 우리 군사가 달아나는 것을 보면 반드시 성을 비우고 우리 군사의 뒤를 쫓아올 것이다. 그때 너희는 재빨리 조나라 성으로 들어가 조나라 기를 빼고 한나라의 붉은 기를 세워라."

또 비장을 시켜 가벼운 식사를 전군에게 나누어주며 말하였다.

"오늘 조나라 군사를 무찌른 뒤 다 같이 모여 실컷 먹자."

장수들은 아무도 그의 말을 믿지 않았으나 응하는 척하며 대답하였다.

"네, 알겠습니다."

한신은 군사 1만 명을 정형 어귀로 먼저 보내 물을 등지고 진을 치게 하였다. 조나라 군대는 이를 바라보고는 병법을 모른다며 한껏 비웃었다. 날이 샐 무렵 한신이 대장의 깃발을 세우고 북을 치면서 정형 어귀로 나갔다. 조나라 군대는 성문을 열고 나와 한참 동안 격렬하게 싸웠다. 한신과 장이가 거짓으로 북과 기를 버리고 강기슭의 진지로 달아나자 강기슭의 군사는 진문陣門을 열어 맞아들였다. 다시 격렬한 싸움이 벌어졌다. 조나라 군대는 정말로 성을 비우고 한나라의 북과 기를 차지하려고 한신과 장이를 뒤쫓아왔다. 그러나 한신과 장이가 강가의 진지로 들어간 뒤에는 한나라 군대가 죽기를 각오하고 싸웠으므로 도저히 무찌를 수가 없었다. 한편, 앞서 한신이 내보냈던 기습 병사 2,000명은 조나라 군사들이 성을 비우고 전리품을 좇는 틈을 엿보다 조나라 성안으로 달려들어가 조나라 기를 모두 뽑아버리고 한나라의 붉은 기 2,000개를 꽂았다.

조나라 군대는 한신 등을 사로잡는 것이 어려워지자 성으로 되돌아가려고 하였다. 그러나 조나라의 성안에는 온통 한나라의 붉은 기가 꽂혀 있었다. 크게 놀란 조나라 병사들은 한나라 군대가 이미 조나라 장수들을 모두 사로잡았다고 생각하고는 어지러이 달아났다. 조나라 장수들은 달아나는 병사들의 목을 베며 막으려고 하였지만 소용이 없었다.

한나라 군대는 조나라 군대를 크게 무찌르고 병사들을 사로잡았으며, 성안군을 지수 부근에서 베고 조나라 왕 헐歇을 사로잡았다. 이때 한신은 이좌거만은 죽이지 말고 사로잡아올 것을 명했으며, 사로잡아오는 자에게는 천금을 내리겠다고 선포하였다. 병사 한 명이 이좌거를 묶어 데리고 오자 한신은 줄을 풀어주고 그를 스승으로 모셨다. 이윽고 장수들은 적의 머리와 포로를 바치고 축하한 뒤 한신에게 물었다.

"병법에는 '산과 언덕을 오른쪽으로 등지고 물과 못을 앞으로 하여 왼쪽에 두라'고 하였는데, 오늘 장군께서는 저희에게 오히려 물을 등지고 진을 치게 하면서 '조나라를 무찌른 뒤 다 같이 모여 실컷 먹자'라고 하시기에 저희는 마음속으로 받아들이지 않았으나 마침내 승리하였습니다. 이것은 무슨 전술입니까?"

한신이 대답하였다.

"이 또한 병법에 있는 것으로 여러분이 살피지 못했을 뿐이오. 병법에 죽을 곳에 빠뜨린 뒤라야 비로소 살릴 수 있고, 망할 곳에 둔 뒤라야 비로소 멸망하지 않을 수 있다는 말이 있잖소? 우리 군대는 내가 평소 훈련시켜온 정예부대가 아니오. 말하자면 시장 바닥에 있는 사람들을 몰아다가 싸우게 한 것과 같소. 이런 형국이므로 이들을 죽을 땅에 두어 저마다 자신을 위해 싸우게 하지 않고 살 수 있는 곳에 두었다면 모두 달아났을 텐데, 어떻게 이들을 쓸 수 있겠소?"

"훌륭하십니다. 저희는 미칠 수 없는 일입니다"라며 장수들 모두 탄복하였다.

이 이야기에서 보듯이 한신의 군대는 병사들의 수와 훈련 정도가 조나라와는 비교도 되지 않았고, 지세에서도 매우 불리하였다.

정형의 길과 물을 뒤로하고 군막을 친 배수의 진은 손자가 말한 사지에 정확히 부합하였다. 이런 곳에서는 '신속하게' 접전을 벌이지 않으면, 그것도 죽기 살기로 싸우지 않으면 이길 수 없는 것이다. 한신은 조나라 군대가 최대한 얕잡아보게 상황을 연출한 뒤 신속하게 맞붙었고, 속임수를 써서 전세를 역전시켰던 것이다.

제12편

화공火攻

불로 공격하라

〈화공火攻〉 편에서는 여러 형태의 '화공'과 그것을 사용하기 위한 조건 및 사용법에 대해 소개하고 있다. 화공이란 불로 공격한다는 뜻으로, 수공水攻과 더불어 전법의 중요한 축을 이룬다. "손자는 화공이라는 것을 하책下策으로 여겼다"는 송대宋代 소식蘇軾의 말처럼 화공은 피해가 심각해 신중해야 하므로 손자는 이것을 마지막에서 다루었다고 하나, 실제 화공은 옛 전쟁에서 활용도가 비교적 높은 전법 중 하나였다. 사실 손자가 화공만 다루고 수공에 대해서 논하지 않았다는 점은 꽤 주목할 만하다. 이는 전쟁에서 불을 사용하는 횟수가 더 많고 보편적이며 기술도 물에 비해 높기 때문이다.

불은 강력한 무기인 동시에 가장 무자비한 도구이다. 그래서 '화공'은 '화전火戰'이라고도 불리었다. 화공은 기후에 크게 의존하는데 특히 계절풍과 관련이 있다. 이는 오늘날 군사 기상학에 속하는 것으로, 고대에는 풍각風角이라고 하였다. 손자는 이 편에서 화공을 다섯 가지 유형으로 나누고, 불을 사용할 수 있는 기상 조건을 포함해 불의 종류와 쓰임방식 등에 대해 설명하였다.

이 편의 마지막에서는 '신愼' 자를 통해 1편에서 12편까지의 내용을 상기시키며 소결론을 도출하고 있다. 전쟁이란 나라의 존망을 좌우할 수 있으므로 신중해야 하고, 냉철함을 견지해야만 한다는 논지로 제1편 〈계計〉의 첫머리에서 그 의미를 부여한 바 있다. 손자의 발언은 전쟁이란 필요악이지만 가능하면 하지 말아야 함을 암시한 것으로, 설령 전쟁에 이겨도 지속된 승리를 지키기 어렵다는 의미를 다시 한 번 강조하고 있다.

화공의 다섯 가지 유형

손자는 말한다.

무릇 불로 공격하는 데는 다섯 가지가 있으니, 첫째는 화인火人, 둘째는 화적火積, 셋째는 화치火輜, 넷째는 화고火庫, 다섯째는 화대火隊이다.

화공火攻을 할 때에는 반드시 조건이 있으며, 불을 붙일 수 있는 적절한 도구도 반드시 필요하다. 불을 지피는 데에는 때가 있어야 하고, 불을 타오르게 하는 데에는 날짜가 있어야 한다. 때란 천지가 건조할 때이다. 날이란 달이 '기箕'·'벽壁'·'익翼'·'진軫'[1]에 있는 날을 말한다. 무릇 이 네 성수星宿는 바람이 일어날 가능성이 있는 날이다.

孫子曰: 凡火攻有五. 一曰火人, 二曰火積, 三曰火輜, 四曰火庫, 五曰火隊. 行火必有因, 煙火必素具. 發火有時, 起火有日. 時者, 天之燥也. 日者, 月在箕壁翼軫也. 凡此四宿者, 風起之日也.

【해설】

이 단락에서 손자는 화공火攻의 다섯 유형에 대해 설명하고 있다. '화인火人'은 적군의 병사와 말, 적국의 백성까지를 포함한다. 즉 불을 통해 전투 인력을 살상하는 것이다. '화적火積'은 상대방의 식량

---

1) 이 네 가지는 한 달을 28일로 할 때 성좌의 위치에 따라 붙인 말이다. 여기서는 달이 이 사수에 있는 날이 되면 바람이 많아져 화공에 유리한 것을 비유하였다. 달과 별의 운행을 통해 풍우風雨를 관찰하는 것은 고대 천문학의 오랜 관행이었다.

을 태우는 것으로, '적積'은 저장해둔 양식과 건초 등을 가리킨다. '화치火輜'는 상대의 보급품, 즉 군수물자를 불사르는 것이다. 보급품은 군대가 이동할 때 함께 움직이는데 수레부터 무기장비와 두껍고 얇은 의복, 먹을거리 등이 모두 포함된다. '화고火庫'는 상대방의 무기창고를 불사르는 것이다. '고庫'는 일반적인 양식창고가 아니라 무기를 쌓아두는 창고를 말한다. 이곳에 주로 창과 칼, 갑옷을 비롯해 수레까지 보관하였다. '화대火隊'는 후방부대로 해석하기도 하지만, 논자들에 따라서는 양식을 수송하는 땅굴로 보기도 한다. 땅굴은 불을 피워 연기를 일으켜 공격하기가 수월하기 때문에 이같이 해석하는 것이다. 이 같은 해석은《묵자》〈비혈備穴〉에 나오는 '대隊'의 실제 사례에 근거한다.

이상의 방법 중에서 첫 번째 '화인'을 제외한 나머지 방법들은 실제 전쟁에서 많이 사용하였다. 화공법의 운용 사례로 초한전쟁楚漢戰爭의 한 대목을 예로 들 수 있다.

한왕 4년에 성고成皐 싸움에서 패한 고조 유방은 황하를 건너 장이와 한신의 군대를 얻어 수무修武에 주둔하였다. 고랑을 깊이 파고 성벽을 높이 쌓아 지키게 하고는 자신은 보병 2만 명과 기병 수백 명을 거느리고 백마진白馬津을 건너 초나라 땅으로 쳐들어가 항우의 군량미를 불태우고 그 보급로를 파괴해, 항왕項王 군대에 식량을 공급하지 못하게 하였다.(《사기》〈형연세가荊燕世家〉)

전술에 따른 화공의 다섯 가지 원칙

무릇 화공이란 반드시 다섯 가지 화공의 변화에 따라 그에 대응해야 한다. 불이 [적의] 내부에서 일어나면 [아군은] 밖에서 빨리 대응해야 한다. 불이 났는데도 적군이 고요하면 기다려야지 공격해서는 안 된다. 그 화력이 매우 심할 때에는 상황에 따라 쫓아가야지, 쫓아갔다가 멈추어서는 안 된다. 불을 [아군이] 밖에서 일어나게 할 수 있으면 [적의] 내부에서의 호응을 기대하지 말고 때에 맞추어 불을 질러야 한다. 화공은 바람이 위를 향할 때 실시하고 바람이 아래로 향할 때는 공격하지 않는다. 낮에는 바람이 오래 불지만 [이 바람도] 밤이 되면 그친다. 무릇 군대란 반드시 다섯 가지 화공의 변화를 알고 이를 헤아려서 준수해야 한다. 따라서 불로써 공격을 지원하면 [그 효과는] 분명하고, 물로써 공격을 지원하면 [그 효과는] 강력하다. 수공水攻은 [적을] 끊어버릴 수 있지만 [적의 모든 것을] 빼앗을[2] 수는 없다.

凡火攻, 必因五火之變而應之. 火發於內, 則早應之於外. 火發而其兵靜者, 待而勿攻. 極其火力, 可從而從之, 不可從而止. 火可發於外, 無待於內, 以時發之. 火發上風, 無攻下風. 晝風久, 夜風止. 凡軍必知有五火之變, 以數守之. 故以火佐攻者明, 以水佐攻者强. 水可以絶, 不可以奪.

---

2) 원문의 '탈奪'의 의미는 매우 복합적이다. 본래 이 글자는 흉물스런 것을 없애버린다는 의미가 있는데, 여기서는 상대편의 정기精氣마저 빼앗아버린다는 의미도 있다.

【해설】

이 단락에서는 '오화지변五火之變'에 대해 이야기하고 있다. 손자는 화공은 바람·방향·상황 등을 다섯 가지 유형에 따라 시행해야 한다고 하였다. 첫째, 화공도 간첩을 파견해 안팎이 서로 호응해야 작전을 완벽하게 수행할 수 있다는 것이다. 밖에서 기다리고 있다가 불이 나서 적들이 우왕좌왕하면 안과 밖에서 동시에 공격해 제압해야 한다. 둘째, 간첩이 적진에 들어가 불을 질렀는데 적이 동요하지 않으면 거기에는 무언가 문제가 생겼다는 것이다. 화공을 예상하고 적들이 모두 피했을 수도 있고, 매복하고 있다가 아군을 공격할 수도 있다. 결국 불은 적을 무방비 상태로 만드는 것이다. 적이 스스로를 드러내지 않는데 뛰어들면 불리하다는 의미이다. 셋째, 적진 내부에 불을 지르는 것이 아니라 적진 밖에 불을 지르라는 것이다. 적진 밖에 불을 지르면 적은 고립될 수밖에 없으며, 그 상황을 잘 이용해 공격해야 한다. 넷째, 바람이 적의 방향으로 불 때 공격하라는 것이다. 다섯째, 낮에 바람이 세차게 불 때는 공격을 멈추었다가 밤에 바람이 잠잠해지면 공격하라는 것이다. 바람의 이치를 이해하고 그것을 화공에 활용해야 한다는 것이다.

나라를 안전하게 하고 군대를 온전하게 하는 법

무릇 전쟁에서 승리하고 공격해 취하고도 그 공을 다스리지 못하면(얻은 이익이 없으면) 흉하다. 이름하여 '비류(費留, 물자를 낭비하는 것)'[3]라고 한다. 그러므로 현명한 군주는 이 점을 염려하고 훌륭한 장수는 이것을 온전하게 다스린다. 이로움이 없으면 움직이지 않고 얻는 것이 없으면 용병하지 않고 위급하지 않으면 싸우지 않는다. 군주 된 자는 노여움으로 군대를 일으켜서는 안 되고,[4] 장수 된 자는 화가 난다고 전투를 해서는 안 된다. 이익에 들어맞으면 움직이고, 이익에 들어맞지 않으면 멈추어야 한다. 분노는 다시 즐거움이 될 수 있고 성냄은 다시 기쁨이 될 수 있지만, 망한 나라는 다시 존재할 수 없고, 죽은 자는 다시 소생할 수 없다. 그러므로 현명한 군주는 전쟁에 신중하고, 훌륭한 장수는 전쟁을 경계해야 한다. 이는 나라를 안전하게 하고 군대를 온전하게 하는 이치이다.

夫戰勝攻取, 而不修其功者凶, 命曰"費留". 故曰: 明主慮之, 良將修之. 非利不動, 非得不用, 非危不戰. 主不可以怒而興師, 將不可以慍而致戰. 合於利而動, 不合於利而止. 怒可以復喜, 慍可以復悅, 亡國不可以復存, 死者不可以復生. 故明君愼之, 良將警之. 此安國全軍之道也.

---

3) 원문의 '비費'의 의미는 바로 자재資財를 소모하는 것으로, 금전적인 것을 포함하는 개념이다.

4) 한비자가 말하였다. "군주가 자주 노여워하고 군대를 일으키기를 좋아해서 농사를 소홀히 하고 전쟁을 쉽게 일으킨다면 그 나라는 망할 것이다."(《한비자》〈망징亡徵〉)

【해설】

이 단락은 제12편 〈화공火攻〉에만 해당되는 이야기가 아니라 전쟁에 대한 손자의 중간 결론에 해당된다. 물론 불을 이용한 공격은 비용이 많이 들고, 불이란 모든 것을 집어삼키는 무서운 것이기 때문에 매우 신중하게 임해야 한다는 논리가 숨어 있다.

처음에 나오는 '비류費留'란 낭비하는 것을 말한다. '비費'는 돈을 쓰는 것이고, '유留'는 시간을 쓰는 것이다. 비슷한 의미의 병법 용어로 '노사老師'가 있는데, 병법에서 쓰이는 노사는 늙은 선생이라는 의미가 아니다. 여기서 '노老'는 동사로 쓰였으며, 군대를 낡게 하고 무감각하게 하며 실패하게 함을 말한다.[5] 즉 사람을 혹사시켜서 낭비하는 것이다.

손자는 무분별한 전쟁을 가장 경계하였다. 인적·물적 비용의 낭비는 결국 이기고도 패배한 전쟁이 될 수밖에 없다. 전쟁에서 승리하기는 쉬워도 그 승리를 지키기란 어렵다는 말도 이러한 경제적인 문제가 크기 때문이다.

특히 손자는 군주가 노여워하고, 장수가 화가 난다고 군대를 일으키는 것은 나라의 존망을 좌우할 만한 중대한 문제로 보았다. 군주는 철저히 주변을 관리해야 하는 자로, 호불호를 내색해서는 안 된다. 한비자도 거듭 강조한 것처럼 군주는 자신이 무엇을 좋아하고 싫어하는지 밖으로 드러내는 것을 경계해야 한다.[6] 그 이유는

5) 리링, 《병이사립》, 349쪽.

자칫 감정 표현을 앞세우다보면 주변의 신하들이 군주의 심기를 지레짐작해 전쟁을 부추기거나 자신들의 의도대로 군주를 조종할 위험성이 도사리고 있기 때문이다.

6) 한비자는 군주의 자세에 대해 다음과 같이 말하였다. "예전에 월越나라 왕 구천勾踐이 용맹함을 좋아하자 백성들은 죽음을 가볍게 여기는 사람들이 많아졌고, 초楚나라 영왕靈王이 허리가 가는 여자를 좋아하자 도성 안에는 굶는 사람이 많아졌으며, 제나라 환공桓公이 [남자를] 질투하고 여색을 밝히자 수조竪刁라는 자는 스스로 거세해 내시가 되었고, 환공이 맛을 즐겨 찾자 역아易牙는 자기의 맏아들을 쪄서 진상하였다. 연燕나라 왕인 자쾌子噲가 어진 사람을 좋아하자 자지子之는 나라를 물려주어도 받지 않을 것처럼 거짓으로 행동하였다. 그러므로 군주가 [어떤 일을] 싫어한다는 것을 보이면 신하들은 [싫어할 만한] 단서를 숨기며, 군주가 [어떤 일을] 좋아한다는 것을 보이면 신하들은 능력 있는 것을 꾸민다. 군주가 하고자 하는 일을 드러내면 신하들은 자신을 꾸밀 기회를 얻는다. 그래서 자지는 자신이 어진 것을 좋아한다고 꾸며서 군주의 지위를 빼앗은 자이며, 수조와 역아는 군주의 욕망을 이용해 군주의 권한을 침범한 자이다. 그 결과 자쾌는 반란 때문에 죽음을 맞이했고, 환공은 [그의 시체가 썩어] 벌레가 문밖으로 기어나올 때까지도 장례를 치르지 못하였다."(《한비자》〈이병二柄〉)

적벽대전[1)]

— 조조, 유비와 손권의 화공 전략에 참패하다

200년 조조는 관도대전官渡大戰에서 원소袁紹를 격파한 뒤 204년과 207년에 각각 업성鄴城을 공략하였다. 북쪽으로는 오환烏桓을 정벌해 일거에 원소의 잔여 세력을 정리하고, 사예주司隸州·연주兗州·예주豫州·녹주綠州·청주青州·기주冀州·유주幽州·병주幷州 등을 점거하면서 북방을 통일하였다. 연이은 승리에 조조는 천하통일의 야심을 품고 다시 남하를 준비해 남방의 세력들을 소탕시킴으로써 전국을 장악하고자 하였다.

208년 봄, 조조는 업성에 현무지玄武池를 만들어 수군을 훈련시

1) 소설과 정사의 서술 관점은 다르다. 《삼국지》〈위서 무제기〉에서는 조조가 적벽赤壁에 이르러서 유비와 싸웠으나 불리해 마침내 유비가 형주와 강남의 제군을 소유하게 되었다고 하였다. 〈촉서 선주전先主傳〉에도 제갈량을 파견해 손권과 연합해 조조와 적벽에서 싸웠다는 기록 정도만 있을 뿐이다. 〈오서 오주전吳主傳〉에도 손권이 조조의 군대를 대파했다는 기록이 있다.

키며 남방으로의 진출을 준비하였다. 동시에 사람을 보내 양주凉州에 있는 마등馬騰과 그의 아들 마초馬超를 데려와 그들에게 위위衛尉와 편장군偏將軍이라는 직책을 주어, 그가 남쪽으로 진군할 때 혹시라도 그들 부자父子가 난을 일으켜 조조의 후방에 위협이 될 조짐을 제거하였다. 조조가 남하하면서 삼았던 목표는 사실 유비가 아니라 형주荊州의 유표劉表와 동오東吳의 손권孫權이었다. 그 당시 유표는 나이도 많고 병도 깊어 할 수 있는 것이 없었으며 단지 편안함만을 추구하였다. 그의 아들 유기劉琦와 유종劉琮이 왕위를 서로 다투는 등 내부 사정도 혼란스러웠다.

그런데 관도대전 때 원소에게 쫓겨 달아났던 유비는 유표에게 몸을 의탁하고 있었는데, 유표는 유비에게 신야新野와 번성樊城에 주둔하게 하고 자신은 조조 군의 남하를 방어하고자 하였다. 유비는 다른 사람의 울타리에 있었으나 여전히 웅지를 품고 있었다. 그는 기회만 생기면 군대를 확충하고 인재를 초빙해 형주의 지주 세력의 지지를 얻어냈다. 그 당시 그는 이미 제갈량·관우·장비·조운趙雲 등을 거느리고 있었고, 때가 되면 유표를 대신해 형주를 점거하고 천하를 쟁탈할 생각이었다.

조조가 남하한 또 다른 목적은 손권이었는데, 손권은 그 당시 양주揚州의 오군吳郡·회계會稽·단양丹陽·노강廬江·예장豫章·구강九江 등 육군을 장악해 국력이 비교적 강성하였다. 손권은 정병이 10만 명이었고, 주유周瑜·노숙魯肅·장소張昭·정보程普·황개黃蓋 등의 지지와 보좌 아래 확고한 통치 기반을 갖추고 있었으며, 내부적으로도 단결력이 강하였다. 게다가 장강長江이라는 천혜의 자원을 보유하고 있어 조조는 이곳을 손에 넣기 전에는 천하통일은 불가능하다고 생각하였다.

조조가 원소의 잔여 세력을 소진시키는 데 골몰하고 있을 때 손권의 수하인 노숙은 조조가 북방전쟁에 한창 바쁜 틈을 타 강하태수江夏太守 황조黃祖를 없애고 형주를 점거해 장강유역을 장악하자고 하였다. 203년 손권은 노숙의 건의에 따라 황조 토벌에 나섰으나 황조가 하구夏口를 굳게 지켜 실패하였다. 208년이 되어서야 손권은 황조 군의 방어선을 돌파해 황조를 무찌르고 마침내 강하를 점령하였다. 그러자 조조는 손권이 형주를 선점할까 걱정되어 먼저 군대의 방향을 형주로 돌렸다. 이해 7월 조조는 보병과 기병 십수만 명을 거느리고 남하하였다. 조조는 한편으로는 병력을 완성宛城과 엽성葉城으로 진격하게 하여 유표의 군대를 흡수하고, 다른 한편으로는 신야 방향으로 나아가 형주와 양양襄陽을 공략하였다. 8월 유표는 병사하고 그의 아들 유종이 그 뒤를 이었다. 조조가 압박을 가하자 유종은 싸우지도 않고 항복하였다.

이때 유비는 마침 양양의 강 하나를 낀 번성에서 군대를 훈련시키며 전쟁을 준비하고 있었다. 유종이 투항했다는 소식을 들었을 때 조조 군은 이미 완성에 도착했고, 번성과는 매우 가까운 거리에 있었다. 유비는 자신의 역량으로는 조조를 대항하기에 역부족임을 알고 즉각 강릉江陵으로 퇴각하였다. 조조는 강릉이 유비에게 점령될까 두려워 곧 직접 날랜 기병 5,000명을 거느리고 밤낮으로 추격해 하룻밤에 300여 리를 달려 당양當陽의 장판파長坂坡에서 유비를 따라잡았다. 유비는 조조를 방어하지 못하고 무너져 겨우 제갈량·장비·조운 등 몇십 명만 데리고 하구 쪽으로 퇴각해 유표의 아들 유기와 만났다. 이때 둘의 군대를 합쳐 수군과 보병 각 1만 명을 거느리게 되었다.

조조는 순조롭게 강릉을 점거한 뒤 유표 휘하의 투항 병력 8만 명 이외에도 매우 많은 군수물자를 획득하였다. 조조는 의욕적으로 장강의 동쪽지역을 공략하기로 마음먹었다. 이때 그의 모사였던 가후賈詡가 형주의 풍부한 자원을 이용해 군사와 백성들을 쉬게 하고 점거지를 공고히 한 뒤 손권을 압박하자고 제안하였다. 그러나 조조는 가후의 의견을 받아들이지 않고 즉시 강동江東으로 진격하였다.

조조가 강릉을 점거한 뒤 유비는 심각한 위협을 느꼈고, 동오의 손권 또한 전쟁이 곧 그의 신변에 닥쳐올 것을 느꼈다. 이러한 상황에서 유비와 손권이 연합전선을 구축한 것은 당연한 일이었다. 당시 오吳나라는 유표를 조문한다는 명분으로 노숙을 보내 형주의 내부 사정을 탐색하였다. 노숙이 하구에 이르렀을 때 유종이 투항하고 유비가 남쪽으로 철군한다는 소식이 들렸다. 노숙은 당양에서 유비를 만나 손권과 연합해 조조를 무찌를 것을 제안했고, 유비는 흔쾌히 동의하였다. 곧 제갈량을 파견해 노숙과 함께 손권을 만났지만 손권은 유비의 능력에 회의가 들었다. 이에 제갈량이 유비가 비록 장판파에서 패했으나 여전히 관우와 유기가 거느리는 수륙 정예병이 2만 명이 있다고 손권을 설득하자 손권은 마음이 흔들렸다. 아울러 제갈량은 조조의 군대가 먼 길을 달려왔으므로 그 기세가 강노지말(强弩之末, 강한 쇠뇌로 쏜 화살도 끝에 이르면 결국 땅에 떨어진다)이라 큰 위협이 되지 못하며, 형주의 백성들도 진심으로 조조에게 굴복하지 않았다고 설득하였다.

그러나 동오 내부에서는 많은 이들이 조조에게 대항하는 문제가 그리 간단하지 않다고 생각하였다. 즉 장소로 대표되는 구관료의 모사들은 조조 군에게 저항하지 말자고 하였고, 노숙 등은 투항을 반대하며 싸우자고 하였다. 노숙은 손권에게 장군 주유와 이 문제를 상의해볼 것을 권했고, 주전파였던 주유는 단호히 맞설 것을 주장하였다. 결국 손권은 그의 말을 듣기로 하였다. 그 당시의 국면을 보면 조조 군대는 북방군 특유의 기병전에는 능했지만 수전에는 약해 결국 우리의 장점으로 그들의 단점을 공격하면 된다는 것이었다. 현재 조조는 이러한 지리적인 불리함을 고려하지 않고 있으니 반드시 패할 수밖에 없다는 것이 주유의 분석이었다. 주유는 다음과 같이 말하였다.

"조조가 수륙 80만 명을 거느리고 있다고는 하나 내가 분석해보니 조조가 북방에서 데려온 군대는 겨우 15만 명에서 16만 명에 지나지 않으며 이미 피로가 축적되어 있소. 유표의 군대는 많아봤자 7만 명에서 8만 명이고 그들의 마음속에는 여전히 의심이 너울대고 투지도 없으니, 이러한 군대라면 비록 사람 수가 많더라도 두려워할 것이 못 되오."

주유는 손권에게 정병 5만 명을 주면 조조를 무찌를 수 있다고 큰소리쳤다. 마침내 손권은 주유의 이러한 분석에 힘입어 자신감을 되찾고 정병 3만 명을 선발해 주유를 좌도독左都督으로, 정선程善을 우도독右都督으로, 노숙을 찬군교위贊軍校尉로 임명하고 강을 거슬러 올라가 유비의 군대와 공동으로 대항하게 되었다.

208년 10월 어느 날, 유비와 손권의 연합군이 적벽赤壁에 이르러 조조의 선봉대와 마주치게 되었다. 연합군이 조조의 선봉부대를 격파시키자 조조 군대는 강 북쪽의 오림烏林에 주둔하고 있던 주력부대와 회합해 양쪽 군대는 적벽을 사이에 두고 대치하게 되었다.

조조 군대는 마침 주유와 제갈량이 예측한 것처럼 질병이 유행하고, 병사 대부분이 물의 성질에 익숙하지 않아 뱃멀미를 하는 등 견딜 수 없는 고통을 겪고 있었다. 조조는 이러한 문제를 해결하기 위해 수하에 명을 내려 전함들을 하나로 묶어 배들의 요동을 감소시키고자 하였다. 그러나 이것은 약점과 강점을 동시에 가지고 있었다. 바로 주유의 부장 황개가 앞뒤로 연결된 조조 군대의 전함을 화공으로 공격하자고 주장한 것이다. 주유는 황개를 거짓으로 투항하게 하고는 조조 진영에 접근해 불을 질러 조조 군대의 전함을 불태우는 전략을 세웠다. 조조는 황개의 투항 편지를 전혀 의심하지 않고 투항할 시간과 신호까지 직접 정하였다.

208년 11월 어느 날, 황개는 10여 척의 큰 배를 거느리고 북쪽 해안가를 따라 나아갔다. 배 위에는 땔나무를 잔뜩 실어놓고 속에는 기름을 적셔두었으며, 겉에는 포장을 하여 위장하고 깃발을 꽂았다. 아울러 쾌선을 큰 배 뒤에 매달아 방화한 뒤 환승하기에 편리하도록 하였다. 황개의 전략은 성공적이었다. 적의 군함에 불을 지르자 마침 맹렬한 동남풍이 불어 조조의 전함이 순식간에 타오르기 시작하였다. 손권과 유비의 주력부대는 이 틈을 타 조조의 대군을 격파하였다. 조조는 거의 모든 병력을 잃고 북방으로 돌아갈 수밖에 없었다.

적벽대전赤壁大戰의 모든 과정을 보면 조조의 패배가 결코 우연이 아니라는 것을 알 수 있다. 조조는 그 우수한 병력에 기대어 모든 일이 순조롭게 진행되는 상황에서 방심하고 교만해 적을 가볍게 보았고, 심지어 황개의 투항을 받아들이는 과정에서도 경계심을 게을리해 결국 패하고 말았다. 이는 손자가 〈화공〉 편에서 제시한 화공의 몇 가지 원칙과 잘 부합된다. 특히 화공을 행한 뒤 적의 혼란을 틈타 주력부대로 적군을 공격해 마침내 '화발어내火發於內, 즉조응지어외則早應之於外'의 결과를 만들어냈으니, 적벽대전이야말로 화공을 잘 활용해 약한 것으로 강한 것을 이긴 성공 사례라고 할 수 있다.

손권과 유비는 조조 군의 병력과 전장에서의 객관적 상황을 분석해 바람을 이용한 화공법으로 조조가 생각하지 못한 방향(出其不意)에서 조조 군을 격파했고, 이로 인해 조조에게 상당한 타격을 입힌 것이다. 이로써 삼국정립의 국면이 도래했고, 아울러 화공전으로 강력한 적을 이긴 전례를 역사에 남겼다.

요컨대 이 전쟁은 군사적으로는 손권과 조조의 결전이었으나, 정치적으로는 유비와 조조의 결전이었다. 말하자면 조조로서는 해서는 안 될 전쟁이었고, 양강 구도의 천하쟁패 과정을 위·촉·오 삼국정립이라는 고정틀로 만드는 결정적인 패착이었던 것이다.

제13편

용간用間

간첩을 활용하라

《손자병법》의 마지막 편인 〈용간用間〉에서는 전쟁의 모든 문제가 사람의 문제로 귀결된다는 점을 강조하였다. '간間'의 본래 의미는 문의 틈으로, 틈새와 간격을 뜻한다. '간'은 '염탐한다'는 의미의 '첩諜'과 비슷하지만 손자는 '간'만 사용하고 '첩' 자를 사용하지 않았다. 또한 '간'은 작은 간첩이라는 뜻으로, 큰 간첩을 뜻하는 '첩'이라는 말과 유사한 말이며, 이 두 글자를 합친 개념이 '간첩間諜'이라는 말로 적을 염탐하는 첩자를 뜻한다.

사실상 '첩'은 '반간反間'의 의미로 쓰였다. 물론 그 기본적인 의미는 거짓으로 적군인 척하고 적의 기밀을 탐지해 자신의 군주에게 보고하는 자를 말하는 것이다. 역자는 이 편에서 간첩으로 통일해서 사용한다. 물론 어찌 보면 첩자라는 말이 좀더 와닿지만 손자는 '첩'이란 글자를 쓰지 않았으니 '간자間者'라는 말이 더 원래의 뜻에 적절할 수 있겠으나 편의상 간첩으로 정리한다.

손자는 간첩을 잘 활용하는 나라는 주도권을 장악하지만, 제대로 활용하지 못하면 역이용당하거나 나라가 위기에 빠지고 혹은 멸망하게 된다고 주장하고 있다. 손자가 간첩을 병법의 주요한 축으로 삼은 것 자체가 이미 인류사에 간첩이 널리 존재해왔다는 것을 입증하는 것이다.*

간첩의 주요 임무는 적진의 실정을 파악하는 것으로, 적국의 신하들을 간첩으로 삼을 경우 이는 정치적으로 매우 민감한 사안이 된다. 손자는 이 편에서 반간(反間, 적의 간첩을 매수한 이중간첩)·사간(死間, 죽음을 각오하고 적국에 잠입해 거짓 정보를 유포하는 간첩)·생간(生間, 적의 동정을 살펴 보고하는 간첩) 등을 활용해 적의 정보를 파악하기도 하고, 적이 아군의 정보를 역이용하게 하는 등 적을 기만하는 정보전의 전반적인 문제에 대해 다루고 있다. 적진의 실정을 정확히 파악하는 일은 장수뿐만 아니라 군주들도 매우 중시하던 문제였다.

물론 이 편이 《손자병법》에서 차지하는 위상에 대해서는 여러 의견이 있다. 용간을 하책이라고 보는 사람도 있는데, 명나라 장거정張居正이 대표적이다. 그는 간첩 활용법이 용병의 계책 중에서는 낮은 단계의 계책이라고 보았다. 손자가 말하고자 하는 지피지기知彼知己의 핵심이 여기서도 그대로 드러난다.

---

* 《한비자》〈내저설內儲說 하下〉와 《사기》에 보면 간첩을 활용한 사례가 많이 실려 있다.

• 사마희司馬喜는 중산군中山君의 신하였는데, 조趙나라와도 잘 지내면서 일찍이 중산군의 계략을 조나라 왕에게 은밀히 보고하였다.

• 정鄭나라 환공桓公은 회鄶나라를 습격하려고 하였다. 먼저 회나라의 호걸, 훌륭한 신하, 변설가, 지혜로운 자, 용감한 선비를 물어 그들의 성과 이름을 모두 적고는 회에서 좋은 땅을 택해 그들에게 주고, 벼슬자리와 작위 이름을 정해주어 기록하였다. 그러고는 외성의 문밖에 제단을 만들어 맹세를 하고 그것을 땅에 묻은 다음 닭과 돼지 피를 칠해 맹약을 하는 것처럼 꾸몄다. 회나라 군주는 내란으로 생각하고 자신의 훌륭한 신하들을 모두 죽였다. 환공은 회나라를 습격해 마침내 그것을 차지하였다.

• 업鄴 땅의 현령 양자襄疵는 조나라 왕의 측근들과 은밀히 친하게 지냈다. 조나라 왕이 업을 습격하려는 계획을 꾸밀 때마다 양자는 항상 듣자마자 먼저 위魏나라 왕에게 말하였다. 위나라 왕은 이것에 대비했고, 조나라는 결국 그만두고 돌아갔다.

• 초나라 왕이 어떤 사람을 사자로 삼아 진秦나라로 보냈다. 진나라 왕은 그를 매우 예우해 대접하였다. [진나라] 왕이 말하였다. "적국에 현명한 사람이 있는 것은 나라의 근심거리인데, 지금 초나라 왕의 사자는 매우 현명하니 과인은 이것이 걱정되오." 신하들이 말하였다. "왕의 현명함과 우리나라의 풍부한 물자를 이용해 초나라 왕의 현명한 사람을 원하십시오. 왕께서는 어찌 그와 긴밀한 교분을 맺어 은밀히 우리 쪽에 있게 하지 않습니까? 초나라에서 그가 외국에 이용당하고 있음을 알게 된다면 반드시 그를 주살할 것입니다."

• 오나라가 초나라를 정벌하였다. 오자서伍子胥는 사람을 시켜 초나라에 이런 소문이 퍼지도록 하였다. "자기子期를 등용하면 공격할 것이고, 자상子常을 등용하면 물러날 것이다." 초나라 사람들은 이 말을 듣고 자상을 임명하고 자기를 물러나게 하였다. 오나라 사람들은 초나라를 공격해 마침내 승리하였다. 좀 더 자세한 내용은 《사기》〈초세가楚世家〉에 실려 있다.

사람을 통해 정보를 얻으라

손자는 말한다.

무릇 군사 10만 명을 일으켜 천 리를 출정하게 되면 백성들의 비용과 조정의 재정은 하루 천금이 소요되며, 나라 안팎이 혼란스럽게 요동치며 길을 보수하는 데에도 게을러지게 되고 농사를 지을 수 없게 되는 자가 70만 가구에 이른다. 서로 몇 년 동안 대치하다가도 하루 만에 승패가 결정된다. 그런데도 작위와 봉록과 돈이 아까워 적의 사정을 알려고 하지 않는[1] 자는 어질지 못함의 극치이니 다른 사람의 장수가 될 수 없고, 주군을 보좌할 자격도 없으며 승리의 주인이 될 수도 없다. 그러므로 현명한 군주와 어진 장수가 군대를 움직여 적을 이기고 적보다 공을 이룰 수 있는 까닭은 [그들보다] 먼저 [적진의 상황을] 알았기 때문이다. 먼저 안다는 것은 귀신에게 의존해서 알 수 있는 것이 아니며, 이전에 있었던 일에서 유추할 수 있는 것도 아니고 법도에 의해서 시험해볼 수 있는 것도 아니며, 반드시 사람에게 취해서 적의 상황을 알아내는 것이다.

孫子曰: 凡興師十萬, 出征千里, 百姓之費, 公家之奉, 日費千金. 內外騷動, 怠於道路, 不得操事者, 七十萬家. 相守數年, 以爭一日之勝, 而愛爵祿百金, 不知敵之情者, 不仁之至也. 非人之將也, 非主之佐也, 非勝之主也. 故明君賢將, 所以動而勝人, 成功出於衆者, 先

---

1) 이는 간첩을 활용할 비용을 아끼게 되면 적국의 사정을 파악할 수 없게 된다는 말이다.

知也. 先知者, 不可取於鬼神, 不可象於事, 不可驗於度. 必取於人, 知敵之情者也.

【해설】

이 단락의 앞부분은 제2편 〈작전作戰〉과 비슷한데 전쟁 비용이 얼마나 막대한지 언급하고 있다. 먼저 전쟁에서 선지先知가 필요함을 이야기하고 있는데, 적을 미리 알고 있는 것은 군사작전의 선행 요건이라는 것이다. 손자가 강조하고 있는 것은 정보에 대한 확실한 장악력인데, 여기서 말하는 '필취어인必取於人'은 반드시 사람을 통해서 정보를 얻으라는 것이다. '사람을 통해서'라는 것은 적국이나 적진 깊숙이 침투해서 깊이 있는 정보를 캐내라는 말이다. 외부의 관찰은 한계가 있고, 과거의 경험에서 유추한 정보에만 의지할 수는 없기 때문이다.

이러한 이야기는 이미 제6편 〈허실虛實〉에서도 나왔고, 제9편 〈행군行軍〉에서도 적의 정황을 판단하는 방법에 대해 이야기하였다. 춘추전국시대에 간첩은 보편적이었다. 전쟁은 반드시 외교전을 전초전으로 치렀고 외교와 전쟁의 살림길은 간첩들의 활약에 의해 결정되었다. 간첩이 워낙 많아 왕은 최측근을 제외하고는 거의 모든 신하를 믿지 않았으며, 감시를 붙이기도 하였다. 그리하여 더러는 오인을 받아 곤욕을 치르는 경우도 적지 않았다.

그중 한 예가 범저范雎의 이야기이다.

그는 위魏나라 사람으로 자는 숙叔이며, 오줌 세례의 치욕을 참으며 살아남아 재상 자리에까지 올랐다. 범저는 위나라 왕에게 유세해 관직을 얻으려고 하였으나 돈이 없어 위나라 중대부中大夫 수고須賈의 가신이 되었다. 수고는 위나라 소왕昭王과 친해 간혹 사자로 이웃 나라에 파견되기도 하였다. 그가 제나라에 파견될 때 범저도 함께 따라가 몇 달 동안 머물렀지만 이렇다 할 성과를 내지 못하였다.

그러나 인물은 인물을 알아보는 법. 동방의 전통 강국 제나라의 양왕襄王은 범저가 유세와 변론에 뛰어나다는 말을 듣고 사람을 시켜 금과 쇠고기, 술을 보내 자기편으로 만들고자 하였다. 이 사실을 알게 된 수고는 범저에게 쇠고기와 술만 받고 금은 되돌려주게 하였다. 수고는 범저가 제나라와 내통해 위나라의 비밀을 팔아넘겼다고 의심하였다. 이에 수고는 귀국해 위나라의 여러 공자 중 한 명인 재상 위제魏齊에게 이 사실을 보고하였다. 그러자 위제는 불같이 역정을 내면서 사람들을 시켜 범저에게 매질을 가하였다. 갈비뼈와 이가 부러져 죽을 지경이 된 범저는 대나무 발에 둘둘 말려 변소에 내팽개쳐졌다.

위제는 일부러 범저에게 갖은 모욕을 주어 배신하면 안 된다는 사실을 알게 함과 동시에 나라의 기밀을 누설하는 자는 엄하게 다스리겠다는 경고의 메시지를 보냈던 것이다. 변소에 버려진 범저는 살기 위해 보초에게 거금을 주겠다는 약속을 하고 그를 매수하였다. 보초는 위제에게 달려가 범저가 이미 죽은 것 같으니 내다버리겠다고 하였고, 범저는 술에 취한 위제의 눈을 피해 천신만고 끝에 빠져나올 수 있었다.

이 같은 상황은 빈번하였다. 그래서 왕들은 지연地緣에 민감하게 반응하였다.

진秦나라가 운하를 건설하게 된 계기도 간첩 때문이었다. 당시 진나라에는 한韓나라에서 온 정국鄭國이라는 객경客卿이 토목공사를 주도하였다. 진나라는 그 공사를 하느라 바로 옆의 한나라를 칠 생각을 하지 못하였다. 나중에 정국이 간첩임이 밝혀진 뒤 진나라에서는 타국에서 온 '철새'들을 쫓아내자는 여론이 강하게 일었고, 진시황의 측근 이사李斯가 이에 맞서서 자신을 변호한 그 유명한 〈간축객서諫逐客書〉를 쓰기도 하였다. 진시황은 주변의 모함에도 불구하고 이사를 끝까지 신임해 천하를 통일할 수 있었다. 진시황은 신중함과 더불어 간첩과 간첩이 아닌 자를 밝혀내는 대범한 판단력 또한 가지고 있었다. 만일 진시황이 발견하지 못했다면 천문학적인 비용 부담으로 인해 민심이 떠나 천하통일은 그만큼 더디게 진행되거나 심지어 무산될 수 있었을 것이다.

다섯 종류의 간첩 활용법

그러므로 간첩을 활용하는 데에는 다섯 가지가 있으니, '향간鄕間'[2]이 있고, '내간內間'이 있으며, '반간反間'이 있고, '사간死間'이 있으며, '생간生間'이 있다. 다섯 유형의 간첩이 모두 일어나면 [적군은] 아무도 우리의 도道를 알 수 없으니 이것을 일컬어 '신기(神紀, 신묘해 추측하기 어려운 도)'라고 하며, 군주 된 자의 보배이다. '향간'이란 그 고을 사람을 활용하는 것이다. '내간'이란 적의 관료를 활용하는 것이다. '반간'이란 적의 간첩을 [아군의 간첩으로] 활용하는 것이다. '사간'이란 [조정] 밖에서 거짓 일을 만들어 아군의 간첩에게 믿게 하여 [다시] 적의 간첩에게 전달되게 하는 것이다.[3] '생간'이란 돌아와 [적정을] 보고하게 하는 것이다. 그러므로 삼군의 일 중에서 간첩보다 더 친한 것은 없고, 간첩에게 주는 것보다 후한 상은 없으며, 간첩보다 더 비밀스러운 일은 없다. 성현의 지혜가 없으면 간첩을 활용할 수 없다. 어질고 의롭지 않으면 간첩을 부릴 수 없다. 교묘하고 미묘하지 않으면 간첩의 실적을 얻을 수 없다. 미묘하고도, 미묘하구나! 간첩을 활용하지 않을 수 없음이여! 간첩의 정보가 아직

---

2) 대부분 '인간因間'으로 되어 있는데, 원문에 '인기향인이용지因其鄕人而用之'라는 구절에도 '인因' 자가 쓰여 최근 연구자들은 '향간鄕間'으로 교정하고 있다.(리링, 《손자십삼편종합연구》, 90쪽)

3) 간단히 말하면 죽음을 각오하고 적국에 잠입해 활동하는 것이다. '사간死間'이란 자칫하면 적에 의해 죽게 되는 경우가 많아서 생긴 명칭으로 해석된다. '생간生間'과 대비되는 개념이다.

발표되지도 않았는데 [드러나면] 먼저 들은 자와 간첩, 그리고 그러한 정보를 알려준 자 모두 죽여야 한다.

故用間有五: 有因間, 有內間, 有反間, 有死間, 有生間. 五間俱起, 莫知其道, 是謂神紀, 人君之寶也. 因間者, 因其鄕人而用之. 內間者, 因其官人而用之. 反間者, 因其敵間而用之. 死間者, 爲誑事於外, 令吾間知之, 而傳於敵間也. 生間者, 反報也. 故三軍之事, 莫親於間, 賞莫厚於間, 事莫密於間. 非聖智不能用間, 非仁義不能使間, 非微妙不能得間之實. 微哉! 微哉! 無所不用間也. 間事未發而先聞者, 間與所告者皆死.

【해설】

여기서 말하는 간첩 활용법은 구체적으로 다섯 가지이다. 손자는 이들이 조직적으로 활동해서 적을 교란시키고 아군의 피해를 줄여 승리를 쟁취하게 하는 원동력임을 밝히고 있다. 이 중에서 '반간反間'이나 '사간死間'과 관련된 예는 사마천도 《사기》 〈소진열전〉의 '태사공왈' 부분에서 그 위력을 증명하였다.

"소진蘇秦의 형제 세 사람은 모두 제후들에게 유세해 이름을 드날렸으며, 그들의 술수종횡책은 권모와 변화에 뛰어난 것이었다. 소진이 제나라에서 반간을 이용해 적의 내부를 이간질해 자기 쪽이 승리하게 한 혐의를 받고 죽으니, 천하 사람은 모두 그를 비웃고 그 술수를 배우기를 꺼렸다."

소진이 간첩 노릇을 하다가 죽게 된 경우를 좀더 살펴보자.

연燕나라 문후文侯가 죽고 태자가 왕위를 이었으니, 그가 역왕易王이다. 그의 어머니는 소진과 사사로이 정을 통했는데, 역왕은 이 사실을 알고 있었지만 소진을 더욱 잘 대우하였다. 이에 소진은 자신이 죽게 될까봐 두려워 왕을 설득하였다.

"신이 연나라에 있으면 연나라의 지위를 높일 수 없지만 제나라로 가면 연나라를 반드시 비중 있는 나라로 만들 것입니다."

왕이 말하였다.

"모든 것은 선생이 하고 싶은 대로 하시오."

소진은 연나라에서 죄를 지은 것처럼 거짓으로 꾸며 제나라로 망명하였다. 제나라 선왕宣王은 그를 객경으로 삼았다. 제나라 선왕이 죽고 민왕湣王이 왕위에 오르자, 소진은 민왕을 설득해 선왕의 장례를 성대하게 치러 효심을 밝히고, 궁실을 높게 짓고 정원을 넓혀 그 자신이 뜻한 바를 얻었음을 밝히게 하였다. 사실 이것은 연나라를 위해서 제나라를 황폐하게 만들려는 계책이었다.

[연나라에서는] 역왕이 죽고 아들 쾌噲가 즉위하였다. 그 뒤 제나라 대부 중에는 소진과 왕의 총애를 다투는 자가 많았는데, 그중 한 명이 사람을 시켜 소진을 죽이려고 하였지만 죽이지는 못하고 깊은 상처만 입힌 채 달아났다. 제나라 왕은 사람을 보내 소진을 찌른 자를 찾도록 하였으나 찾아내지 못하였다. 소진은 죽음을 눈앞에 두고 제나라 왕에게 말하였다.

"신이 죽으면 거열형에 처해 시장 사람들에게 돌려 보이시고 '소진이 연나라를 위해 제나라에서 반란을 일으켰다'라고 하십시오. 그러면 신을 죽이려던 자를 반드시 잡을 수 있을 것입니다."

소진이 세상을 떠나자 제나라 왕은 그의 말대로 시행하였다. 그러자 소진을 죽이려고 하였던 자가 정말 자수해와 제나라 왕은 그를 잡아 처형하였다. 연나라에서 이 소식을 듣고 말하였다.

"제나라가 소진 선생을 위해 원수 갚는 방법이 너무 지나치구나."

소진의 이야기에 등장하는 첩보활동은 반간부터 역정보를 흘리는 사간까지 다양하였다. 결국 제나라 왕은 소진에게 끝까지 속았고, 오히려 그런 간첩을 죽게 만든 애국자를 잡아 죽인 셈이 되었다.

손자는 간첩을 친밀하게 대해 신뢰를 얻고 상을 후하게 내리며 기밀을 유지하고 지혜와 인과 의를 갖춰야 하며, 간첩이 제공하는 정보를 판별할 수 있는 능력도 갖춰야 한다고 하였다. 그렇지 않으면 간첩을 활용할 방법이 없다. 특히 간첩을 활용할 때에는 기밀 유지가 최우선으로, 발설한 자와 알려준 자 모두를 죽여야 한다는 말은 섬뜩할 정도이다.

간첩의 임무와 이중간첩의 활용법

무릇 공격하고자 하는 적의 군대와 공격하고자 하는 적의 성, 죽이고자 하는 적의 사람에 대해서는 반드시 먼저 알아야 하는데, 아군의 간첩에게 그곳을 지키는 장수, [수장을] 모시는 측근, 조언자, 성문지기, 사인舍人 등의 성명을 반드시 알아내게 하여야 한다. 적인데도 아군 측에 와 있는 간첩은 반드시 찾아내어 이익으로 회유하고 유도해 적국으로 돌려보냄으로써 '반간'을 얻어서 활용할 수 있다. 이로 인해 적의 내부 사정을 알 수 있게 되어 '향간'과 '내간'도 얻어서 부릴 수 있다. 이들을 통해 적의 상황을 알 수 있으므로 '사간'은 거짓된 일들을 만들어 적에게 [마음대로] 전할 수도 있다. 이들을 통해 적의 상황을 알 수 있으므로 '생간'은 기일을 정해 보고할 수 있도록 한다. 다섯 유형의 간첩에 관한 일은 군주라면 반드시 알고 있어야만 하고, 그것을 알아내는 데는 반드시 '반간'에게 달려 있다. 그러므로 '반간'은 후한 대우를 하지 않으면 안 된다.

옛날에 은殷나라가 흥성할 때 이지(伊摯, 이윤)는 하夏 왕조에 있었고, 주周나라가 흥성할 때 여아呂牙는 은 왕조에 있었다.[4] 그러므로 오직 총명한 군주와 현명한 장수만이 뛰어난 지혜로써 간첩을 활용해 반드시 큰 공적을 이룰 수 있었던 것이다. 이것이 용병의 요체

4) 옛날 은나라가 처음 일어났을 때 이윤이 걸왕에게 다섯 번 나아갔으나 등용되지 못한 이후에 탕왕을 도와 걸왕을 정벌하였고, 태공이 처음에 조가에 머무르다가 나중에 주나라에 돌아와서 무왕을 보좌하여 주紂를 정벌하니 이는 손자가 용간의 도를 밝힌 것이다.(유인 설)

이니, 삼군이 [간첩을] 믿고 움직이게 되는 것이다.

凡軍之所欲擊, 城之所欲攻, 人之所欲殺, 必先知其守將左右謁者門者舍人之姓名, 令吾間必索知之. 必索敵人之間來間我者, 因而利之, 導而舍之, 故反間可得而用也. 因是而知之, 故鄕間內間可得而使也; 因是而知之, 故死間爲誑事, 可使告敵; 因是而知之, 故生間可使如期. 五間之事, 主必知之, 知之必在於反間, 故反間不可不厚也.

昔殷之興也, 伊摯在夏; 周之興也, 呂牙在殷. 故惟明君賢將, 能以上智爲間者, 必成大功. 此兵之要, 三軍之所恃而動也.

【해설】

이 단락에서 손자는 오간五間의 임무와 그들의 활용법에 대해 이야기하고 있다. 적의 간첩이 아군 측에서 활동하면 그를 우리 편으로 끌어들여 다시 적의 사정을 알아내야 하고, 그를 통해 누구를 '향간鄕間'과 '내간內間'으로 포섭할지 판단해야 한다. 적의 사정을 알게 되면 '사간'을 통해 아군 측 정보를 거짓으로 적에게 전달할 수도 있다. 피아彼我를 넘나드는 '생간生間'을 통해 적의 사정을 확실하게 알 수 있다. 특히 군주가 가장 신경 써야 할 간첩은 반간이다. 반간을 통해서 얻을 수 있는 정보의 양은 다른 간첩과는 비교할 수 없을 정도로 많기 때문이다. 전쟁이 첩보전임을 누구보다 잘 알고 있는 손자였기에 간첩의 활용이 용병의 요체임을 거듭 강조하고 있는 것이다. 반간의 예는《좌전》선공宣公 15년에 나오는 화원華元에게서 볼 수 있다. 기원전 594년 초나라가 송나라를 공격하자, 송나라 화원으로 하여금 초나라 군중에 잠입하게 한다. 화원은 초나라 장수 자반子反의 침상에 올라가 잠을 깨우고 담판을 지었다.

"과군이 나로 하여금 [송나라의] 어려운 사정을 전하게 하였소. [과군이] 말하기를, '폐읍은 자식을 바꿔 잡아먹고 해골을 쪼개 땔감으로 만들어 밥을 지어 먹습니다. 비록 그러하나 굴욕적인 맹약만은 나라가 망하는 일이 있을지라도 따를 수 없습니다. [초나라 군사가] 30리를 물러가면 [송나라는] 오직 초나라의 명을 따르겠습니다'라고 하셨소."

자반은 [해를 입을까] 두려워 화원과 맹서한 뒤 곧 초장왕에게 보고했다. [초나라 군사가] 30리를 물러나자 송나라가 초나라와 강화했다. 화원이 자반의 침상에까지 갈 수 있었던 것은 장수의 측근, 조언자, 성문지기, 사인 등을 회유해서 가능했던 일이다.

| 전례 1 |

회음후 한신의 몰락도 용간 전략 때문이다

회음후淮陰侯 한신의 몰락 과정에도 간첩이 있었다. 《사기》 〈진승상세가陳丞相世家〉[1]에 나오는 토사구팽兎死狗烹이라는 말을 널리 알린 이야기를 잠깐 살펴보자.

한漢나라 고조高祖 6년, 어떤 사람이 편지를 써서 초楚나라 왕 한신이 모반을 꾀한다는 사실을 알렸다. 고제高帝가 이에 여러 장수에게 물으니 장수들이 말하였다.

"하루빨리 군대를 일으켜 그 젊은 녀석을 파묻어야 합니다."

고제는 묵묵히 있었다.

1) '기계奇計'라는 두 글자로 실마리를 풀어가는 이 편은 진평陳平이 여섯 번에 걸쳐 기이한 계책을 내어 천하를 평정하는 고조 유방을 보좌하면서 한漢나라 왕실의 종묘를 안정시킨 내용이 주축이 된다. 그가 한나라 초기 많은 어려움이 있었을 때 그러한 것들을 이겨내고 마침내 큰 공을 세워 명신의 대열에 오른 과정을 묘사하고 있다.

다시 진평陳平에게 묻자 진평은 한사코 사양하다가 말하였다.

"여러 장군들은 뭐라고 말하였습니까?"

황상皇上(고제)이 그에게 모두 이야기해주자 진평이 말하였다.

"사람 중에 글을 올려 한신이 모반한다고 말했는데, 그러면 이 일을 아는 자가 있습니까?"

황상이 말하였다.

"없소."

진평이 말하였다.

"한신은 이 사실을 알고 있습니까?"

황상이 말하였다.

"알지 못할 것이오."

진평이 말하였다.

"폐하의 정예병은 초나라와 비교하면 어느 쪽이 더 낫습니까?"

황상이 말하였다.

"우리는 그들을 능가할 수 없소."

진평이 말하였다.

"폐하의 장수들 중에 용병술로 한신을 능가할 수 있는 자가 있습니까?"

황상이 말하였다.

"그에게 미칠 수 있는 자가 아무도 없소."

진평이 말하였다.

"지금 군대도 초나라의 정예병만 못하고, 장수 또한 한신에 미치지 못하면서 군사를 거느리고 그를 공격한다면 이는 그들에게 우리와 싸우자고 재촉하는 꼴입니다. 또한 제가 생각할 때 폐하께서도 위험해질 것입니다."

고조가 말하였다.

"이 일을 어찌해야 하겠소?"

진평이 말하였다.

"옛날에는 천자가 지방을 순수巡狩하며 제후를 만났습니다. 남방에 운몽雲夢[2]이라는 곳이 있는데, 폐하께서는 그저 나가시어 거짓으로 운몽을 순수하시면서 제후들을 진陳 땅으로 불러모으십시오. 진 땅은 초나라의 서쪽 경계인데, 한신은 천자가 순수하시는 것을 좋아한다는 것을 알고 그 형세상 반드시 아무 일도 없을 것이라고 생각해 교외에서 맞이해 뵈려고 할 것입니다. 한신이 뵈러 올 때 폐하께서 그 틈을 타 그를 사로잡으십시오. 이는 단지 한 사람의 역사力士[3]가 할 일입니다."

---

2) 사마천은 〈사마상여열전司馬相如列傳〉에서 운몽雲夢을 다음과 같이 묘사하였다. "운몽은 사방이 900리이고 그 가운데 산이 있습니다. 그 산은 굽이져 서렸는가 하면 높이 치솟아 험하고, 산봉우리와 암석이 들쭉날쭉해 해와 달을 전부 가릴 때도 있고, 한 부분만을 가려 이지러지게도 합니다. 서로 어지럽게 뒤섞여 위로는 푸른 구름을 뚫고 우뚝 솟았고, 산비탈은 완만하게 경사가 져서 그 끝이 강과 시내에 닿았습니다." 진평은 이러한 지세를 갖춘 운몽을 순수巡狩로 가장하기에 적합한 장소로 판단하여 추천한 것이다.

한나라 고조는 진평의 계책에 따라 천자가 순행한다고 하면서 제후들을 모두 불러모으기로 하였다. 고조는 사자를 보내 제후들에게 거짓으로 말하였다.

"진으로 모두 모이시오. 내가 곧 운몽으로 가겠소."

이는 한신을 습격하기 위한 것이었으나 한신은 이를 알지 못하였다. 한신은 고조가 초나라에 이를 무렵 병사를 일으켜 모반을 꾀하려고 하였다. 그는 스스로 죄가 없다고 여겨 고조를 만나려고 하면서도 혹 사로잡히지 않을까 염려가 되었다.

그때 어떤 사람이 한신을 달래며 말하였다.

"종리매鍾離昧[4]의 목을 잘라 황제를 뵈면 황제께서는 반드시 기뻐할 테니 걱정할 필요가 없습니다."

한신이 종리매를 만나 상의하자 종리매가 말하였다.

"한나라가 초나라를 쳐서 빼앗지 않는 까닭은 내가 당신 밑에 있기 때문이오. 만일 당신이 나를 잡아 자진해서 한나라에 잘 보이려

---

3) 글자 그대로 풀이하면 힘이 장사인 사람을 말한다. 고대에는 이러한 역사力士가 고관의 수레 오른쪽에 타고 호위하는 병사인 거우車右로 임명하는 경우가 많았다. 여기서의 역사도 거우를 가리킨다.

4) 《사기》〈회음후열전淮陰侯列傳〉에 따르면 종리매鍾離昧는 본래 한신韓信과 사이가 좋았기 때문에 항우가 죽자 한신에게로 도망쳐왔다. 한나라 왕은 종리매에게 원한이 있었으므로 그가 초나라에 있다는 말을 듣고 초나라에 조서를 내려 종리매를 사로잡으라고 하였다.

고 한다면 나는 오늘이라도 죽겠소. 그러나 당신도 뒤따라 망할 것이오."

그러고는 한신에게 호통을 쳤다.

"당신은 훌륭한 인물이 아니오."

종리매는 스스로 목을 찔러 죽었다. 한신은 그의 목을 가지고 진으로 가서 고조를 만났다. 그러자 고조는 무사를 시켜 한신을 묶은 뒤 뒷 수레에 실었다.

한신이 말하였다.

"정말 사람들 말에 '날랜 토끼가 죽으면 훌륭한 사냥개를 삶아 죽이고, 높이 나는 새가 모두 없어지면 좋은 활은 치워진다. 적을 무찌르고 나면 지혜와 지모 있는 신하는 죽게 된다'고 하더니, 천하가 이미 평정되었으니 나를 삶아 죽이는 것은 당연하구나!"

고조가 말하였다.

"당신이 모반을 꾀한다고 밀고한 사람이 있었소."

드디어 한신의 손발에 차꼬와 수갑을 채웠다. 낙양에 이른 뒤에야 그는 한신의 죄를 용서하고 회음후로 삼았다.

한나라 고조는 한신의 모반을 미리 알고 간첩을 활용해 종리매의 목을 가져가면 될 것이라는 말을 한신에게 전하게 하였고, 그 사실을 알지 못한 한신은 결국 스스로의 꾀에 넘어간 것이다.

| **전례 2** |

항우, 모사 범증을 잃다

초한전쟁에서 항우와 그의 모사 범증范增을 이간시킨 것은 용간의 성공 사례로 꼽을 만하다. 당시 초나라에서 가장 뛰어난 전략가였던 모사 범증은 항우의 무한한 신뢰를 받아 아버지에 버금간다는 의미의 '아보亞父'라는 호칭으로 불릴 정도였다. 이 범증을 제거하지 않으면 항우를 도저히 이길 수 없다고 판단한 유방의 모사 장량張良과 실제적으로 묘책을 낸 진평은 이 용간책의 확실한 실천자였다. 《사기》의 〈진승상세가〉에 보면 이 이야기가 나온다.

한나라 유방이 초나라 항우에게 쫓겨 고전하고 있을 때의 일이다. 유방은 항우가 팽월彭越·전영田榮·진여陳餘 등의 반란군을 토벌하는 틈을 타 관중關中을 합병하고, 의제義帝 시해에 대한 징벌을 명분으로 수십만 대군을 이끌고 당시 초나라 도읍이던 팽성彭城을 차지하였다. 그러나 얼마 못 가 항우의 반격으로 유방은 아버지와 아내까지 적중에 남겨두고 목숨만 부지한 채 형양滎陽으로 달아났다.

그로부터 몇 달 뒤 유방은 군량미까지 바닥이 나 더 이상 싸움이 불가능해지자 항우에게 형양을 국경으로 휴전을 제의하였다. 항우도 오랜 싸움에 지쳤으므로 유방의 제의를 받아들이려고 하였다. 그런데 이때 범증이 유방의 상황이 절박함을 간파하고 오히려 형양성을 포위하도록 건의해 이에 따랐다.

유방이 진평에게 말하였다.

"천하가 어지러운데 언제 안정되겠는가?"

"항왕의 사람됨은 사람을 공경하고 아껴 선비들 중에서 청렴하고 지조 있고 예를 좋아하는 자들 대부분이 그에게로 귀순하였습니다. 그러나 공을 논해 봉읍을 내려야 할 때 오히려 주저해 선비들은 그에게 다가가지는 않습니다. 그런데 지금 대왕께서는 오만하고 예의를 차리지 않으시니 청렴하고 지조 있는 선비들이 찾아오지 않습니다. 하지만 대왕께서는 작위와 봉읍을 사람들에게 아낌없이 내리시니 선비들 중에 완고하고 노둔하며 이익을 좋아함을 부끄러워하지 않는 자들이 대부분 한나라에 귀순하고 있습니다. 진실로 양자의 단점을 버리고 두 장점을 취한다면 천하는 손만 저어도 평정될 것입니다. 그러나 대왕께서는 멋대로 사람을 모욕하시므로 청렴하고 절개 있는 선비들을 얻지 못하는 것입니다.

다만, 초나라를 어지럽힐 수 있는 방법이 있습니다. 저 항왕의 강직한 신하들은 아보·종리매·용저龍且·주은周殷 같은 몇 사람에 지나지 않습니다. 대왕께서 진실로 수만 근의 황금을 출연出捐해 초나라 군신들을 이간시키고 그들로 하여금 의심하는 마음을 품게 하시면, 항왕의 사람됨이 시기하고 참언을 잘 믿으므로 반드시 내부에서 서로가 서로를 죽이게 될 것입니다. 한나라가 이 틈을 타 군대를 거느리고 공격하면 초나라를 틀림없이 격파할 수 있을 것입니다."

유방은 진평의 계책이 옳다고 여겨 황금 4만 근을 내어 진평에게 주며 마음대로 쓰게 하고, 그 돈의 출납에 대해서는 묻지 않았다. 진평이 많은 황금으로 초나라 군대에 간첩을 보내 종리매 등이 항왕의 장수로서 공이 많은데도 항왕이 끝내 땅을 떼어 왕으로 봉하지 않아 한나라와 한 몸이 되어 항씨를 멸망시키고 그 땅을 나누어 각기 왕이 되고자 한다는 소문을 퍼뜨렸다. 그러자 항우는 과연 더 이상 종리매 등을 믿지 않게 되었다. 항왕이 그들을 의심해 사신을 한나라로 보냈다. 유방은 사람을 시켜 태뢰(나라에서 제사 지낼 때 소를 통째로 바치던 일)를 갖추게 하여 그를 맞이하였다. 유방은 초나라 사신을 보고 거짓으로 놀라며 말하였다.

"나는 아보의 사신이라고 생각했는데 결국 항왕의 사신이었구려!"

그러고는 음식을 가지고 나가게 하고는 다시 거친 음식을 갖추어 초나라 사신에게 바치게 하였다. 초나라 사신이 돌아가 모든 사실을 항왕에게 보고하니 항왕은 과연 범증을 매우 의심하였다. 그때 범증은 급히 형양성을 공략하려고 하였으나 항왕은 그의 말을 믿지 않아 들으려고 하지 않았다.

범증은 항왕이 자신을 의심하고 있다는 말을 듣고 노여워하며 말하였다.

"천하의 일이 대체로 정해졌으니 이제는 군왕께서 스스로 처리하십시오. 원컨대 사직하고 집으로 돌아가게 해주십시오."

그리하여 어리석고 의심 많은 항우는 지장智將 범증을 잃고 말았다. 그가 유방과의 전쟁에서 질 수밖에 없었던 것은 당연하였다.

만일 항우가 다른 사람들이 의심하더라도 마땅히 보충해 살피고 빈틈없이 고려해 유언비어를 믿지 않았다면 분명 범증을 잃지 않았을 것이다. 의심이 쌓이고 상대에 대한 믿음이 사라지면 그 틈을 비집고 적군의 간첩이 활개를 치게 되는 것이 아닐까.

| **전례 3** |

간첩이 아는 것 없이 돌아가면 의심받는다

― 조조의 관중 평정 방법

《삼국지》〈위서 무제기〉에도 조조가 적장 마초馬超가 보낸 간첩 한수韓遂를 이용해 적장이 오판을 하게 만든 이야기가 나온다. 전형적인 간첩활동으로 보기는 힘들지만 이 또한 손자가 이야기한 반간反間의 매우 고차원적인 활용으로 볼 수 있을 것이다.

건안 16년(211) 가을 7월, 조조는 서쪽을 정벌하러 나가 마초 등과 동관潼關을 사이에 두고 진을 치게 되었다. 조조는 정면에서 신속하게 마초를 견제하는 한편, 은밀하게 서황徐晃과 주령朱靈 등을 보내 밤에 포반진蒲阪津을 건너 황하 서쪽을 점령하고 진영을 만들도록 하였다.

조조가 동관의 북쪽에서 황하를 건넜는데, 미처 다 건너기도 전에 마초가 배를 타고 와 격렬한 싸움을 벌였다. 이때 교위 정비丁斐가 소와 말을 풀어 유인하자 적군은 소와 말을 취하려고 혼란스러워져 조조는 강을 건널 수 있었으며, 강물을 따라 길을 만들어 남쪽으로 향하였다. 적은 퇴각해 위구渭口에서 항거하였다. 조조는 이곳에 의병을 배치하고 은밀히 병사를 배에 싣고 위수로 들어가 부교浮橋를 만들었으며, 밤중에 병사들을 분산시켜 위수 남쪽에 진영을 설치하였다. 적군이 밤중에 진영을 공격하자 매복하고 있던 병사들이 그들을 무찔렀다. 마초 등이 위수 남쪽에 주둔해 지키면서 편지를 보내 황하 서쪽을 분할할 것을 요구하며 화해를 요청했지만, 조조는 받아들이지 않았다.

9월 조조는 진군해 위수를 건넜다. 마초 등이 여러 차례 도전해 왔지만 이번에도 거들떠보지 않았다. 마초가 영토 분할을 거듭 요청하고 자식들을 인질로 보내니, 조조는 가후의 계략을 받아들여 거짓으로 허락하는 척하였다.

한수가 만나기를 청했는데, 조조는 한수의 아버지와 같은 시기에 효렴으로 천거되었고 또 한수와는 동년배였다. 따라서 나란히 말을 타면서 여러 시간 이야기를 나누었지만 군사에 관한 일은 언급하지 않았다. 단지 경성의 옛 친구들 이야기만 하면서 박수 치고 웃으며 즐거워하였다.

만나고 돌아오자 마초 등이 한수에게 물었다.

"조조가 무슨 말을 하던가?"

한수가 대답하였다.

"아무것도 말하지 않았소."

마초의 무리는 한수의 말을 의심하였다. 며칠이 지나 조조가 한수에게 편지를 보냈는데, 글자를 많이 없애고 바꿔 마치 한수가 쓴 것같이 꾸몄으므로 마초의 무리는 한수를 더욱 의심하게 되었다. 조조는 싸울 날짜를 정하고 먼저 가볍게 무장한 군대를 보내 싸움을 걸었다. 싸움이 꽤 오랫동안 지속되자 비로소 호랑이같이 용맹한 기병대를 출동시켜 양쪽에서 협공해 크게 무찌르고 성의成宜와 이감李堪 등을 참수하였다. 한수와 마초 등은 양주凉州로 도주하고, 양추楊秋는 안정安定으로 달아나니 이로써 관중은 평정되었다.

조조는 마초와 한수를 이간질하기 위해 거짓으로 농간을 부렸고, 마초는 이 농간에 휘말릴 수밖에 없었다. 사소한 의심 유발 계책이었지만, 결국 이것이 관중의 패권 장악에 필요충분조건인 셈이었다.

참고문헌

1. 판본 및 교감

宋 각본《武經七書》중에《孫子》,《續古逸叢書》影印本

宋 각본《十一家註孫子》, 中華書局上海編輯所, 1961; 上海古籍出版社, 1978

葉適(宋),《習學記言序目》卷4《孫子》

宋濂(明),〈諸子辨·孫子〉《古籍考辨叢刊》第1集, 中華書局, 1955

胡應麟(明),《少室山房筆叢》, 中華書局上海編輯所, 1958

劉寅(明),《武經七書直解》중에《孫子》, 軍用圖書社, 1933

趙本學(明),《孫子書校解引類》, 明 隆慶2本·日本文久3本 通行本

姚際恒(淸),《古今僞書考·孫子》,《叢書集成》初編本

紀昀(淸),《四庫全書總目》卷99《子部·兵家》, 孫子 條, 中華書局, 1965

孫星衍(淸),《問字堂集》卷3《孫子略解序》

章學誠(淸),《校讐通義》內篇3《漢志兵書第十六》, 古籍出版社, 1956

孫詒讓(淸),《札迻》卷10《孫子》, 光緒 20本

于鬯(淸),《香草續校書·孫子》, 中華書局, 1963

俞樾(淸),《諸子平議·補錄》卷3, 中華書局, 1954

嚴可均(淸),《全上古三代秦漢三國六朝文》卷5,《孫子》, 中華書局, 1958

鄭良樹,《孫子斠補》, 台灣學生書局, 1974

楊炳安,《孫子集校》, 中華書局, 1959

余嘉錫,《四庫提要辯證》卷11,《子部·兵家》, 孫子 條, 中華書局, 1980

李零, 〈現存宋代(孫子)版本的形成及其優劣〉《文史輯林》第2輯, 1987

吳如嵩,《孫子兵法淺說》, 解放軍出版社, 1985

楊炳安,《孫子會箋》, 中州古籍出版社, 1986

2. 주석과 번역

曹操(魏),《魏武帝註孫子》,《平津館叢書》本

杜佑(唐),《通典》중에《孫子》인용문 각주 부분,《萬有文庫》本

曹操(魏)·孟氏(梁)·(唐)李筌·杜牧·陳皞·賈林·杜佑·(宋)梅堯臣·王晳·何延錫·張預,《十一家註孫子》, 中華書局上海編輯所, 1961

劉寅(明),《武經七書直解》중에《孫子》, 軍用圖書社, 1933

趙本學(明),《孫子書校解引類》, 明 隆慶2本·日本文久3本 通行本

朱墉(淸),《武經七書彙解》중에《孫子》, 康熙本·光本

鄧廷羅(淸),《孫子集注》, 順治本·康熙本

顧福棠(淸),《孫子集解》, 光緖活字本

陸懋德,《孫子兵法集釋》, 商務印書館, 1915

蔣方震·劉邦驥,《孫子淺說》, 商務印書館, 1915

劉文垕,《孫子釋證》, 寬于一天下室藏版, 1928

陳啓天,《孫子兵法校釋》, 中華書局, 1937

錢基博,《(增訂新戰史例)孫子章句訓義》, 商務印書館, 1947

魏汝霖,《孫子今注今譯》, 台灣商務印書館, 1972

郭化若,《孫子今譯》, 上海人民出版社, 1977

齊光,《孫子兵法評注》, 北京人民出版社, 1978

軍事科學院戰爭理論研究部《孫子》注釋小組,《孫子兵法新注》, 中華書局, 1981

吳如嵩,《孫子兵法淺說》, 戰士出版社, 1983

陶漢章,《孫子兵法概論》, 解放軍出版社, 1985

楊炳安,《孫子會箋》, 中州古籍出版社, 1986

李零,《孫子譯註》, 中華書局, 2007

──,《孫子十三編綜合硏究》, 中華書局, 2006

──,《兵以詐立-我讀孫子》, 中華書局, 2006

孫曉玲,《孫子兵法》, 遠方出版社, 2009

田昌五,《孫子兵法全譯》, 齊魯書社, 2009

蔣玉斌,《孫子譯註》, 하얼빈: 흑룡강인민출판사, 2003

Victor.H.Mair, *The Art of War Sun Zi's Military Methods*, New York: Columbia University Press, 2007

Lionel Giles, *Sun Tzu's The Art of War*, Vermont Tuttle Publish, 2008

김학주 역,《손자병법》, 대양서적, 1971

김광수 역,《손자병법》, 책세상, 1999

유동환 역,《손자병법》, 홍익출판사, 2000

성백효 외 역주,《손무자직해 오자직해》, 전통문화연구회, 2019

성백효 외 역주,《울료자직해 이위공문대직해》, 전통문화연구회, 2014

성백효 역주,《육도직해 삼략직해》, 전통문화연구회, 2014

주해 조희순, 역주 성백효,《손자병법 〈손자수〉》, 전통문화연구회, 2016

김원중 역,《사기본기》, 민음사, 2015

──,《사기세가》, 민음사, 2015

──,《사기열전》, 민음사, 2011

──,《정관정요》, 휴머니스트, 2016

──,《정사 삼국지》, 휴머니스트, 2018

──,《한비자》, 휴머니스트, 2016

3. 단행본

梅堯臣(宋),《孫子序》. 歐陽修,〈孫子序〉《歐陽文忠全集》卷43,《四部備要》本

蘇軾(宋),〈孫武論〉《東坡七集》,《四部備要》本

葉適(宋),《習學記言序目》卷4〈孫子〉, 中華書局, 1977

高似孫(宋),《子略》卷3〈孫子〉,《四部備要》本

姚際恒(淸),《古今僞書考·孫子》,《叢書集成》初編本

全祖望(淸),《鮚埼亭集》卷29〈孫武子論〉,《四部叢刊》初編本

姚鼐(淸),《惜抱軒文集》卷5,〈讀孫子〉《惜抱軒全集》,《四部備要》本

孫星衍(淸),《問字堂集》卷3,〈孫子略解序〉《孫淵如先生全集》,《國學基本叢書》本

錢穆,《先秦諸子繫》卷1〈孫武辨〉, 商務印書館, 1935

齊思和,〈孫子著作時代考〉《燕京學報》第26期, 1939

楊寬,《戰國史》, 上海人民出版社, 1957

馮友蘭,《中國哲學史新編》第1册, 人民出版社, 1962

任繼愈,《中國哲學史》第1册, 人民出版社, 1963

朱伯隆,〈《孫子》十三篇作者問題的商榷〉《華東師大學報》(人文學科), 1964 4期

馬駿,《馬駿說孫子兵法》, 中華書局, 2008

馬駿, 임홍빈 역,《손자병법교양강의》, 돌베개, 2009

吳如嵩,《孫子兵法十五講》, 中華書局, 2009

周傳榮,《孫子兵法導讀》, 廈門大學, 2010

北京大 哲學系 外國哲學史硏究室 譯,《哲學史講演錄》第1卷, 三聯書店, 1956

何炳棣,《有關〈孫子〉·〈老子〉的三篇考證》, 臺北:中央硏究院近代史硏究所, 2002

李零,〈齊國兵法甲天下〉《中華文史論叢》第50輯, 上海古籍出版社, 1992

余嘉錫,《古書通例》, 上海古籍出版社, 1985

王斌,《與孫武對話》, 上海古籍出版社, 2002

김기동,《중국 병법의 지혜》, 서광사, 1993

4. 논문

楊炳安·陳彭, 〈《孫子》書兩大傳本系統源流考〉《文史》 第17輯, 1983

——, 〈孫子兵學源流述略〉《文史》 第27輯, 1986

銀 雀山漢墓竹簡整理小組, 〈(銀雀山漢墓竹簡)孫子兵法〉(普及本), 文物出版社, 1976

吳樹平, 〈從臨沂漢墓竹簡〈吳問〉看孫武的法家思想〉《文物》, 1975 4期

魏汝霖, 〈大陸漢墓出土〈孫子兵法〉殘簡釋文之研究〉《東方雜誌》 復刊號, 9卷3期, 1975

李零, 〈關於銀雀山簡本《孫子》研究的商榷〉《文史》 第7輯, 1979

——, 〈銀雀山簡本《孫子》校讀擧例〉《中華文史論叢》 第4輯, 1981

——, 〈《孫子》篇題木牘初論〉《文史》 第17輯, 1983

——, 〈關於《孫子兵法》研究整理的新認識〉《古籍整理與硏究》, 1987 1期

박성진, 〈국내손자역주본초탐〉《중국어문논역총간》 27집, 2010

찾아보기

ㄱ

ㅇ

ㅊ

ㅋ · ㅌ

ㅍ

ㅎ

옮긴이 김원중金元中

성균관대학교 중문과에서 문학박사 학위를 받았다. 대만 중앙연구원과 중국 문철연구소 방문학자 및 대만사범대학교 국문연구소 방문교수, 중국 푸단대학교 중문과 방문학자, 건양대학교 중문과 교수, 대통령 직속 인문정신문화특별위원, 한국학진흥사업위원장을 역임했다. 현재 단국대학교 사범대학 한문교육과 교수로 재직 중이며, 대통령 직속 국가교육위원회 전문위원과 중국인문학회 부회장을 맡고 있다.

동양의 고전을 우리 시대의 보편적 언어로 섬세히 복원하는 작업에 매진하여, 고전 한문의 응축미를 담아내면서도 아름다운 우리말의 결을 살려 원전의 품격을 잃지 않는 번역으로 정평나 있다. 《교수신문》이 선정한 최고의 번역서인 《사기 열전》을 비롯해 《사기 본기》, 《사기 표》, 《사기 서》, 《사기 세가》 등 개인으로서는 세계 최초로 《사기》 전체를 완역했으며, 그 외에도 MBC 〈느낌표〉 선정도서인 《삼국유사》를 비롯해 《논어》, 《맹자》, 《대학·중용》, 《노자 도덕경》, 《장자》, 《한비자》, 《손자병법》, 《명심보감》, 《채근담》, 《정관정요》, 《정사 삼국지》(전 4권), 《당시》, 《송시》, 《격몽요결》 등 20여 권의 고전을 번역했다. 또한 《고사성어 사전: 한마디의 인문학》(편저), 《한문 해석 사전》(편저), 《중국 문화사》, 《중국 문학 이론의 세계》 등의 저서를 출간했고 40여 편의 논문을 발표했다. 2011년 환경재단 '2011 세상을 밝게 만든 사람들'(학계 부문)에 선정되었다. 삼성사장단과 LG사장단 강연, SERICEO 강연 등 이 시대의 오피니언 리더들을 위한 대표적인 인문학 강연자로도 널리 알려져 있다.

손자병법 시공을 초월한 전쟁론의 고전(개정판)

1판 1쇄 발행일 2016년 9월 5일
1판 15쇄 발행일 2020년 6월 22일
개정판 1쇄 발행일 2020년 12월 7일
개정판 7쇄 발행일 2024년 9월 23일

지은이 손자
옮긴이 김원중

발행인 김학원
발행처 (주)휴머니스트출판그룹
출판등록 제313-2007-000007호(2007년 1월 5일)
주소 (03991) 서울시 마포구 동교로23길 76(연남동)
전화 02-335-4422 **팩스** 02-334-3427
저자·독자 서비스 humanist@humanistbooks.com
홈페이지 www.humanistbooks.com
유튜브 youtube.com/user/humanistma **포스트** post.naver.com/hmcv
페이스북 facebook.com/hmcv2001 **인스타그램** @humanist_insta

편집주간 황서현 **편집** 박상경 박민애 **디자인** 김태형 **표지글씨·전각** 강병인 **지도** 임근선
조판 홍영사 **용지** 화인페이퍼 **인쇄** 삼조인쇄 **제본** 경일제책

ISBN 978-89-5862-342-7 04140
ISBN 978-89-5862-322-9 (세트)